전하지 않은
설교

믿음이란 한 알의 밀알이 땅에 떨어져 죽음으로 많은 열매를 맺음과 같이
진리의 열매를 위하여 스스로 죽는 것을 뜻합니다. 눈으로 볼 수는 없으나
영원히 살아 있는 진리와 목숨을 맞바꾸는 자들을 우리는 믿는 이라고 부릅니다.
「믿음의 글들」은 평생, 혹은 가장 귀한 순간에 진리를 위하여 죽거나 죽기를 결단하는
참 믿는 이들의, 참 믿는 이들을 위한, 참 믿음의 글들입니다.

전하지 않은 설교

Unspoken Sermons

George MacDonald

조지 맥도널드 지음

박규태 옮김

홍성사

1860년대 무렵의 조지 맥도널드.

집필 중인 조지 맥도널드, 1862년. (루이스 캐럴 촬영.)

왼쪽: 조지 맥도널드가 태어난 집. 스코틀랜드 애버딘셔 헌틀리에 있다.
오른쪽: 1850년에 맥도널드가 목회자로 부임했던 아룬델 트리니티 회중교회.

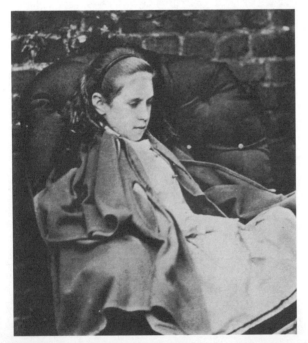

맥도널드의 아이들. 그레빌, 매리, 아이린, 1863년. (루이스 캐럴 촬영.)

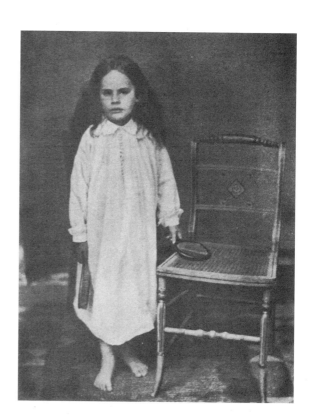

릴리와 함께, 1864년. (루이스 캐럴 촬영.)

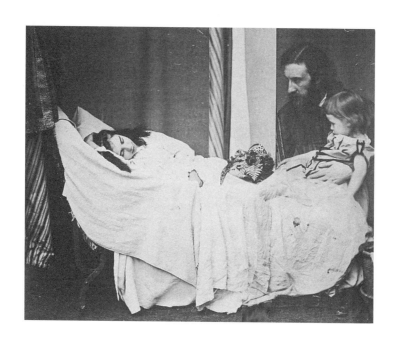

꿈꾸는 매리와 동생 로널드, 1864년. (루이스 캐럴 촬영.)

1867년부터 1877년까지 맥도널드 가족이 살았던 집 '더 리트릿(The Retreat)'. 내부에 작은 극장을 설치하여 온 가족이 연극 공연을 펼쳤다. 이후 수공예 장인 윌리엄 모리스가 거주하며 '켐스콧 하우스(Kelmscott House)'라는 이름으로 유명해졌다.

이탈리아 보르디게라에 세운 '용기의 집(Casa Coraggio)'. 1881년부터 1902년까지 맥도널드 가족이 거주하는 동안 지역 주민과 예술가들의 발길이 끊이지 않았다.

위: 1880년대 무렵의 조지 맥도널드.
아래: 결혼 50주년에 아내 루이자와 함께, 1901년.

Ἔπεα Ἄπτερα

UNSPOKEN SERMONS

By GEORGE MAC DONALD
AUTHOR OF "WITHIN AND WITHOUT," "PHANTASTES," "ALEC FORBES,"
ETC. ETC.

Comfort ye, comfort ye my people

ALEXANDER STRAHAN, PUBLISHER
56 LUDGATE HILL, LONDON
1867

왼쪽: 맥도널드 부부의 묘지.
오른쪽: 《전하지 않은 설교》 1867년 초판본 표지.

이 밀 이삭들.

깨어진 안식일에

거둬 모으고 손으로 비벼,

먼저 아내에게 주고,

뒤이어 다른 벗들에게 주네

일러두기

1. 이 책은 《전하지 않은 설교(Unspoken Sermons)》 시리즈 중 첫 번째 권입니다. 총 세 권으로 이루어진 《전하지 않은 설교》 시리즈는 1867년, 1885년, 1889년 세 차례에 걸쳐 간행되었고, 원제에서도 알 수 있듯이 말이 아닌 글로 전달할 목적으로 쓰인 설교입니다. 맥도널드는 평소 강단에서 설교할 때 원고나 메모의 도움 없이 그 자리에서 설교하기(extempore preaching)를 고집했습니다. 글로 남겨진 이 설교집은 맥도널드의 생각을 들여다볼 수 있는 귀중한 자료 중 하나입니다.

2. 한글 성경 본문은 개역개정판(4판)을 사용했습니다. 그러나 원문의 성경 구절(킹 제임스 성경)이 개역개정판과 많이 다른 경우 옮긴이가 고쳐서 번역했습니다.

3. 각주와 괄호주 가운데 지은이 주 표시가 되어 있지 않은 것은 모두 옮긴이 주입니다.

4. 문단 사이의 '⌐'는 한국어판 편집자가 넣은 것입니다.

차례

1

가운데 선 아이

가버나움에 이르러 집에 계실새 제자들에게 물으시되 너희가 길에서 서로 토론한 것이 무엇이냐 하시되 그들이 잠잠하니 이는 길에서 서로 누가 크냐 하고 쟁론하였음이라 예수께서 앉으사 열두 제자를 불러서 이르시되 누구든지 첫째가 되고자 하면 뭇 사람의 끝이 되며 뭇 사람을 섬기는 자가 되어야 하리라 하시고 어린아이 하나를 데려다가 그들 가운데 세우시고 안으시며 제자들에게 이르시되 누구든지 내 이름으로 이런 어린아이 하나를 영접하면 곧 나를 영접함이요 누구든지 나를 영접하면 나를 영접함이 아니요 나를 보내신 이를 영접함이니라

―마가복음 9:33-37

우리 주님의 삶에서 이 대목은 마가가 가장 완전하게 설명해 놓았습니다. 그러나 마태의 기록이 있음으로 해서 마가의 설명이 더 풍성해지고 그 교훈도 더 분명하게 드러날 것입니다.

"진실로 너희에게 이르노니 너희가 돌이켜 어린아이들과 같이 되지 아니하면 결단코 천국에 들어가지 못하리라. 그러므로 누구든지 이 어린아이와 같이 자기를 낮추는 사람이 천국에서 큰 자니라. 또 누구든지 내 이름으로 이런 어린아이 하나를 영접하면 곧 나를 영접함이니 누구든지 나를 믿는 이 작은 자 중 하나를 실족하게 하면 차라리 연자 맷돌이 그 목에 달려서 깊은 바다에 빠뜨려지는 것이 나으니라"(마 18:3-6).

이 두 본문은 우리 주님이 당신 제자들에게 야심과 경쟁을 멀리하라고 당부하신 교훈을 기록하고 있습니다. 그러나 제가 우리 주님이 하신 이 말씀에 관하여 기록하는 이유는 이런 교훈을 제시하려 함이 아닙니다. 저는 오히려 한 가지 진리, 하나님이 어떤 분인지 알려 주는 한 가지 계시를 제시하려 합니다. 이 진리, 이 계시에서 우리 주님의 엄청난 주장이 정점에 이르고 있습니다.

주님은 어린아이 하나를 데려오셨습니다. 아마 베드로의 아이였을 것입니다. 제가 베드로의 아이라고 말하는 이유는 마가가 이 사건이 가버나움에서, 그것도 "그 집에서(in the house)"*일어났다고 말하기 때문입니다. 따라서 그 아이에게는 베드로의 독특한 성격도 일부 있었을 것입니다. 베드로에게 있던 결점도 아이 같은 본성에서 나온 것이었습니다. 그런 아버지의 자식이니만큼, 이 아이는 제가 이 본문이 담고 있는 교훈으로서 제시하고자 하는 것을 전달하는 데 없어서는 안 될 어린이다운 모습과 태도를 갖고 있었으리라 예상할 수 있습니다.

이렇게 말하는 이유는 아이답지 않은 아이들이 있다는 것을 인정할 수밖에 없기 때문입니다. 세상에서 가장 슬프고 빈번히 목격할 수 있는 광경 가운데 하나가 세상 냄새 나는 지혜로 가득하여 거룩한 어린이다움은 물론 천진난만한 인간미마저 사라져 버린 마음을 가진 아이의 얼굴입니다. **어린이다움**은 하나님의 성품입니다. 그리고 어린이다움이라는 그 말이 "제가 가려고 했던 길을 인도해"** 줍니다. 그러나 자칫 생길 수도 있는 난제를 제거하기 위해, 마지막 결론을 향해 올라가는 일을 잠시 늦춰야겠습니다. 우리가 아주 큰 진리 중 하나를 지향할 때, 그 난제는 우리로 하여금 정작 여기서 주님이 염두에 두고 계신 진리를 외면하고 엉뚱한 것을 보도록

★──── 개역개정판은 그냥 "집에"(막 9:33)라고 번역해 놓았으나, 헬라어 본문에는 "그 집에(*en tē oikia*)"라고 기록되어 있다.
★★──── 원문은 "marshals me the way that I was going". 윌리엄 셰익스피어 (William Shakespeare, 1564-1616)가 쓴 비극《맥베스》2막 1장에 나오는 대사를 조금 바꿔 쓴 표현이다.

만듭니다.

그 난제란 이것입니다. 평범한 아이는 그대로 둔 채 곱고 잘생긴 아이를 고르는 것이 과연 **인자**(人子)다움일까요? 인자가 그렇게 하시면, 그가 고맙다는 소리를 들으실 수 있겠습니까? 그런 행동은 보통 사람이나 하는 일 아닙니까? 인자가 그리 하신다는 생각만 해도 우리 마음은 불쾌해지지 않습니까? 어머니는 가장 못난 자식에게 마음이 가장 많이 쓰이는 법입니다. 그런데, '우리가 믿는 그리스도'가 겉모습만 보고서 곱고 잘생긴 아이를 골라 뽑으신다면, 이게 과연 인자다운 처신일까요? 모름지기 인자라는 분이 죄 가운데 태어나 사악함을 교육받은 아이, 굶주림과 배짱 그리고 칭찬을 갈구하는 마음이 뒤섞여 있는 그 홀쭉한 얼굴에 탐욕스러운 시대의 교활함이 그대로 배어 있는 아이는 외면하시고, 베드로와 그의 아내처럼 정직한 부모에게서 태어난 아이, 그래서 다른 누구보다 더 선하게 보일 수밖에 없는 아이를 품에 안아 주신다니, 이게 과연 인자에게 어울리는 일일까요? 그런 분은 잃어버린 자를 찾으러 오셔서 구원해 주시는 이가 아닐 것입니다. 자기 형제를 사랑하는 사람이 있다 합시다. 그런 그의 하나님 사랑이 절정에 이른 순간에, 또 그 사람이 어느 누구에게도 폭풍을 피할 피난처가 되어 줄 만큼 이상적 인간에 가장 근접해 있을 때, 그더러 피난처가 되는 자기 품에 누군가를 꼭 안아 주겠다는 말을 해보게 합시다. 그가 어떤 사람에게 그런 말을 하겠습니까? 악한 얼굴을 가진 아이가 아니겠습니까? 왜냐하면 그런 아이야말로 피난처가 가장 필요하기 때문입니다. 맞습니다. 하나님 이름을 걸고 말하건대, 정말 그렇습니다. 그게 하나님 방식이 아니겠습니까? 잃어버린 양 이야기를 읽어 본 사람이나 탕자 이야기를 알고 있는 사람이라면, 설령 자기 정신으로 용감하게 증언할 기백이 없다 하더라도, 악한 얼굴을 가진 아이를 품에 안아 주는 것이 하나님 방식이 아니냐고 담대히 말하지 않겠습니까? 물론 이와 다른 양상이 **나타나는** 경우도 종종 있습니다. 어린이다운 아이가 다른 이들보다 구원하기가 더 쉽고, 그런 아이가 피난처가 되는 그 품에 가장 먼저 올 수도 있기 때문입니다. 그러나 하늘에서 가장 크게 기뻐하는 것은 가장 멀리 나아가 헤매고 있던 양을 찾았을 때입니다. 어쩌면 그런 양은 우리 안이 아니라 저 거친 언덕 비탈에서 태어났을지도 모릅니다. 하늘에 있는 형은 그런 탕자를 위하여 이렇게 기도합니다. "주님, 저보다 제 불쌍한 아우를 더 많이 생각해 주소서. 저는 당신을 알고 당신 안에서 쉼을 누리기 때문입니다. 저는 당신과 늘 함께 있습니다."

그런데도 왜 저는 굳이 주님이 가운데 세우신 이 아이가 십중팔구 베드로의 아이였을 것이라고, 어린이다운 아이여서 겉으로 봐도 어린이다워 보이는 아이였을 게 틀림없다고 말하려는 걸까요? 그 아이에게는 어떤 악(惡)도 **있을** 수 없기 때문입니다. 어떤 악도, 그 아이의 얼굴은 물론이요 그 습관이

나 심지어 그 마음에서도, 그 아이의 어린이다움을 앗아갈 수 없습니다. 어떤 악도 하나님이 당신 자신의 형상을 따라 그 아이를 만드셨을 때 하나님의 마음속에서 움직였던 어린이다움에 관한 하나님의 생각을 소멸시킬 수 없습니다. 하나님은 본질을 말씀하시고, 진실을 근거로 판단하시며, 산 자의 하나님이십니다.

저는 진심으로 이에 동의합니다. 만일 우리 주님이 당신 품 안에 그 아이를 안아 주실 때 갖고 계셨던 목적이 우리 이웃을 사랑하라고, 사람을 사랑하라고 가르치시는 것이었다면, 그 목적에 가장 잘 들어맞는 아이는 아마도 주님이 발견하실 수 있는 아이 가운데 가장 추한 아이였을 것입니다. 어떤 아이, 아니 더 솔직히 말해서 역겨운 아이를 품에 받아들이는 사람이, 그 아이가 하나님의 자녀라는 이유 때문에 그리고 그 아이가 그 자신의 형제로서 태어났다는 이유 때문에 그 아이를 받아들인다면, 그는 틀림없이 아버지를 받아들이는 사람입니다. 작은 자에게 냉수 한 잔을 건네주는 사람은 누구든지 아버지 마음을 시원하게 해드리는 사람입니다. 하나님이 행하신 대로 행하는 것이 하나님을 받아들이는 것입니다. 하나님 자녀 가운데 하나를 섬기는 것이 곧 아버지를 받아들이는 것입니다. 따라서 이런 하나님의 사랑을 사람들에게 보여 주려 할 경우에는 비단 어린아이뿐 아니라 어떤 사람도 적당한 예가 될 것입니다. 특히 그 사람이 비참하고 슬픔에 잠겨 있으며 버림받은 사람이라면, 더욱 좋은 예가 될 것입니다. 그런 점에서, 여기 본문에는 십중팔구 뭔가 더 많은 의도가 담겨 있습니다. 그 교훈은 주님이 가운데 세우신 그 아이의 **사람다움**이 아니라 **어린이다움** 속에 자리하고 있다는 것을 우리는 발견하게 될 것입니다.

다시 말하지만, 만일 주님과 함께 있던 제자들이 더러워지고 반쯤은 지워져 버린 어린이다움이 아니라 본질적인 어린이다움이 의미하는 것을 알 수 있었다면, 주님이 지극히 이기적인 아이를 데려다 가운데 세우셔도 상관이 없었을 겁니다. 그렇지만, 그런 아이가 진정한 어린이다움이 더 뚜렷하게 드러나는 아이라고 우리가 생각했던 아이보다 나을 리는 없을 것입니다. 그런데 만일 주님이 그 아이를 그 어린이다움 속에 들어 있는 진리의 표현이요 언명(言明)이며 표지(標識)로 데려다 세우심으로써 제자들이 귀로 듣고 눈으로 본 그 진리를 마음속에 확실히 새기게 할 요량이셨다면, 그 아이는 고운 아이가 아니라 반드시 어린이다운 아이여야 했을 것입니다. 그뿐 아니라, 한번 보기만 해도 우리 마음속에서 특히 어린이다움에 속하는 사랑을 깨우쳐 주는, 아니 오히려 어린이다움이 무엇인가를 인식하게 해주는 그런 특징들이 적어도 주님이 모범으로 뽑아 세우신 아이 얼굴에서는 어렴풋이나마 나타났어야 할 것입니다. 우리는 때로 레이스 달린 화려한 자줏빛 옷을 입고 큰 저택에 사는 아이 모습 속에서, 때로는 더러운 누더기를 걸친 채 지저분한 골목에 살고 있는 아이 모습 속에서 어린이답지 않은 아이의 모습을 목격합니다. 우리 주님이 당신 청중에게 이 아이처럼 되어야 한다고 말씀하시고자 했다면, 과연 그런 어린이답지 않은 아이가 우리 주님의 목적에 적합했을까요? 우리 주님이 당신 청중에게 제시하시려 했던 교훈이 그 아이가 갖고 있는 하나님의 본질, 그 어린이다움에 들어 있는 하나님의 본질에 관한 가르침이었다 할 때, 과연 그런 아이가 우리 주님의 목적에 적합했겠습니까? 특별히 우리 주님이 그런 아이를 가운데 세워 놓으시고 "이 어린아이", "이런 아이 가운데 하나" 그리고 "나를 믿는 이런 작은 아이들"이라 말씀하시면서 그 아이의 특질을 제시하시는 모습을 보게 될 경우, 그 아이와 우리 주님의 말씀은 우습다 못해 그저 경악스럽다 할 정도로 완전히 모순이지 않겠습니까? 그런 아이를 깊이 생각하다 보면, 선한 마음에서는 불쌍히 여기는 심정, 사랑하는 심정이 일어나곤 합니다. 그러나 그런 심정조차도 그 선한 마음이 우리 주님이 주시고자 했던 교훈을 깨닫게 하지는 못했을 것입니다.

이제 저는 우리 주님이 말씀하시고자 하는 이 교훈이 그 아이의 사람다움이 아니라 어린이다움 속에 자리하고 있다는 것을 더 충실하게 제시해 보려 합니다. 제자들은 누가 가장 큰 자가 되어야 하는가를 놓고 토론을 벌이고 있었습니다. 주님은 제자들에게 그런 토론이 당신 나라에서 이루어지는 일의 방식과 아무 상관이 없다는 것을 보여 주고 싶어 하셨습니다. 그 때문에 주님은 당신 백성의 본보기로 한 아이를 데려다가 그들 앞에 세우셨습니다. 주님이 이 아이를 당신 나라 백성을 대표하는 본보기로 제시하신 이유는 그 아이의 사람다움 때문이 아니었고, 사람다움 때문일 수도 없었습니다. 그 이유는 바로 그 아이의 어린이다움 때문이었습니다. 그 아이를 세우신 것은 주님 나라의 범위가 아니라 본질을 보여 주시려는 목적 때문이었습니다. 주님은 제자들에게 작은 아이처럼 되어야만―즉 그들 자신을 낮춰야만―그 나라에 들어갈 수 있다고 일러 주셨습니다. 어린이다움이 그 본질적인 특질 가운데 하나인 곳에서는 지배한다는 개념이 배제되기 때문입니다. 주님 나라의 백성은 더 이상 지배하려는 자가 아니라, 섬기는 자가 되어야 했습니다. 더 이상 정복자처럼 권세를 부리는 높은 자리에서―설령 그 권세가 신성한 권세라 하더라도―자기 벗들을 내려다보려는 자가 아니라, 사람들을 올려다보며 공경하는, 그리고 그 사람들을 섬기는 자가 되어야 했습니다. 그렇게 공경하고 섬김으로써, 사람 자체가 살아 계신 하나님의 성전으로서 그 고유한 영예를 갖고 있다는 것을 결국 확신할 수 있게 해주는 자가 되어야 했습니다. 주님이 그 아이를 제자들에게 보여 주신 것은 바로 이런 교훈을 그 제자들 속에 깊이 새겨 주시려는 목적 때문이었습니다. 그런 점에서, 거듭 말하지만, 이 본문의 교훈은 그 아이의 **어린이다움**에 자리하고 있습니다.

～

그러나 이제 저는 제 특별한 목적에 다가가 보겠습니다. 그
리하는 이유는 이 본문의 교훈이 훨씬 높은 진리를 천명하게
해주기 때문입니다. 이 본문의 교훈도 이 진리에 기초를 두
고 있으며, 실상 이 진리에서 나온 것입니다. 애초부터 하나
님 안에 있지 않은 사람은 아무것도 요구받지 않습니다. 우리
가 완전할 것을 요구받는 이유는 하나님이 완전하시기 때문
입니다. 복음서에서 주님이 이 아이를 택하여 사람들 앞에 세
우신 이유는 모든 인간 영혼에게 하나님을 계시하심으로써
모든 사람이 하나님을 알고 이를 통해 하나님을 닮게 되어 구
원을 얻을 수 있게 하려는 목적 때문이었습니다. 그 아이에게
물 한 잔을 건네거나 그 아이를 안아 줌으로써 그 아이가 지
닌 본질적인 어린이다움과 접촉하는 사람은—다시 말해 (인간
을 향한 사랑이나 심지어 그 아이의 아버지이신 하나님을 향한 사랑 때
문에 그 아이를 안아 주는 사람이 아니라) 그 아이의 어린이다운 인간
성을 포용하는 사람은—이 본문의 의미, 곧 이 본문에 담긴 복에
동참하는 자입니다. 어린이다움이 하나님의 성품임을 깨닫게
되면, 제자들은 그 위대한 주님의 나라에서 주님의 옆자리 내
지 영예를 얻으려고 다툰다는 것이 얼마나 쓸데없는 일인지
알게 될 것입니다.

이는 '**내 이름으로**'라는 말 때문입니다. 이 말은 '**나를 나타내는 자로**(as representing me)'라는 의미입니다. 따라서 이 말은 '**나와 같은 자로**(as being like me)'라는 의미이기도 합니다. 우리 주님은 당신 자신을 조금이라도 나타낼 수 없는 이를 당신 이름으로 받아들여야 한다고 명령하실 수 없었을 겁니다. 더욱이, 주님은 방금 전 제자들에게 이 아이처럼 되어야 한다고 말씀하고 계셨습니다. 그리고 지금, 그 제자들에게 **그런** 어린아이를 당신 이름으로 영접하라고 말씀하십니다. 이 '**내 이름으로**'라는 말은 분명 그들 전체에게 공통된 무언가를—그러니까 그 아이와 예수가 공유하는 무언가를, 그 아이와 제자들이 공유하는 무언가를—암시하는 말씀임이 틀림없습니다. 그 무언가가 영적인 어린이다움이 아니라면, 달리 무엇이겠습니까? '**내 이름으로**'라는 말은 '**내가 그것을 원하기 때문에**(because I will it)'라는 의미가 아닙니다. 주님의 참뜻과 상관없이 제멋대로 우리 주님의 뜻이 이렇다고 선포해도, 또 그 뜻이 설령 고난이라 해도, 거기에 순종하는 사람이 필시 1만 명은 있을 것입니다. 그렇게 순종하는 사람들은 주님의 성품에 관한 지극히 중요한 진리를 말씀 속에 담겨 있는 그대로 받아들일 수 있는 사람들이기 때문입니다. 그러나 우리 주님은 무조건 순종이 아니라, **진리**에 순종하길, 다시 말해 세상의 빛, 곧 사람들이 보고 알게 된 진리에 순종하길 원하십니다. 우리가 이 '**내 이름으로**'라는 말에서 발견할 수 있는 모든 의미, 유일하게 이 마가복음 본문과 조화를 이루고 이 본문에 통일성을 부여해 줄 완전한 의미를 취한다면, 이 **'내 이름으로'**라는 말에는 무언가를 나타냄으로써 그 무언가를 계시해 줄 만한 유사성 내지 적합성에서 비롯된 한 가지 계시가 담겨 있습니다. 따라서 예수의 이름으로 한 아이를 영접하는 자는, 그렇게 함으로써, 예수와 그 아이가 하나인 곳이 어디인가를, 다시 말해 예수와 그 아이에게 공통되는 것이 무엇인가를 인식합니다. 이렇게 예수 이름으로 한 아이를 영접하면서 그 아이 속에서 예수와 아이에게 공통되는 무언가를 인식하는 이는 자신이 영접하는 그 아이 속에서 **이상적인** 어린이 모습—진정한 어린이다움을 구성하는 사랑스러움의 실체—을 틀림없이 보게 됩니다. 그뿐만 아니라 그 아이가 예수와 같다는 것, 아니 오히려 주님이 그 아이와 같다는 것, 그리고 자신의 아이다운 모습 때문에 어떤 아이도 너끈히 안아 줄 만큼 천진난만한 이들의 품에 그 아이가 안기리라는 것, 아니 안긴다는 것을 틀림없이 인식합니다. 저는 그런 지각을 가지고 아이를 영접하는 행동을 하는 사람들만이 복에 참여하는 사람이라고 말하는 게 아닙니다. 한 아이를 눈에 보이는 주님 그분의 모양(likeness)으로 여기며 그 아이를 영접하는 행동에는, 복되다는 것이 무엇인지 아는 특별한 지각, 고상한 지식이 들어 있다는 것입니다. 복되다는 것은 곧 진리를 인식함이기 때문입니다. 진리 그 자체, 곧 하나님을 알려 주는 진리, 주님이 어린아이와 같은 마음을 갖고 계시다는 진리가 곧 복입니다. 이런 진리를 인식하는 사람은 그 스스로 그 자신이 복되다는 것을 압니다. 그가 복됨은 그것이 진리이기 때문입니다.

그러나 '**내 이름으로**'라는 우리 주님의 말씀이 무엇을 의미하는지 아직 그 논지(論旨)가 완전하지는 않습니다. 우리 주님은 이 말씀을 더 높은 단계인 두 번째 단계로 끌어올려 "누구든지 나를 영접하면 나를 영접함이 아니요 나를 보내신 이를 영접함이니라"라고 선언하십니다. 이 선언까지 살펴보아야 '**내 이름으로**'라는 말씀의 의미가 완전하게 밝혀질 것입니다. 그렇게 되면, 이 사슬의 첫 번째 연결고리 및 두 번째 연결고리 사이의 연관관계와 이 사슬의 두 번째 연결고리 및 세 번째 연결고리 사이의 연관관계가 대체로 같다는 것을 인정하게 될 것입니다.* 제 말은 반드시 그렇게 인정하게 된다는 말이 아닙니다. 논리의 확실성이 제 목표는 아니기 때문입니다. 제 목표는 제가 제시한 이런 연쇄들을 사용하여 제가 접근해 가고 있는 이 말씀의 의미를 독자들에게 증명하는 게 아

---

*———— 첫 번째 연결고리는 어린이다운 아이, 두 번째 연결고리는 우리 주님이신 예수, 그리고 세 번째 연결고리는 하나님이다. 이 설교 본문인 마가복음 본문에서 첫 번째 연결고리와 두 번째 연결고리로 이어진 사슬을 나타낸 말씀이 "누구든지 내 이름으로 이런 어린아이 하나를 영접하면 곧 나를 영접함이요"(어린아이→예수)이며, 두 번째 연결고리와 세 번째 연결고리로 이어진 사슬을 나타낸 말씀이 "누구든지 나를 영접하면 나를 영접함이 아니요 나를 보내신 이를 영접함이니라"(예수→하나님)이다.

니라, 그 의미를 보여 주는 것입니다. 일단 독자가 이런 연관관계를 보았는데도 이런 관계를 받아들일 수 없다면, 또 그가 보기에 이런 연관관계 자체가 참이 아니라면, 논리로 그를 설득한다는 것이 아무 쓸모가 없을 것입니다. 독자가 그 말씀의 사슬에 제가 말한 것과 다른 연관관계들이 있을 수 있다는 것을 얼마든지 쉽게 제안할 수 있다고 인정합니다. 그렇지만 그것들은 제가 보여 준 연관관계들과 달리 전혀 균형이 맞지 않을 거라고 단언합니다. 그렇다면 두 번째 연결고리 및 세 번째 연결고리의 연관관계는 무슨 의미입니까? 어떻게 아들을 영접하는 자가 곧 아버지를 영접하는 자일까요? 그 이유는 아들이 아버지와 같은 분이기 때문입니다. 그리스도 안에 있는 본질적인 것을 인식할 수 있는 마음을 가진 이는 아버지의 본질을 갖고 있는 사람입니다. 즉 그리스도 안에 있는 본질적인 것을 인식함으로써 아버지의 본질을 알고 그 본질을 단단히 붙드는 사람이며, 인식과 예배를 통해 그리하는 사람입니다. 그렇다면 첫 번째 연결고리와 두 번째 연결고리 사이의 연관관계는 또 무슨 의미입니까? 저는 이것 역시 똑같다고 생각합니다. '이 어린아이 안에 있는 본질적인 것, 곧 순수한 어린이다움을 본 사람은 내(주님의) 본질을 본 사람'이라는 뜻입니다. 주님의 본질은 은혜와 진리입니다. 한마디로, 그것은 어린이다움입니다. 순수한 어린이다움은 주님의 본질만큼 완전하지 않습니다. 그래도 이 순수한 어린이다움은 그 종류 면에서 주님의 본질과 같고, 주님이 가운데 세우신 그 아이 안에서 명백하게 드러나는 것이며, 주님 안에 있는 것을 계시해 줍니다.

그렇기에, 예수 이름으로 어린아이를 영접하는 것은 예수를 영접하는 것이며, 예수를 영접하는 것은 곧 하나님을 영접하는 것입니다. 따라서 그 어린아이를 영접하는 것은 곧 하나님 바로 그분을 영접하는 것입니다.

그것이 이 말씀이 주는 느낌이며, 그것이 우리 주님이 이 말씀을 하실 때 당신 마음속에 품고 계시던 느낌이었습니다. 저는 이 점을 빛나는 거미줄처럼 얽혀 있는 주님의 이 황금 같은 말씀을 통하여 추적해 갈 수 있는 그분의 또 다른 황금 같은 말씀으로 보여 드릴 수 있습니다.

그리스도의 나라는 무엇입니까? 사랑의 통치, 진리의 통치이며, 섬김의 통치입니다. 그 나라에서는 왕이 가장 큰 종입니다. "이 땅의 왕들은 권세를 부리나 너희 중에서는 그렇지 않을지니"(막 10:42-43 참조). "인자가 온 것은 섬김을 받으려 함이 아니라 도리어 섬기려 함이라"(막 10:45). "내 아버지께서 이제까지 일하시니 나도 일한다"(요 5:17 참조). 큰 왕은 큰 일꾼입니다. 큰 왕은 그 자신을 위하여 일합니다. 따라서 그들 가운데서 가장 크고자 하고 바로 그 왕에게 가장 가까이 다가

가고자 하는 이는 모든 이를 섬기는 종이 되어야 합니다. 그것은 마치 하늘나라에서는 **왕이 백성과 같은 것과 마찬가지 모습**입니다. 한 부류가 다른 부류 위에 군림하여 힘으로 지배하는 것은 하늘나라가 아닙니다. 하늘나라는 **본래 모습, 본질**, 그중에서도 가장 심오한 본질, 곧 하나님의 본질이 통치하는 곳입니다. 그런 이상, 이 나라에 들어가려면 우리는 어린이가 되어야 합니다. 어린이의 영이 낮은 백성에서 가장 낮은 왕*에 이르기까지 가득 퍼져야 합니다. 누가는 주님이 가운데 세우신 이 어린아이 이야기를 제시하면서 이런 교훈을 덧붙여 놓았습니다. "너희 모든 사람 중에 가장 작은 그가 큰 자니라"(눅 9:48). 또 마태는 이렇게 말합니다. "누구든지 이 어린아이와 같이 자기를 낮추는 사람이 천국에서 큰 자니라"(마 18:4). 이제는 왕과 백성이 이 낮춤이라는 표지를 공통으로 사용합니다. 이 땅의 백성은 이 땅의 왕들에게 경의를 표하며 무릎을 꿇습니다. 그러나 하늘에 계신 왕은 당신 백성을 당신 품에 영접하십니다. 이것이 하늘나라에서 왕과 백성이 공통으로 사용하는 표지입니다. 하늘나라에서는 이 관계가 모든 것에 퍼져 있습니다.

지금까지 해온 이야기를 한번 돌아봅시다.

하나님이 그 아이를 받으셨기 때문에 또는 그 아이의 사

★────── 하늘나라에서는 왕이 가장 낮다.

람다움 때문에 그 아이를 영접하는 것과, 그 아이가 하나님과 같아서 또는 그 아이의 어린이다움 때문에 그 아이를 영접하는 것은 엄연히 다른 이야기입니다. 전자의 경우에는 야심을 물리치는 데 별 효과가 없습니다. 그런 이유로 그 아이를 영접한다면, 야심의 배출구만 더 넓혀 줄 뿐입니다. 그러나 후자는 경쟁심을 일으키는 뿌리 자체를 강타합니다. 아무리 섬김이라 할지라도 그 섬김이 섬김 자체 때문이 아니라 영예를 얻을 목적으로 이루어지는 섬김이라면, 그 섬김을 행하는 사람은 이미 그 섬김을 행하는 순간 하늘나라 밖에 있는 사람입니다. 그러나 우리가 그 아이를 그리스도의 이름으로 영접할 경우 우리가 우리 품에 영접하는 바로 그 어린이다움은 사람다움입니다. 우리는 그 아이의 어린이다움 속에 들어 있는 그 아이의 사람다움을 사랑합니다. 어린이다움은 사람다움의 가장 심오한 핵심—사람이 갖고 있는 하나님의 마음—이기 때문입니다. 그러므로 우리는 그 아이의 이름으로 모든 사람을 영접하는 것입니다. 따라서 여기서 우리 주님이 주시는 교훈은 사람다움이 아니라 어린이다움에 관한 것이지만, 결국 이 교훈은 우리 인류에게 귀결되는 것입니다. 우리는 팔을 더 활짝 펴고 마음을 더 깊이 열고서 우리 인류를 받아들입니다. 이렇게 되면, 우리가 이 교훈을 받아들인다 해도 다른 교훈을 잃어버리는 일은 없게 됩니다. 주님이 사람들 가운데 세우신 그 아이가 사랑스러운—어린이다운—아이였다는 것을 역설할 경우에도 무정(無情)한 마음은 전혀 보이지 않습니다.*

하늘에서 그런 놀라운 가르침이 이루어지는 광경이 한 폭의 그림처럼 펼쳐진다면, 그 광경에서 우리는 모든 제자의 얼굴에서 희미하게 빛나는 어린이다움을 틀림없이 보게 될 것이요, 그들 가운데 서서 당신 품 안에 한 아이를 안고 계신 하나님의 아들을 틀림없이 보게 될 것입니다. 그 사람들의 얼굴에서는 희미하게 발산되는 어린이다움이, 주님 품안에 있는 그 아이 얼굴에서는 틀림없이 믿음직하게 또렷이 빛날 것입니다. 그러나 주님 바로 그분의 얼굴에서는 어린이다움이 승리를 거둘 것입니다—주님의 모든 지혜, 주님의 모든 진리가 당신 아버지를 믿는 믿음에서 뿜어 나오는 그 찬란하고 청명한 광채를 지지해 줄 것입니다. 오, 주님, 참으로 이런 어린이다움이 생명입니다. 오, 주님, 참으로 당신의 온유하심이 온 세상을 위대하게 만들고 당신 같은 어린이들이 가득해지게 만든다면, 모든 사람이 크신 하나님 앞에서 미소 짓게 될 것입니다.

★———맥도널드는 어린이다운 아이를 영접하는 것은 곧 어린이다운 본질, 하나님의 본질을 영접하는 것이며, 이는 곧 인류 전체를 마음에 두시는 하나님의 마음을 받아들이는 것이기에, 주님이 어린이다운 아이를 가운데 세우고 안아 주셨다 해도, 이는 결코 어린이답지 않은 아이 내지 사람들을 일부러 배척하는 심정의 표현이 아니었다는 것을 강조하고 있는 것이다.

그렇다면, 이제 우리 주님이 베푸신 이 가르침의 정점—"나를 영접하는 자는 나를 보내신 이를 영접함이니라"—으로 나아가 봅시다. 하나님 이름으로 한 아이를 영접하는 것은 하나님 바로 그분을 영접하는 것입니다. 어떻게 해야 하나님을 영접할 수 있을까요? 하나님을 하나님 모습 그대로 알 경우에만 비로소 하나님을 영접할 수 있습니다. 하나님을 아는 것은 하나님을 우리 안에 모시는 것입니다. 이제 우리 주님, 바로 그분의 말씀이, 하나님이 어떤 분이신지 일러 주는 이런 계시를 받아들입시다. 그리해야 우리는 하나님을 알 수 있습니다. 여기에 우리 앞에서 말씀하고 계신 우리 주님의 가르침에 근거한 가장 중요한 논지가 있습니다.

하나님은 예수 안에서 나타나십니다. 하나님은 예수와 같은 분이기 때문입니다. 예수는 그 아이 안에서 나타나십니다. 예수는 그 아이와 같은 분이기 때문입니다. 따라서 하나님은 그 아이 안에서 나타나십니다. 하나님은 그 어린아이와 같은 분이기 때문입니다. 하나님은 어린아이와 같은 분입니다. 그 어린아이 안에서 하나님을 영접한다는 것이 이 사실을 생생히 보여 줍니다.

이 지점에 이르렀으니, 저는 우리 주님이 말씀하시고자 하는 논지와 관련하여 더 이상 할 말이 없습니다. 만일 주님이 말씀하시고자 한 것이 이것이라면, 즉 이것이 진리라면,

이 진리를 받을 수 있는 사람은 이 진리를 받으려 할 것이기 때문입니다. 이 진리를 들을 귀를 가진 사람은 이 진리를 들을 것이기 때문입니다. 우리 주님이 주장하신 것들은 진리를 제시하기 위한 것이요, 진리는 진리를 받아들일 수 있는 사람에게 그 진리만이 줄 수 있는 확신을 전달해 주기 때문입니다.

그러나 이런 진리를 알게 된 사람의 말은 다른 사람들에게도, 마치 동트는 새벽을 맞이하듯 그와 같은 진리를 인식하게 도와줄 수 있습니다. 그런 사람들도 눈이 있어서, 뭔가가 희미하게 보이면, 그것을 더 보고 싶어 할 수 있기 때문입니다. 그러므로 그 생각 자체에 관하여 조금 숙고해 봅시다. 그리고 그런 진리가 하나님의 깊은 것을 찾는 영, 진리가 거하는 인간의 영을 가진 이의 마음에 들도록 다가오지 않겠는지 알아보도록 합시다. 왜냐하면, 마치 베드로가 충격을 받아 "주여, 그리 마옵소서!"(마 16:22 참조)라고 말했을 때처럼, 비록 처음에는 참된 마음이 그 진리에 충격을 받을 수도 있겠지만, 결국에는 그 마음도 잠시만 있으면 그 진리를 받아들이고 그 진리를 기뻐할 것이기 때문입니다.

여러분에게 물어보겠습니다. 여러분은 성육신을 믿으십니까? 만약 믿으신다면, 더 질문해 보겠습니다. 예수가 하나님보다 신성(神性)이 떨어졌던 분인가요? 제가 대신 대답해 보겠습니다. 결코 그렇지 않습니다. 예수는 아버지 아래에 계셨지만, 아버지보다 신성이 덜한 분은 결코 아니었습니다. 그렇다면, 예수는 어린아이가 아니셨습니까? 여러분은 "물론 어린아이셨죠. 그러나 다른 아이들과 다른 분이었습니다"라고 대답합니다. 저는 이렇게 묻겠습니다. "예수는 다른 아이들과 다르게 보이셨을까요?" 만일 예수가 겉모습은 다른 아이들과 같이 보이셨지만 실제는 다른 아이들과 다르셨다면, 그 모든 것은 기껏 해야 속임수요 허구에 불과했을 것입니다. 예수는 어린아이 이상의 존재이셨을 수 있지만 저는 그분이 어린아이였다고 봅니다. 하나님은 사람이십니다(God is man). 무한을 넘어 영원히. 우리 주님은 육신(flesh)이 되셨으나, 사람이 **되시지는 않았습니다**(did not become man).★ 그분은 사람의 형체를 입으셨습니다. 그분은 이미 사람이셨던 것입니다. 그리고 그분은 과거에도, 지금도, 그리고 앞으로도 영원히 하나님으로서 어린이다우실(divinely childlike) 것입니다. 만일 주님이 어린아이였다가 어린아이이길 그만두셨다면, 주님은 애초부터 어린아이이실 수가 없었을 겁니다. 주님 안에서는 잠시 있다 사라지는 것은 전혀 발견할 수 없기 때문입니다. 어린이다움은 하나님의 본질에 속합니다. 따라서 순종은 의지와 마찬가지로 하나님의 본질이며, 섬김 역시 다스림과 마찬가지로

★───── 성육신은 성자 하나님이 참 하나님이시자 참 사람으로 이 땅에 오셨다는 말이지, 그분이 과거 어느 시기에 하나님이시기를 멈추고 사람으로 변하셨다는 의미가 아니라는 말이다. 영어 'become'은 어떤 것이 다른 것으로 변한다는 뜻도 담고 있다.

하나님의 본질입니다. 어떻게 그럴 수 있을까요? 그것들은 본질상 하나이기 때문이요, 순종과 의지(Will) 그리고 섬김과 다스림 모두 진리를 행하는 것이기 때문입니다. 그것들 안에 들어 있는 사랑은 똑같습니다. 아버지와 아들은 하나이십니다. 단지 아버지는 사랑을 품고 내려다보시며, 아들 역시 사랑을 품고 올려다보시는 것만 다를 뿐입니다. 사랑은 만유(all)입니다. 또 하나님은 만유 안에 계신 만유(all in all)이십니다. 하나님은 늘 우리에게 몸을 굽히고 내려오시려고 하십니다. 다시 말해, 늘 우리에게 하나님이신 사람이 되시려고 하십니다. 그리고 우리는 그런 하나님께 늘 이렇게 말합니다. "주여, 그리 마옵소서!" 우리는 믿음이 없어서, 하나님의 엄위(嚴威)를 이야기하면 조심스러워합니다. 주님이 너무 크시다 보니, 그분이 하나님으로서 가지신 엄위는 생각조차 못합니다. 하지만 하나님을 더 기쁘시게 해드리는 것은 욥의 담대함이라고 주저 없이 말할 수 있습니다. 그는 하나님이 계신 곳으로 달려 들어가면서, 하나님이 계신 처소 문짝을 거칠게 열어젖혔습니다. 어찌나 거세게 열어젖혔던지, 열린 문이 벽에 쾅 부딪칠 정도였지요. 이렇게 하나님이 계신 곳으로 뛰어든 그에게는 어쩌면 분노일 수도 있는 고민이 가득했습니다. 그래도 그는 여전히 신실한 어린아이입니다. 그런 그가 그때까지 완전하신 아버지라고 자신이 배워 왔던 하나님 귀에 대고 고래고래 소리를 지르며 이렇게 외칩니다. "내가 바다니까 바다 괴물이니까 주께서 어찌하여 나를 지키시나이까"(욥 7:12).*

자, 그러면 이제는 담대하게 이 본문에서 우리 주님이 하시는 말씀이 우리를 인도하려고 했던 하나님의 진리 최고봉까지 올라가 봅시다.

우리 주님이 하시는 말씀은 바로 다음과 같은 진리들로 우리를 인도하지 않습니까? '하나님이 당신의 피조물에게 행하시는 헌신은 완전합니다. 하나님이 마음에 담고 생각하시는 대상은 당신 자신이 아니라 그 피조물들입니다. 하나님이 당신 자신을 위해 원하시는 것은 아무것도 없습니다. 오히려 하나님은 복을 베풀어 주심에서 당신의 복을 발견하십니다.'

아! 하나님이 이런 분이시라니, 끔찍합니다. 하나님이 이런 분이시라면, 그분의 영광은 고독한 영광이겠지요? 우리는 사람다운 응답을 품고, 예수를 믿고 우리 자신을 버리면서, 이런 영광에 가까이 나아갈 것입니다. 하나님은 당신 자신을 우리에게 내주셨습니다—그러니 우리도 우리 자신을 그분께 내드려야 하지 않겠습니까? 그리고 우리 자신을 그분이 사랑

★——— 맥도널드가 인용한 킹 제임스 성경은 개역개정판이 "바다 괴물"로 번역해 놓은 말을 'a whale'로 번역해 놓았다. 히브리어 본문(*Biblia Hebraica Stuttgartensia*)은 이를 'thannin'이라고 표현했는데, 이는 "고래"라는 뜻도 있지만, "그 정체를 알 수 없는 무시무시한 바다 괴물"이라는 뜻도 갖고 있다.

하시는 서로에게 내어 줍시다.

왜 그래야 하는지 생각해 보십시오. 우리가 보기에, 또 우리 마음으로 생각하기에 아이가 정말 어린이다운 때가 언제입니까? 아이가 조막만 한 부드러운 손으로 아빠 수염을 잡더니, 그 아빠 얼굴을 돌려 자기 형제나 자매에게 뽀뽀하도록 만드는 때가 아닙니까? 사랑을 갈구하는 사랑스러운 이기심조차도 사라지고 그 마음이 사랑을 베푸는 데 푹 빠져 있을 때가 아닙니까?

그러므로 이런 점에서 하나님은 어린아이와 같은 분입니다. 하나님은 정말 철두철미하게 우리 친구요, 우리 아버지이시며—아니, 우리 친구와 아버지와 어머니를 다 합친 것보다 더 크신 분입니다—우리에게 무한하고 완벽한 사랑을 베풀어 주시는 분입니다. 인간의 상상력이 시인의 생각과 왕에게 어울리는 행동을 연상할 때 상상할 수 있는 모든 것을 뛰어넘는 그런 장엄함과 강함의 소유자, 인간의 부드러운 애정이 남편이나 아내를 떠올릴 때 상상할 수 있는 모든 것을 뛰어넘는 섬세함의 소유자, 인간의 마음이 아버지나 어머니를 떠올릴 때 상상할 수 있는 모든 것을 뛰어넘는 다정다감함의 소유자, 그분이 바로 하나님입니다. 하나님은 우리를 보며 두 가지 생각을 품지 않으십니다. 하나님은 모든 일에 단순한 목적과 뜻과 노력과 목표를 갖고 계십니다. 즉 우리도 하나님의 모습을 닮아야 하고, 하나님과 같은 생각을 해야 하고, 같은 뜻을 가져야 하고, 같은 복을 소유해야 합니다. 하나님의 생각은 명명백백(明明白白)하여 누구나 그 생각을 알 수 있고, 모든 사람이 그 생각을 알아야 하며, 모든 사람이 그 생각을 알게 될 것입니다. 반드시 그렇게 될 것입니다. 하나님은 우리를 지극히 참되고 선하게 대하십니다. 어떤 것도 하나님 뜻을 거스르지 않을 것입니다.

그러고 보면, 신학자들이 고상하고 순진한 사람다움이 배어 나오는 잣대가 아니라 천박하고 현란한 잣대로 하나님을 그릇되게 표현한 것은 얼마나 끔찍한 일입니까! 거의 모든 신학자들이 하나님을 장엄한 보좌에 앉아 계신 위대한 왕 정도로 제시하면서, 그분이 얼마나 장엄한 분인가를 생각했습니다. 또 이런 신학자들은 하나님이 당신의 영광을 유지하면서 당신 이름을 망령되이 사용하는 사람들은 제우스의 번개로 혼내 주는 것을 하나님이 하시는 일이자 그분이 만드신 우주의 목적으로 만들었습니다. 그 신학자들은 이런 사실을 인정하려 하지 않겠지만, 그들이 말하는 내용을 따라가 보십시오. 제가 방금 말한 이런 내용이 많이 나타날 것입니다. 형제들이여, 여러분은 우리 왕을 발견했습니까? 어린아이들에게 입을 맞추시고 그들이 하나님과 같다고 말씀하시는 그분, 그분이 우리 왕이십니다. 식사하시려고 비스듬히 누워 있는 당신 가슴에 한 어부가 얼굴을 기대고 있지만, 당신이 사랑하시는 제자조차도 아직 당신을 잘 이해하지 못한다는 사실에 조금은 무거운 마음을 품고 계신(요 13:21-30) 분, 바로 그분이 우리 왕이십니다. 자기 아이들과 자기 양들을 사랑하는 지극히 순진한 농부야말로, 기괴하기 이를 데 없는 군주와 대비하여 우리 하나님을 참되게 보여 주는 모형—다른 이보다 참된 농부가 아니라 유일하게 참된(다른 이들은 아예 거짓 농부이기 때문에) 농부—일 것입니다.

하나님은 표현할 수 없을 정도로 변화무쌍한 자연을 통해 늘 당신 자신을 일러 주시는 분입니다. 하나님은 당신을 이해하고 복을 받게 될 한 영혼을 만들어 내는 데 수백만 년이나 공을 들이시는 분입니다. 하나님은 조급해하실 필요도 없고 결코 조급해하시지도 않는 분입니다. 하나님은 진리나 미(美)를 지극히 순박하게 생각하는 사고(思考)를, 영원이라는 세월만큼이나 오랫동안 묵혀 온 땅에 당신이 뿌려 놓으신 씨앗에서 거둔 수확으로 여겨, 반가이 맞아 주시는 분입니다. 하나님은 그 시대 내내 거리에서 부르짖었던 당신 지혜의 외침을 듣고 순간 멈칫하다가 결국 응답하는 모습을 보시며 기뻐하시는 분입니다(잠 8장 참조). 하나님은 음악과 그림과 건축의 하나님이십니다. 하나님은 만군의 주이시며, 산과 대양(大洋)의 하나님이십니다. 하나님의 법은 우리 눈에 보이지 않는 지혜의 한 지점에서 나와서 원자(原子) 하나도 상실되지 않고 다시 그리로 돌아갑니다. 역사의 하나님은 기독교가 존재하게 된 이때까지 시간 속에서 일하고 계십니다. 이 하나님은 어린아이의 하나님이십니다. 오직 하나님만이 완벽하게, 그리고 자신을 내던지실 만큼 순박하시고 헌신적이십니다. 한 여인의 지극히 깊고 지극히 순수한 사랑도 그 근원은 하나님입니다. 우리 욕망이 아무리 넘치고 넘쳐도 하나님께 가득히 있는 보화를 다 소진시킬 수 없듯이, 우리 상상력이 아무리 풍부해도 그 보화들의 크기를 잴 수가 없습니다. 하나님의 피조물 가운데 누군가가 품고 있는 생각과 기쁨과 소망 중 그 어느 것도 하나님 눈에 띄지 않고 하나님을 지나쳐 갈 수는 없습니다. 설령 그 피조물 가운데 하나가 여전히 불만을 갖고 있다 할지라도, 그 피조물이 만유 위에 계신 주님은 아닙니다.

그러므로 우리는 천사 및 천사장, 완전케 된 의인들의 영혼, 그 나라에 있는 어린아이들은 물론이요, 주님 바로 그분과 함께 그리고 하나님을 알지 못하는 모든 이까지 대신하여, 하나님의 이름 바로 그것을 찬양하고 찬미하고 송축하면서, 그분을 **우리 아버지**라고 말하는 것입니다. 우리는 우리 자신이 하찮아도, 심지어 우리 마음이 냉혹하고 선한 이들을 보살피지 않아도 뒤로 물러나지 않습니다. 하나님을 우리 하나님이시자 우리 아버지로 만들어 주는 것은 그분의 어린이다움이기 때문입니다. 그분과 우리의 관계는 완전합니다. 이런 완전함이 우리의 모든 불완전함, 우리의 모든 결점, 우리의 모든 악함을 삼켜 버립니다. 우리가 자녀라는 사실은 하나님이 아버지이시라는 사실에서 유래했기 때문입니다. 자신의 느낌과 자신의 욕망을 철저히 버리고, 거나한 만족감이나 어떤 열망도 없이, 비천한 생각과 실패와 무시당함과 종잡을 수 없는 망각의 무게에 눌린 채 하나님께 와서, "주님은 내 피난처이시니, 곧 내 집이시기 때문입니다"라고 말할 수 있는 사람은 완전한 믿음을 가진 사람입니다.

그런 믿음이 있으면, 되지도 않는 추측을 하지 않을 것입니다. 그런 기도를 올릴 수 있는 사람은 하나님이 조롱의 대상이 아니라는 것을 다른 사람보다 더 잘 알 것입니다. 그런 기도를 올릴 수 있는 사람은 하나님은 후회할 일을 하는 인간이 아니시라는 것을(민 23:19), 그분이 세우신 법을 어긴 자가 눈물을 흘리며 애원한다고 유야무야 눈감아 주시는 분이 아니라는 것을 다른 사람보다 더 잘 알 것입니다. 어떤 사람이 진리와 의에 관한 하나님의 법과 어울리지 않는 것을 간청한다 하여 하나님이 이 간청을 들어주신다면, 그것은 곧 그 사람에게 저주라는 것을—그 사람을 바깥 어두운 데로 내쫓는 것이라는 것을 (마 25:30 참조)—다른 사람보다 더 잘 알 것입니다. 또 그런 기도를 올릴 수 있는 사람은 어린이 같고 흔들림이 없는 하나님이 그 바깥 어두운 감옥에 갇힌 사람들이 죗값을 모두 치를 때까지 단 한 사람도 풀어 주시지 않으리라는 것을 압니다.

설령 그가 이것*을 잊어버린다 해도, 그를 소유하신 하나

---

*————하나님이 그의 기도를 들어주시는 것이 결국은 저주라는 점을 말한다.

님은 이런 사실을 잊어버리지 않으시며 그 사람을 잊어버리지 않으십니다. 삶이란 중간중간 두어 차례에 걸쳐 물 뿌리듯 뿌려진 섭리를 통해 말 그대로 실패한 어떤 믿음을 연명(延命)케 해줄 기회들이 이어지는 사슬이 아니라, 하나님이 허락하신 한 번의 섭리입니다. 삶 자체는 영혼의 고통 속에 자리하고 있을지도 모릅니다. 그 사람이 그리 오랜 삶을 살지 않아도 이내 삶 자체는 그 사람이 잊어버렸던 것을 그에게 일깨워줄 것입니다. 그는 안락을 달라고 기도하지만, 그가 받는 응답은 낙담과 공포와 자신을 외면하시는 하나님의 얼굴일 수 있습니다. 사랑 그 자체는, 바로 사랑 때문에, 사랑스럽지 않은 것을 외면하려 하기 때문입니다. 또 그렇게 안락을 달라고 기도하던 그는 감옥에 갇혀 버린 그의 양심의 어두운 벽에 쓰인 이런 무섭고 영광스러운 말씀을 틀림없이 읽게 될 것입니다. **우리 하나님은 소멸하는 불이심이라**(히 12:29).

2

소멸하는 불

우리 하나님은 소멸하는 불이심이라

—히브리서 12:29

사랑을 제외한 어떤 것도 냉혹하지 않습니다. 기도에 굴
복하는* 사랑은 불완전하고 빈약한 사랑입니다. 따라서 기도
에 굴복하는 사랑은 사랑이 아니라 사랑에 무언가가 섞인 혼
합물입니다. 만일 간청하는 목소리를 듣고 사랑이 불만을 잠
재워 준다면, 그것은 사랑 자체를 강조하는 사랑이지, 사랑
자체가 가진 권리들을 주장하는 사랑이 아닙니다. 마지못해
혜택을 베푸는 것이 사랑이 아닐진대, 하물며 기도하는 사람

★———'사람이 기도하는 대로 무조건 다 들어주는'이라는 뜻이다.

을 그릇된 길, 해가 되는 길로 인도하는 기도를 들어주는 것 역시 사랑이 아닙니다.

사랑은 순수함을 지향하는 사랑을 하기 때문입니다. 사랑은 늘 자신이 보고 있는 것이 가진 절대적인 사랑스러움을 마음에 담아 둡니다. 사랑이 완전히 사랑답지 못하고 사랑이 그 사랑을 넘치도록 표현하는 사랑을 할 수 없을 때는, 사랑이 그 자신을 더 사랑답게 만들어 사랑 자신이 더 많은 사랑을 베풀 수 있도록 만드는 데 사랑 자신을 소모합니다. 사랑은 완전해지려고 애씁니다. 심지어, 사랑 자체는—사랑 그 자체만이 아니라 사랑의 목적(대상) 안에서—완전하게 완성될 수 있도록 애씁니다. 처음에 인간을 창조한 것이 바로 사랑이었습니다. 마찬가지로 사람의 사랑 역시, 그 사랑이 갖고 있는 신성(神性)에 비례하여, 사랑 자신을 밖으로 흘려보내고자 아름다운 것을 계속 만들어 낼 것입니다. 사랑하고 사랑을 받을 수 있는 것 이외에는 그 어떤 것도 영원하지 않습니다. 사랑은 온 우주가 영원히 소멸되지 않을 신성한 곳이 될 종말의 때를 향하여 늘 올라가고 있습니다.

그러므로 사랑하는 이들 안에 있는 아름답지 않은 모든 것, 사람 사이를 갈라놓는 것으로서 사랑과 그 종류가 같지 아니한 모든 것은 소멸되어야 합니다.

그리고 우리 하나님은 소멸하는 불이십니다.

이것을 이해하기 힘들다는 것은 마치 단순한 절대 진리를 이해하기 힘들다는 것과 같은 말입니다. 여러 세기에 걸쳐 여러 시대—다툼과 노력과 열망으로 점철된 시대들—가 흘러간 뒤에야, 비로소 사람이 진리를 보게 될 수 있습니다. 그러나 일단 그 사람이 진리를 보게 되면, 자신이 어떻게 그 진리를 보지 못한 채 살 수 있었는지 의아해할 정도로 그 진리가 너무나 쉬운 것이 되어 버립니다. 그가 그 진리를 더 일찍 이해하지 못했다는 것은 단지 그가 그 진리를 보지 못했다는 말일 뿐입니다. 어떤 진리를 본다는 것, 그 진리가 무엇인지 안다는 것, 그 진리를 이해한다는 것, 그리고 그 진리를 사랑한다는 것은 모두 하나입니다. 진리를 향한 많은 움직임, 진리가 없음으로 말미암아 겪는 많은 비참함, 진리를 외면하는 것에 저항하는 많은 이의 양심이 내지르는 절규, 그 정체를 알지 못하지만 꼭 있어야 할 무언가를 바라듯이 막연하게 진리를 갈구하는 많은 갈망이 있은 뒤에야, 비로소 잠에서 깨어나듯 두 눈이 열리고 미몽에 휩싸인 한밤의 어두움이 진리의 태양이 내뿜는 빛에 그 자리를 내어 주게 됩니다. 그러나 일단 진리를 보게 되면, 그 진리는 영원합니다. 어떤 한 가지 신성한 사실을 본다는 것은 본질적인 영생과 정면으로 대면한다는 말입니다.

하나님은 이렇게 진리를 보여 주시고자 셀 수 없이 많은 시대를 일해 오셨습니다. 이 순박한 상태, 이러한 삶의 정점에 선 사람은, 다른 사람들에게 자신이 보는 대로 보게 할 수 없다는 사실을 어린아이처럼 의아해합니다. 사람들이 이런 상태에 이를 수 있도록 하기 위하여, 하나님이 과학과 역사와 시와 관련하여 행하시는 모든 노동은—지구가 바퀴처럼 회전하는 태양에서 외로운 한 방울의 불덩어리로 떨어져 나왔을 때부터 알렉산더 존 스콧*이 지구 표면에서 하나님께 예배했던 때까지—사랑스러운 광경 속에서, 또 고통스러운 법칙 속에서, 결코 거짓말 하지 않고 결코 후회함이 없이(민 23:19), 진리 위에 진리를 발전시켜 오고 있었습니다. 또 이를 위하여, 하나님의 인내는 인간 영혼이 아직 눈을 뜨지 못하고 그 영혼 안에서 어린아이 같은 천진한 마음이 아직 생겨나지 않은 동안에도 일하셨습니다. 인간을 바로 이런 상태에 두시기 위하여, 이처럼 순박한 시선을 위하여, 하나님의 모든 심오한 생각은 변화무쌍한 갖가지 형태로 세상의 기초에서 흘러나왔습니다. 그리고 이를 위하여 하나님의 파괴 역시 계속하여 공표되어 왔습니다. 이 모든 것은 바로 하나님의 생명이 우리 생명이 되도록, 그 똑같은 소멸하는 불, 본질이 사랑인 그 불이 우리 안에도 거할 수 있게 하기 위함이었습니다.

이제 이 사랑스러운 공포로 장식된 사도의 말—"우리 하나님은 소멸하는 불이심이라"—을 살펴봅시다.

"그러므로 우리가 흔들리지 않는 나라를 받았은즉 은혜

★———알렉산더 존 스콧(Alexander John Scott, 1768-1840). 영국 해군 군목이자 호레이쇼 넬슨(Horatio Nelson, 1758-1805) 제독의 절친한 친구였다. 트라팔가해전 때 넬슨과 함께 있었고, 넬슨이 숨질 때도 넬슨 옆을 지켰다.

를 받자. 이로 말미암아 경건함과 두려움으로 하나님을 기쁘시게 섬길지니 우리 하나님은 소멸하는 불이심이라"(히 12:28-29). 우리는 흔들리지 않는 나라를 받았습니다—그 나라의 본질은 흔들리지 않습니다. 거룩한 두려움을 품고 소멸하는 불이신 우리 하나님을 섬기는 은혜를 누립시다. 굽실대고 애걸하는 두려움이 아니라, 모든 생각, 모든 기쁨, 모든 사랑을 이 모든 것의 생명이시며 이 모든 것을 순수하게 만들고자 하시는 우리 하나님 앞에 내려놓음으로 그분을 섬기는 은혜를 누립시다. 하나님이 우리에게 주신 나라는 흔들리지 않습니다. 그 나라 안에는 약한 것이 하나도 없기 때문입니다. 그 나라는 영원한 세계, 존재의 세계, 진리의 세계에 속한 나라입니다. 따라서 우리는 순수한 두려움을 품고 하나님을 예배해야 합니다. 그 나라는 진동하지 않기 때문입니다. 하나님은 오직 진동하지 않는 것만이 남아 있을 수 있게끔 하늘과 땅을 진동케 하실 것입니다(히 12:27). 하나님이 소멸하는 불이신 것은 오직 소멸하지 않는 것만이 영원히 존속게 하려는 목적 때문입니다. 그것이 하나님의 본질입니다. 그 본질은 정말 무서울 정도로 순수해서 불처럼 순수하지 않은 것은 모조리 살라 파괴하고 맙니다. 불은 우리 예배에서도 순수함을 요구합니다. 하나님은 순수함을 갖고자 하십니다. 이 소멸하는 불은 우리가 순수하게 예배하지 않을 경우에 비로소 우리를 살라 버리시는 게 아니라, 우리가 순수하게 예배할 때까지 우리를 사르실 것입니다. 그렇습니다. 이 소멸하는 불은 이 불에 합당하지 않은 모든 것이 더 이상 고통과 불사름이 아니라 도리어 생명이신 하나님의 임재를 깨닫는 지각의 정점에 이름으로 이 불의 위력에 굴복한 뒤에야 우리 안에서 계속 불타오를 것입니다. 소멸될 수 있는 것은 오직 악(惡)뿐입니다. 흔들리지 않는 나라에 거하는 자들에게서 나온 악이 하나님의 불속을 통과하게 되면, 인간의 본질은 하나님의 본질을 대면하여 보게 될 것입니다. 그리되면, 그의 두려움은 순수해질 것입니다. 영원한 것은 거룩한 두려움인데, 이 영원한 것은 분명히 힘을 느끼는 감각이 아니라 본질을 아는 지식에서 나오기 때문입니다. 그러나 소멸될 수 없는 것은 그 자체 안에 있는 것, 곧 단순한 존재입니다. 따라서 그런 영혼에서는 하나님을 향한 두려움이 가장 소박하고 꾸밈없는 사랑을 가지고 있을 것입니다. 그렇습니다. 하나님을 향한 두려움이 있으면, 사람은 하나님이 아니라 자기 자신에게서 도망칩니다. 하나님이나 자기 이웃에게 잘못을 범할까 봐 벌벌 떤 나머지, 하나님에게서 도망하는 게 아니라 바로 그 자신의 아버지이신 하나님께 도망합니다. 하나님이 우리를 용납하실 수 있게 하나님을 섬길 수 있으려면, 하나님의 은혜가 필요합니다. 그런 은혜가 선포되면, 이런 말이 가장 먼저 뒤따릅니다. "형제 사랑하기를 계속하라"(히 13:1 참조). 우리 형제를 사랑하는 것이 그 소멸하는 불을 예배하는 것입니다.

소멸하는 불이라는 상징은, 옛 율법이 주어졌던 산*에 타올랐던 불 때문에 히브리서 저자에게 떠오른 것 같습니다. 그 불은 그곳에서 하나님이 이스라엘 백성에게 주신 계시의 일부였습니다. 그런 계시는 처음이 아니었습니다.** 하나님의 임재를 나타내는 이 불 앞에서 모세는 자기 신발을 벗어야 했고, 행여 위해(危害)를 입을까 봐 이 불에 가까이 다가가지도 못했습니다. 하나님의 임재를 나타내는 상징은 불이었으나, **그 불은 그 불이 붙은 떨기나무를 소멸하지 않았습니다.** 두 계시는 모두 무시무시했습니다. 그러나 신약성경의 한 권을 쓴 저자가 채용한 이 불이라는 상징은, 분명 이 상징이 이전에 의미한 것보다 더 많은 것을 의미한다기보다 이전에 이 상징을 써서 표현하려 한 것보다 더 많은 어떤 것을 의미합니다. 이 불이라는 상징을, 그들이 인식할 수 있었던 범위보다 더 많은 것을 표현하는 데 활용할 수는 없었을 것이기 때문입니다. 노예로 살았던 그 민족이 이 불에서 볼 수 있는 게 무엇이었겠습니까? 기껏해야 공포뿐이지 않았겠습니까? 그들을 묶었던

★———— 하나님이 모세에게 율법을 일러 주셨던 시내산(호렙산)을 가리킨다. 이 산에서 모세는 불이 붙었으나 소멸되지 않는 떨기나무에서 자신을 부르신 여호와를 뵈었고(출 3장), 이 산에서 모세와 그가 이끈 이스라엘 백성은 여호와 하나님으로부터 율법을 받았다(출 19장 이하).

★★———— 여호와 하나님이 불 가운데 강림하셔서 이스라엘 백성에게 계시하신 일이 있기 전에, 모세가 바로 그 산에서 역시 불 가운데 강림하신 여호와 하나님을 뵈었다(출 19:18; 3:4).

사슬에 낀 녹은 바로 그들의 영혼을 갉아먹었습니다. 그들의 기억 속에는 애굽의 고기 가마에서 피어오르는 연기가 오래도록 남아 있었습니다. 그저 그들이 가장 좋아했던 그 음식을 먹을 수만 있다면, 그들은 자신들을 속박했던 그 집(애굽 땅)으로 돌아갈 인간들이었습니다. 그런 민족이 이 불에서 무엇을 볼 수 있었겠습니까? 기껏해야 공포와 파괴밖에 더 있었겠습니까? 그런 그들이 불로 정결케 된다(purification by fire)는 생각을 할 수나 있었겠습니까? 그들은 아직 그런 생각을 할 수 있을 만한 정신 상태에 있지 않았습니다. 이스라엘 민족이 설령 그런 생각을 했다 하더라도, 정화에는 고난이 따른다는 생각이 이내 정화라는 개념을 집어삼키고 말았을 것입니다. 그런 민족이다 보니, 공포가 따르는 가르침이 아니면, 어떤 가르침도 들으려 하지 않았을 것입니다. 그들에게는 두려움이 제격이었습니다. 그들은 두려워할 필요가 없는 존재에겐 결코 예배하지 않았습니다.

그렇다면 시내산에서 펼쳐진 이 광경은, 마음씨 고약한 보모들이 어린아이들에게 써먹는 방법처럼 순종을 이끌어 내는 도구였을까요? 이 광경은 그 정체가 불분명한 거짓 공포를 암시하는 것이었을까요? 이 광경은 하나님의 진정한 계시가 아니었을까요?

만일 그것이 진짜 계시가 아니었다면, 그것은 아무것도 아니며, 그 이야기가 거짓이거나 그동안 벌어진 모든 일이 모세의 정치 술수인 셈입니다. 모세의 마음을 읽을 수 있는 사람은 시내산의 이 광경을 하나님의 거짓 계시로 추정할 이유를 발견하지 못할 것입니다. 따라서 그 계시가 속임수여서 정치적인 것이라면, 그 계시는 다른 근원에서 나왔을 가능성이 있습니다. 일부 사람들은 질서 내지 질서 잡힌 세계를 도통 믿지 않습니다. 그렇기 때문에, 그런 이들에겐 타당한 논증 자체도 불신의 빌미입니다.

어찌 되었든, 하나님이 그들(이스라엘 백성)에게 이런 것들을 보여 주셨다면, 하나님은 그들에게 참된 것을 보여 주신 것입니다. 이 광경은 하나님 자신을 알려 주신 계시였습니다. 하나님은 가면을 쓰시려 하지 않습니다. 하나님은 얼굴을 그대로 드러내십니다. 타오르는 불이 하나님께 생소하다면, 하나님 안에 그 타오르는 불로 계시할 수 있는 것이 아무것도 없다면, 하나님은 타오르는 불속에서 말씀하시려고 하지 않을 것입니다. 당신 자녀들이 아무리 도리를 모르는 망나니여도, 하나님은 결코 거짓말로 그들을 두렵게 하는 일을 하실 분이 아닙니다.

어떤 계시든 부분적일 수밖에 없습니다. 만일 참된 계시라는 이유로 모든 진리를 일러 주어야 한다면, 더 이상 계시는 필요 없을 것입니다. 그렇습니다. 모든 진리를 일러 주는 게 참된 계시라면, 하나님의 독생자도 필요 없을 것입니다.*
부분적 계시가 아니면, 그 어떤 계시도 무한하신 하나님의 지
극히 높은 영적 상태를 받아들일 수 없기 때문입니다. 그렇
기 때문에, 부분적 계시라고 해서 그 계시가 참되지 않은 것
은 아닙니다. 더 높은 영적 상태에 있는 이에게는 더 완전한
계시가 참된 계시일 수도 있지만, 이런 이와 비교하여 계시
를 받는 자가 더 낮은 영적 상태에 있는 경우에는 더 부분적
인 계시가 더 참된 계시일 수도 있습니다. 이렇게 더 낮은 영
적 상태에 있는 이에겐 더 부분적인 계시가 많은 것을 계시해
주고 오히려 더 완전한 계시가 아무것도 계시해 주지 않을 수
있기 때문입니다. 다만 그것이 무엇을 계시하든, 만일 그 계
시의 본질이 발전과 성장을 가로막음으로써 그 계시를 받는
사람을 그 계시의 불완전함에 묶어 놓는다면, 그 계시는 인간
실존을 규율하는 하나님의 모든 법에 맞서 싸우는 거짓 계시
에 불과할 것입니다. 참된 계시는 그 계시에 담긴 진리의 불
완전성으로 말미암아 더 많은 것을 알고 싶어 하는 욕구를 불
러일으킵니다.

여기 가장 밑바닥 상태에 있는 한 민족이 있었습니다. 그
런 민족이 받을 수 있는 계시는 부분적 계시, 두려운 계시 외

★———— 하나님의 독생자이신 예수 그리스도가 이 땅에 오신 사건이야말로 하나
님 계시의 궁극적 완성이요 완전한 계시다. 따라서 그분 이전에 완전한 계시가 주어
졌다면, 그분이 이 땅에 오실 필요가 없었을 것이다.

에 더 있었겠습니까? 히브리인들은 금송아지에게 경배하는 것이 좋은 일이라고 판단했던 이들이었습니다. 그런 그들이니, 그들 자신이 알고 있던 모든 것과 반대되는 것은 무서워할 수밖에 없지 않았겠습니까? 그렇다 보니, 그 타오르는 불을 두려워하는 것도 당연했습니다. 이스라엘 백성이 그 이름 모를 산꼭대기에서 타오르는 불을 인식했을 때는, 비록 공포가 그들 **위에** 임하긴 했어도, 그들보다 아래에 있는 우상(금송아지)에게 경배하려고 무릎을 꿇었을 때보다 나은 상태에 있었습니다. 두려움이 음란함보다 고귀합니다. 두려움이 하나님이 계시지 않음보다 낫고, 손으로 만든 신보다 낫습니다. 두려움 속 깊은 곳에는 무한한 존재가 계신다는 의식이 숨겨져 있습니다. 두려움에서 나온 예배는, 아주 저열하긴 해도, 참된 것입니다. 하나님이 받으시는 예배는 오직 영과 진리로 드리는 예배이기 때문에, 두려움에서 나온 예배 자체는 본질상 하나님이 받으실 만한 예배가 아닙니다. 그래도 하나님은 그 예배를 귀하게 보십니다. 하나님은 사람들을 판단하실 때, 현재 상태만이 아니라 미래 상태까지 함께 고려하십니다. 또 사람들의 미래 상태만이 아니라, 당신이 이 사람들을 만드실 때 그를 따라 만드셨고 그에게 이르기까지 자라도록 할 그 형상을 향해 지금 자라 가고 있는지, 또는 자라 갈 수 있는지도 함께 고려하십니다. 그런 점에서, 이 무한한 성장 과정을 구성하는 천 가지 단계는, 그 단계 하나하나만 놓고 보면 그저 하찮은 것이지만, 이 무한한 과정 전체에 꼭 있어야 단계들이 차례차례 연결되어 있는 것이라 측량할 수 없는 가치를 갖고 있습니다. 하강이 마귀를 가리키는 상태라면, 성장은 성도(聖徒)를 가리키는 상태일 수 있습니다. 지금까지 살펴본 결과, 그 계시(시내산에서 불로 주어진 계시)는 마지막 계시도 아니요 완전한 계시도 아니며 이스라엘 백성들이 당시 할 수 있었던 최선을 요구한 계시였습니다. 따라서 미래에는 그 계시보다 더 높은 단계의 계시가 주어질 수도 있었습니다. 이렇게 본다면, 이스라엘 백성들이 받은 그 계시는 참된 계시라고 말할 수 있습니다.

그러나 우리는 이 불이라는 계시 자체가 벌벌 떠는 죄인의 마음뿐 아니라 기뻐하는 성도의 마음에도 참된 계시였다는 점에서 더 높은 차원의 의미를 갖고 있었음을 발견하게 될 것입니다. 왜냐하면 기뻐하는 성도는 그 불의 의미를 더 깊이 들여다보고 그 계시가 그에게 일러 주려고 하는 것을 더 잘 알기 때문입니다. 그 불이라는 계시는, 비록 풀어 설명된 계시는 아니었지만, 간과해서는 안 될 상징이었습니다. 사람들이 자신이 지은 죄와 **한통속**일 때, 그래서 그들이 자신이 지은 죄와 분리되면 마치 그들이 더 이상 그들 자신이 아닌 것 같다고 느낄 때는, 어떻게 그 번갯불 속에서 울려 퍼지는 말씀이 구주이심을 이해할 수 있겠습니까? 사람과 악 사이로 뚫고 들어와 이 둘을 갈라놓는 말씀, 죄를 죽이고 죄인들에게 생명을 주시려 하는 그 말씀이 곧 구주이심을 어떻게 이해할 수 있겠느냐는 말입니다. 하나님이 이 죄인들을 사랑하셔서 이들을 불살라 정결케 하실 것이라는 말을 이들에게 들려준다 한들, 그런 말이 이들에게 위로가 되겠습니까? 불로 정결케 되는 과정에 늘 어느 정도 따를 수밖에 없는 고통을 초월하는 그 무언가를, 그들이 간파할 수 있겠습니까? 그들은 정결케 되기를 원하지도 않을뿐더러, 그 정화 과정에 따르는 고통도 참아 낼 수 없습니다. 그렇다면, 그들이 거룩한 이들(성도)이 지닌 사랑으로 하나님 사랑하는 것을 배우기 전에 할 수 있는 것은 사악한 자들이 품는 두려움을 품고 하나님을 두려워하는 것밖에 더 있겠습니까? 우리가 그들에게 바랄 수 있는 것도 하나님을 두려워하는 것 외에 더 있겠습니까? 그들이 보기에 시내산은 복수를 상징하는 표지들로 덮여 있습니다. 물론 하나님이 하시고자 하는 일에는 그들이 도통 짐작할 수 없는 또 다른 느낌과 다른 목적이 있긴 합니다만, 그래도 하나님은 그들이 두려워하는 것들을 그들에게 행하시려고 하지 않습니까? 하나님은 죄를 대적하십니다. 그들과 죄가 하나인 한, 그리고 그들과 죄가 하나인 동안, 하나님은 그들을 대적하십니다. 그들의 소원, 그들의 목표, 그들이 두려워하는 것들, 그리고 그들이 품은 소망도 대적하십니다. 이와 같이 하나님은 언제나 철저하게 **그들을 위하십니다**. 시내산의 천둥과 번개와 거센 돌풍, 나팔 소리가 찢어 놓는 흑암, 말씀이 실린 음성이

고동치는 무시무시한 광경은, 하나님이 비열함과 이기심을 어떻게 생각하고 느끼시는가를, 그리고 하나님이 이런 비열하고 이기적인 상태를 바라보실 때 품으시는 격하고 억제할 수 없는 혐오감을 그 노예들*의 오감(五感)에 어렴풋이 보여 주는 이미지일 뿐입니다. 그래서 그 어리석은 백성들이 자신이 하려던 일을 하기 두려워하면서, 결국 그들이 두려워해야 할 것은 불이 아니라 악이라는 것을 깨닫게 해줄 은혜가 그들 안에서 자랄 여지를 조금은 남겨 놓았을 수도 있습니다. 그렇습니다. 그들을 변화시키면, 그들은 금송아지 주위를 돌며 피리를 불어 대는 일을 그만두고 기꺼이 시내산의 나팔 소리 속으로 뛰어들 것입니다. 그들이 이것을 이해했다면, 그들에겐 시내산이 필요하지 않았을 것입니다. 시내산 계시는 참된 계시였고, 당연히 부분적 계시였습니다―참된 계시이려면, 부분적 계시일 수밖에 없었습니다.

하나님의 사람인 모세조차도 그 계시를 받아 간직할 준비가 되어 있지 않았습니다. 비록 자기 백성들을 사랑하는 마음에서 하나님께 자기를 생명책에서 지워 달라는 기도까지 올릴 정도였지만, 그런 그도 준비가 되어 있지 않았습니다. 만일 이 기도가 그 백성들을 **대신하여** 모세가 자신을 희생제물로 바치겠다는 의미라면, 이는 모세가 구원자(the Redeemer)가

★―――이스라엘 백성들을 말한다.

나타나신 환상을 보고도 영광을 얻지 못했던 이유를 충분히 설명해 줄 것입니다. 모세는 그렇게 기도함으로써 자신이 하나님의 진노를 누그러뜨릴 거라고 생각했겠지만, 이는 곧 하나님이 모세 자신만큼 온유하시다는 것을, 하나님이 화해를 이루시는 분이요 구원자이시라는 것을, 그리고 하나님이 관심을 가지시는 속죄는 오로지 중심에서 우러나온 희생제물이라는 것을 모세가 간파하지 못했음을 보여 주기 때문입니다. 모세는 자신의 이름이 지워지더라도 백성들의 이름이 생명책 안에 보존될 수 있기를 원했습니다. 하나님이 모세에게 죄를 지은 자는 그 값을 치러야 한다고 말씀하신 그때, 모세는 이것이 하나님이 행하실 수 있는 가장 자비로우신 일이라는 것을 깨닫지 못했습니다. 그러나 저는 그 기도 내용이 정말 모세가 하려고 했던 말인지 의심스럽습니다. 오히려 모세의 기도는 거룩한 절망을 토로하는 말처럼 보입니다—그는 자식 같은 자기 백성들보다 오래 살아남는 것을 원하지 않았습니다. 모세는 자기 한 사람만을 구원하고 금송아지에게 경배했던 수많은 형제자매들을 흙으로 돌아가게 하는 사랑에는 관심이 없었습니다. 그러나 그 기도의 참뜻이 무엇이든, 설령 모세가 천둥이 진동하는 시내산의 빽빽한 안개 속에서 갈라진 바위를 관통하고 지나가신 그 형체의 뒷모습 대신 그 얼굴을 보았다 해도, 그가 그 형체를 얼마나 이해할 수 있었을까요? 만일 그 형체가 고개를 돌려 그 얼굴, 어떤 사람보다도 더 사람다웠던 얼굴로 모세를 응시하셨다면 어땠을까요. 그 얼굴은 다가올 세대에 사람들의 눈에 하나님의 감정을 드러낼 얼굴, 사람들이 그 앞에 엎드릴 얼굴이었습니다. 그 순간 그들은 모세가 목숨을 걸고 간구했던 그 백성의 자녀들이 언젠가 그분에게 관(冠)을 씌워 주리라고 다분히 예상했을 것입니다. 그 얼굴은 자식 같은 백성들의 질고(疾苦)를 짊어지고 있었고 계속하여 그 질고를 짊어져야 했으며 그들의 슬픔까지 감당해야 했던 자, 이제는 우리의 질고를 짊어지고 우리의 슬픔까지 감당하고 있는 자의 얼굴이었습니다. 그 얼굴은 당신이 지으신 피조물 가운데 하나를 희생제물로 받으심으로써 당신의 정의를 만족시키거나 당신의 엄위를 지탱하시는 대신, 오히려 사랑이 담긴 당신의 뜻을 행하심으로 당신 자신을 철저히 그 피조물들에게 내어 주심으로써 결국 아버지께 자신을 드리셨던 하나님 아들의 얼굴이었습니다. 그 얼굴은 사람들이 고난을 겪게 하기보다 이 사람들의 고난이 당신의 고난을 닮게 함으로써, 이들을 당신의 완전하신 경지까지 끌어올리실 목적으로 죽기까지 고난당하셨던 하나님 아들의 얼굴이었습니다. 만일 그 얼굴이 고개를 돌려 모세를 응시했다면, 모세가 살아남았을까요? 그 얼굴의 장엄함이나 그 얼굴에 가득한 슬픔 때문이 아니라(거기에는 공포가 없었습니다), 도무지 파악할 수 없는 그분의 모습을 실제로 보았다는 그 이유로, 모세는 죽지 않았을까요? 설령 그 무한하신 신비가 모세를 죽이지 않으셨더라도, 모세는 그분의 모습을 실제로 본 것만으로도 넋이 빠져 아무 일도 못한 채, 그가 이 세상에서 할 수 있었던 모든 일을 더 이상 할 수 없는 자가 되어 이리저리 떠도는 신세가 되지 않았을까요? 하나님을 본다는 것은 모세가 도통 알지 못한 일이었습니다. 그런 점에서, 완전한 계시는 계시가 아니지만, 동시에 모든 계시를 파괴하는 것도 아닙니다.

"그렇다면, 하나님은 사랑이시다, 하나님은 사랑 그 자체이시다, 하나님은 곧 사랑이시라고 말하는 것은 상처를 줄 수 있지 않을까요? 그것이 곧 진리라고 대답하는 것만으로는 충분치 않습니다. 설령 그리 대답하는 것이 당연하다 해도 말입니다. 당신 자신의 주장을 들어봐도, 너무 많은 계시는 눈이 부시게 하고 눈이 멀게 하여 상처를 입힐 수 있습니다."

어떤 사람도 이해하지 못하는 하나님의 신비와, 설령 그 신비를 파악할 수 있는 사람이 단 한 사람일지라도 사람이 파악할 수 있는 하나님의 신비 사이에는 커다란 차이가 있습니다. 파악할 수 있는 하나님의 신비는 이미 계시입니다. 그 신비는 그 신비를 파악할 수 있는 사람의 마음을 관통하여 지나가는 식으로 제시되곤 합니다. 너무나 희미하게 제시되는 경우도 있어서, 그 사람과 함께 살아가는 다른 이들에게 상처를 입히지도 않습니다. 하나님이 감추고 싶어 하신다면, 감추게 해드려야 할 것입니다. (물론 저는 하나님이 늘 감춰진 것을 부수신다고 믿습니다. 또 그분은 늘 당신이 주실 수 있는 모든 것, 사람들이 그분 손에서 받을 수 있는 모든 것을 주고 계시며, 그 어떤 것도 감추시지 않고 오히려 모든 것을 계시하신다고 믿습니다.) 어떤 사람이 받은 등불은 말 아래에 두어서는 안 됩니다(마 5:15). 그 등불은 그 사람뿐 아니라 그와 함께 살아가는 사람들에게 주어진 것입니다. 씨 뿌리는 사람은 그 손을 쉬지 않을 것입니다. 그가 씨를 뿌리는 곳에는 가시밭도 있고 돌밭도 있으며 길가도 있기 때문입니다.* 씨 뿌리는 사람은 공중의 새가 그 씨를 물어 가는 경우도 있겠다고 생각할 것입니다. 또 가시밭에서는 좋은 씨들이 자라기 힘들겠다는 생각도 할 것입니다. 또 돌밭에서 말라 버린 씨라도 거기에서 썩을 경우에는 다음에 뿌린 씨가 뿌리를 내릴 수 있게 해줄 더 깊은 흙을 남겨 줄 수 있다는 생각을 하기도 할 것입니다. 그뿐만 아니라, 들을 귀를 가진 사람들만이 이 교훈을 받을 수 있습니다. 혹여 이기적인 사람이 이 가르침을 믿을 수 있다 해도, 그는 이 가르침을 잘못 해석할 것입니다. 그러나 이기적인 사람은 이 가르침을 믿을 수 없습니다. 이기적인 사람이 이 교훈을 믿는다는 건 불가능합니다. 그러나 사랑을 행하는 영혼은, 그릇된 가르침 또는 온전한 진리도 아니면서 온전하다고 주장하는 부분적 진리에 억눌려 있다가도 이 교훈을 듣고, 이해하며, 기뻐할 것입니다.

★──── 예수가 사시던 시대에 팔레스타인 지방에서는 일단 그 토질을 가리지 않고 씨를 뿌린 다음 씨를 뿌린 땅을 갈아엎는 방식으로 농사를 지었다.

그러면, 우리가 하나님은 사랑이시라고 말한다면, 이는 사람들에게 하나님을 두려워하는 것이 아무 근거 없는 일이라고 가르치는 걸까요? 아닙니다. 사람들이 두려워하는 한, 어쩌면 그 두려움은 훨씬 더 많이 그들을 엄습할 것입니다. 그러나 그들의 두려움 너머에는 뭔가가 있습니다. 그것은 하나님이 정해 놓으신 운명으로서 그들이 거역할 수 없는 것입니다. 이 운명은 하나님의 개성이 그 사람들 안에 만들어 놓으신 인간의 개성과 함께 작용하기 때문입니다. 진노는 사람들이 그들 자신이라 부르는 것을 소멸시킬 것입니다. 하나님이 만드신 자아들이 나타날 것이요, 그 자아들이 열 겹으로 된 존재의식 (tenfold consciousness of being)을 드러낼 것이며, 사람들이 하나님 없이 이끌어 가려고 시도했던 삶의 복된 상태를 만들어 낸 모든 것을 가져다 줄 것입니다. 사람들은 이제 처음으로 그들이 그들 자신(그들의 자아)과 완전히 일치한다는 것을 알게 될 것입니다. 탐욕스럽고 넌더리나며 이기적이고 의심 많은 옛 사람은 사라질 것입니다. 젊고 늘 젊은 자아가 존속할 것입니다. 그들이 그들 자신이라고 **생각했던** 것은 사라져 버릴 것입니다. 그들이 그들 자신이라고 **느꼈던** 것은, 비록 그들이 그들 자신의 느낌을 잘못 판단하긴 했지만, 그래도 존속할 것입니다—참회하는 소망 속에서 영화롭게 존속할 것입니다. 흔들리지 않는 것은 존속할 것이기 때문입니다. 하나님 안에서 불멸인 것은 사람 안에서 존속할 것입니다. 사람들 안에 있는 죽음은 소멸될 것입니다.

파괴할 수 있는 모든 것이 파괴당하는 것이 자연법—곧 하나님의 법—입니다. 불멸하는 것이 파괴할 수 있는 것 안에 그 자신을 감출 때—불멸하는 것이 그 안으로부터, 영원한 문들로부터 들어오는 메시지는 전혀 받아들이지 않고 밖으로부터, 타락한 주변 지역으로부터 들어오는 메시지만 모두 받아들일 때—그 불멸하는 것은, 비록 여전히 불멸하는 존재로 남아 있지만, 그 자신의 불멸성을 알 수가 없습니다. 불멸하는 것이 영원한 생명에 **참여할** 수 있으려면, 파괴할 수 있는 것이 불멸하는 것과 분리되어 불타 없어지거나 불타 없어지기 시작해야 합니다. 아니면 차라리 영원한 생명의 불이 사람을 소유하면, 파괴할 수 있는 것이 완전히 사라져 버리고 그 사람은 순수해집니다. 많은 사람이 한 일이 불타 없어져야 합니다. 그렇게 불에 타버려야— "불 가운데서 받는 것같이"(고전 3:15 참조)—그 사람들이 구원을 받을 수 있기 때문입니다. 이 세상에 존재하는 주인의 자리, 랍비의 긴 옷자락도 저 멀리 연기 속으로 사라져 버리고, 활활 타는 불속에서 묵묵히 순종하던 사람은 그 불로 말미암아 구원을 받습니다. 그 불이 파괴할 수 있는 것을 파괴해 버렸기 때문입니다. 파괴할 수 있는 것은 죽음이 가진 이점입니다. 이 죽음은 지옥에서 육체와 영혼을 모두 파괴하려고 합니다. 만일 사람이 불탈 수 있는 것에 여전히 집착한다면, 그 타오르는 불길은 더욱더 깊은 곳까지 뚫고 들어와 그 사람 가슴까지 불태우고, 마침내 그 사람을 사로잡고 있는 거짓의 뿌리까지 미치게 됩니다—이 거짓이 그 사람을 사로잡고 있는 이유는 그것이 진리처럼 보이기 때문일 수 있습니다.

하나님을 사랑하나 아직 정결하지 않은 사람은 하나님이 불로 태우시기를 간절히 바라는 자입니다. 하나님이 불로 태우심이 늘 고문인 것도 아닙니다. 그 불은 때로 단지 등불처럼 보이는 때도 있습니다 (그래도 그 불은 여전히 정결케 하는 불입니다. 소멸하는 불은 진정 정결의 원형이요, 정결함을 만들어 내는 활동 형태입니다.) 즉 소멸하는 불은 정결케 만드는 것이자, 정녕 사랑이며, 하나님의 창조 에너지입니다. 정결이 없으면, 창조도 영속(永續)도 존재할 수가 없습니다. 정결하지 않은 것은 썩을 수 있습니다. 썩음은 썩지 않음을 상속할 수 없습니다.

그 행실이 악한 자는 불에 타는 것을 두려워합니다. 그러나 그가 두려워하거나 거부하는 그 불길이 수그러들지는 않을 것입니다. 그 불길을 피해 달아나는 것은 가망 없는 일입니다. 사랑은 냉혹하기 때문입니다. 우리 하나님은 소멸하는 불이십니다. 악을 행한 그 사람은 그 값을 남김없이 갚을 때까지 그 불 밖으로 나가지 못할 것입니다.

그 사람이 하나님의 타오르는 불길에 맞선다면 사랑이라는 소멸하는 불이, 그 무시무시한 운명이 그를 기다리고 있습니다. 그 무시무시한 운명의 날은 오고야 말 것입니다. 하나님의 불을 증오하는 그 사람은 바깥 어두운 곳으로 내던져질 것입니다. 그렇게 되면, 고통스러운 낙담이 그를 사로잡을 것입니다! 아무리 그가 하나님을 생각하지도 않고 하나님에게 신경조차 쓰지 않더라도, 결국 하나님이 없으면, 그는 존재하지 않기 때문입니다. 하나님은 여기서 그와 함께 계시면서, 그를 지지해 주시고, 따뜻하게 해주시고, 기쁘게 해주시고, 가르쳐 주십니다—말하자면, 그에게 삶을 좋은 것으로 만들어 주십니다. 그 사람은 그 사실을 모르지만, 하나님은 그 사람에게 그 사람 자신을 주십니다. 그러나 그 사람이 겨우 그 존재의 명맥만 부지할 수 있게 해놓고 하나님이 그로부터 물러나신다면, 그 사람은 어떻게 될까요. 그 사람이 그 존재에 관하여 끊임없이 혼란을 겪으면서, 그의 존재라는 심연의 가장자리에 매달린 채, 아무런 도움이나 피난처나 목표나 목적도 없이, 자신이 버림받았다고 느낀다면(그가 이런 상태에 있는 것은 그 영혼에 그 자신을 파괴할 무기가 없기 때문이요, 그 자신에게 기쁨을 불어넣고 그 삶을 좋은 것으로 만들어 줄 것이 그 영혼에는 없기 때문입니다), 그 사람은 어떻게 될까요. 그는 고통으로 몸부림치며 그 닫힌 문으로부터 들려오는 지극히 희미한 생명의 소리에도 귀를 기울일 것입니다. 그러다가 고통을 당하는 인류의 신음소리가 저 바깥 어두운 곳으로 쫓겨난 사람의 귀에 다다르면, 그 사람은 그 소멸하는 불의 한가운데로 뛰어들어 다시 한번 생명을 알려고 할 것이며, 고통스러운 부인(否認)*이 안겨 준 공포, 말할 수 없는 죽음의 공포를, 비록 고통이 수반되는 것이긴 하지만, 저 소망의 영역으로 바꾸려 할 것입니다. 어떤 상상도 우리를 현혹하여 하나님 없이 존재한다는 것—그것은 살아 있으나 죽은 것입니다—이 안겨 주는 어마어마한 공포 속으로 끌어가지는 못합니다.

> 법도(法度)도 없고 종잡을 수도 없는 생각들이
> 아무리 끔찍한 상상을 한다 한들
> 이것보다 지독하고 더 지독한 상상이 있겠습니까?★★

그러나 이 경우에 하나님이 보여 주시는 차이점이 있습니다. 즉 바깥쪽의 어두움은 다만 그 소멸하는 불—빛이 없는 불—의 가장 무시무시한 형체일 뿐입니다. 눈에 보이는 그 어두움은 검은 불꽃입니다. 하나님은 그 사람으로부터 물러나셨어도, 그를 붙잡은 손을 놓지 않으셨습니다. 하나님은 그 사람으로부터 당신 얼굴을 돌리셨어도, 당신 손을 여전히 그 사람 위에 얹고 계십니다. 하나님의 심장은 그 사람의 심장 속에서 고동치기를 그만두었지만, 그래도 하나님은 당신의

★———— 하나님이 그를 모른다고 부인하심을 말한다.
★★———— 셰익스피어가 쓴 희곡 《눈에는 눈, 코에는 코(Measure for Measure)》 3막 1장에 나오는 대사로 클라우디오(Claudio)가 한 말이다. "Is not this to be worse than worst/ Of those that lawless and incertain thoughts/ Imagine howling?"

불로 그 사람을 계속 살게 하십니다. 그 불은 그 사람을 찾으러 가서 그 안에서 계속 타오르려고 할 것입니다. 지극히 고상한 성도 안이든 아직 그 사람만큼 정결하지 않은 성도 안이든 마찬가지입니다.

⌒

오, 하나님, 그러나 결국 당신은 죽음과 지옥을 그 불못(the lake of Fire) 속으로—당신 자신의 불타는 자아 속으로—집어던지시지 않겠습니까? 죽음은 영원히 죽고 말 것입니다.

그리고 지옥 자체가 사라질 것이며,
지옥의 슬픈 저택들을 환히 드러날 그날에 넘겨줄 것입니다.★

그러면, 정녕 당신은 만유 안의 만유가 되실 것입니다. 그때가 되어야 우리 가엾은 형제자매 모두—오, 하나님, 우리는 소멸하는 불이신 당신을 믿습니다—불로 정결케 되고 확실한 깨달음을 얻겠기 때문입니다. 생각해 보십시오. 수없이 많은 세대를 사이에 두고 떨어져 있는 그 가련한 형제자매들의 신음소

★———영국의 문호 존 밀턴(John Milton, 1608-1674)이 쓴 시 〈그리스도가 탄생하신 아침에 부르는 찬송(Hymn on the Morning of Christ's Nativity)〉에 나오는 한 대목이다. "And Hell itself will pass away,/ And leave her dolorous mansions to the peering day."

리가 우리가 있는 천국을 지옥으로 바꿔 놓는다 해도, 사람이 하나님보다 자비로워질까요? 그의 모든 영광 가운데 오직 그의 자비만은 무한하지 않을까요? 한 형제가 다른 형제를 사랑함이 아버지가 당신 아들들 가운데 하나를 사랑하심보다—우리 맏형이신 그리스도가 당신 아우들을 사랑하심보다—클까요? 오히려 우리 맏형이신 그리스도가 당신 아우를 하나라도 더 구원하시려고 다시 죽으려 하시지 않을까요?

이제 우리는 우리의 소멸하시는 불이신 당신께 나아가겠습니다. 그리고 당신은 우리가 견딜 수 있는 한계를 넘어 우리를 사르려고 하시지 않을 것입니다. 그러나 당신은 우리를 불사르고 싶어 하십니다. 비록 당신이 우리를 죽이시는 것처럼 보이지만, 결국 우리가 보지 않고도 믿은 이들의 복된 상태에 어떻게든 이를 수 있다면, 우리는 심지어 당신이 말씀하시지 않은 것에 대해서까지도 근거로 삼아 당신을 신뢰하렵니다.

3

더 높은 믿음

예수께서 이르시되 너는 나를 본고로 믿느냐 보지 못하고 믿
는 자들은 복되도다 하시니라

―요한복음 20:29

알고자 하는 열의가 가득한 어린이가 앞뒤 꽉 막힌 제자
에게 가로막힐 때가 종종 있습니다. 이 제자는 배워야 할 교
훈들을 도통 엉터리로 배운 바람에 교과서만 금과옥조처럼
여기고 교과서 밖으로 벗어나 본 적이 없었습니다. 자잘한 규
칙은 잔뜩 알고 있었지만, 그 규칙의 원리는 하나도 깨닫지
못하고 있었습니다. 그 어린아이가 그 제자에게 다가옵니다.
어린아이는 제법 범상치 않은 느낌을 내뿜고 생기 넘치는 소
망을 반짝반짝 내비칩니다. 그 어린아이는 자연계는 물론이

요 그보다 훨씬 넓은 인간 세계까지 종교 이론의 영역으로 끌어들이는 상당히 광대한 상상력을 갖고 있습니다. 그가 보기에는 아버지가 하신 일들이 우주 공간을 가득 채우고 있습니다. 그러나 그는 아직 하나님과 자연, 섭리와 은혜, 사랑과 자비를 구별하는 것을 배우지 않았습니다. 그는 잔뜩 부푼 가슴을 안고 그 제자에게 옵니다. 그러나 이 아이는 그 답답한 제자에게서 이런 대답을 듣습니다. "하나님은 그 일에 관하여 당신 말씀(성경) 속에서 한마디도 하지 않으셨어요. 그러니까 우리는 그것에 관하여 우리 마음대로 이렇게 저렇게 믿을 권리를 갖고 있지 않아요. 그런 문제는 아예 생각하지 않는 게 상책이에요. 우리야 알고 싶은 마음이 굴뚝같지요. 그래도 어쩔 도리가 없어요. 하나님이 그 문제를 계시해 주시지 않으니까요." 이 답답한 제자가 이렇게 말하는 이유는, 혹시 자신에게는 감춰져 있는 무언가가 이 어린아이에게는 계시되지 않았을까 하고 의문을 품어 볼 능력이 없기 때문입니다. 그래서 그는 나이와 무식(無識)이라는 권위를 앞세워 이 어린아이에게 그런 일은 하지 말라고 명령을 내립니다. 그는 성경 외에는 계시가 없고 오직 성경 말씀에만 계시가 들어 있다고 믿기 때문입니다. 그가 볼 때, 모든 계시는 성경으로 끝이 났고 성경 안에 묻혀 있어 힘들게 캐내야 하는 것입니다. 그리고 그 부패한 형태에 대해 생기는 많은 의문과 함께 계시는 형이상학적, 법적으로 고안된 딱딱한 해골의 일부가 되어 버렸고,

그 안에서 하나님 존재의 다른 완벽한 성품들은 무시된 채 하나님의 사랑만 무제한 관철되었습니다.

그러나 자신을 하나님 나라의 외진 한쪽 귀퉁이에만 가둬 놓은 채 그 나라의 나머지 부분은 광야에 빈번히 출몰하는 귀신들에게 넘겨 버리는 일을 하지 않고 자신의 존재가 갖고 있는 하나님의 모든 형상에 철저히 충실하게 살아가고자 하는 사람은 성경이 언급하지 아니한 것에도 수많은 의문을 떠올리는 법입니다. 하나님이 진정 그런 문제와 무관하실까요? 그런 문제들은 하나님이 책임지실 일이 아닐까요? 이런 의문을 들은 답답한 제자는 이렇게 말합니다. "그런 문제는 신경 쓰지 말고 내버려 두세요." 그러자 의문을 던졌던 그 사람은 이렇게 대답합니다. "저는 그럴 수 없습니다. 마음의 평강이 있어야 사람의 행동도 가능한 법이지요. 그런데 평강을 누리는 정도가 이런 질문에 대한 대답에 달려 있습니다. 또 제 행동 자체도 이 대답이 뭐냐에 따라 좌우됩니다." "하나님이 설명하시고 싶으시면, 설명하시겠지요. 그때까진 그냥 내버려 두세요." "아닙니다. 물음 속에 답이 함축되어 있습니다. 하나님은 제 안에 의문을 주셨습니다. 하나님은 당신 안에 답을 갖고 계십니다. 저는 그 답들을 그분께 구하겠습니다. 마냥 기다리지 않고 문을 두드리겠습니다. 마냥 참지 않고 여쭤보고 싶은 것을 여쭤보겠습니다. 찾고자 하는 것을 발견할 때까지 찾겠습니다. 하나님은 제게 주실 무언가를 갖고 계십니다. 제

기도는 저의 생명의 하나님께 상달될 것입니다."

만일 성경이 우리가 믿어야 할 것으로 하나님이 작정해 두셨던 **모든 것**을 우리에게 일러 주었다면, 사실 이 모든 문제는 통탄할 일입니다. 그러나 여기서 사람들은 성경 자체를 크게 오해하고 있습니다. 성경은 어디에서도 그 자신을 **유일한** 말씀, **유일한** 길, **유일한** 진리로 다루어야 한다고 주장하지 않습니다. 성경은 우리를 예수께 인도합니다. 예수는 무한한 분이시고 하나님을 늘 드러내어 계시하시는 분입니다. "그 안에 지혜와 지식의 모든 보화가 감추어져 있는"(골 2:3 참조) 분은 그리스도이시지, 성경이 아닙니다. 성경은 다만 그리스도에게 인도하는 일만을 할 뿐입니다. 그런데 왜 성경은 하나님을 **계시**하신 그리스도 안에 이 보화가 **감추어져** 있다고 우리에게 일러 주고 있을까요? 우리가 이 보화를 찾는 걸 단념하고 이 보화를 구하지 않게 하려고 그리 말한 걸까요? 이 보화가 그리스도 안에 감춰져 있는 이유는 적절한 때에—즉 우리에게 이 보화가 필요한 때에—우리에게 계시될 수 있게 하려고 그런 것 아닐까요? 이 보화가 그리스도 안에 감춰져 있는 것은 우리 안에서 그 보화를 드러내기 위한 중간 단계가 아닐까요? 그리스도가 유일하신 진리(the Truth) 아닙니까? 그리스도가 사람들에게 주어진 유일하신 진리 아닙니까? 그분이 당신 형제들의 유일하신 대제사장(the High Priest) 아닙니까? 그분이 이 우둔한 인류의 마음속에서 일어나는 모든 곤란한 의문에 대답하시는 유일하신 대제사장 아닙니까?

선하고, 지혜롭고, 의롭고, 완전한 형상을 담고 있는 것,
그것이 바로 그분의 마음이기 때문입니다.*

디두모(Didymus)**는 "우리가 지금은 알지 못하나 이후에
는 알 것입니다"라고 대답합니다. 단지 또 다른 실존 단계***
로 넘어가기만 해도 환히 밝혀지게 될 것이 분명 있을 것입니
다. 그러나 여기서 등장한 문제는 여기서 파고들어야만 합니
다. 만일 그 문제가 여기서 대답을 얻지 못한다면, 그 대답이
제시될 때까지 계속 문제로 남게 되기 때문입니다. 그리스도
안에는 우리가 여기저기서 늘 배우게 될 것보다 더 많은 것
이 감춰져 있습니다. 그러나 가장 먼저 그 감춰진 것을 찾기
시작한 사람이 역시 가장 먼저 계시를 발견하는 기쁨을 누리
는 법입니다. 그리스도는 이런 기쁨을 누리는 이들을 가장 기
뻐하십니다. 옛적부터 당신 제자들의 게을러터진 모습이 당
신 속을 썩였기 때문입니다. 당신 자신을 우리에게 주시려고

---

* ——— 존 밀턴이 쓴 《복락원(Paradise regained)》에 나오는 한 대목이다. "For it is
his heart which/ Contains of good, wise, just, the perfect shape."
** ——— '쌍둥이'란 뜻으로, 그리스도 예수의 열두 제자 중 하나인 도마의 헬라어
식 이름이다.
*** ——— 내세를 가리킨다.

이 세상에 오셨던 그분의 마음을 알려면, 내세에 들어갈 때까지 기다려야 한다고 말하는 이들이 있습니다. 제가 볼 때, 이런 말은 이 세상에 속한 게으른 영의 어리석은 모습일 뿐입니다. 하나님의 아들은 과거나 현재나 미래나 늘 사람들의 선생이셔서 이 사람들에게 당신의 영—하나님의 깊은 것까지 훤히 일러 주고 사람에게 그리스도의 마음이 되어 주는 영—을 공급해 주십니다. 이 시대 교회에 존재하는 커다란 이단은 이 영을 믿지 않는 불신입니다. 대다수 교회는 그 영이 모든 사람 각자에게 주실 계시를 갖고 있다는 것을 믿지 않습니다. 이 계시는 성경의 계시와 다릅니다. 그건 마치 살아 있는 뇌와 신경으로 들어가는 순간의 양식이 우리가 보는 빵과 고기와 다르다는 것과 같은 이치입니다. 일단 그리스도의 마음이 우리 안에 가득 차면, 우리는 이제 성경이 그 할 일을 다 했고 완성되었으며 우리에게 지나간 책이 되었음을, 그럼으로써 우리 하나님의 말씀(the Word of our God)이 영원히 존재할 수 있게 되었음을 알게 될 것입니다. 성경의 한 가지 용도는 우리에게 예수를 보여 줌으로써, 이 예수를 통해 우리가 예수의 아버지이시자 우리 아버지, 예수의 하나님이시자 우리 하나님이신 분을 알 수 있게 해준다는 것입니다. 이렇게 우리가 하나님을 알 때까지, 우리는 어두운 밤길을 인도하는 달처럼 성경을 소중히 간직해야 합니다. 우리는 동이 터 올 때까지 달빛을 힘입어 길을 걸어갑니다. 그러나 성경은 빛을 발산하는 태양만큼 소중하지는 않습니다. 태양이 떠오르면, 우리는 바로 그 태양을 받으며 그 태양을 향해 발걸음을 재촉합니다. 태양이 있는 한, 자신에게 없는 밝음을 반사해 주었던 거울은 이제 더 이상 필요하지 않습니다.

～

그러나 성령에 관한 이런 가르침이 제 궁극 목표는 아닙니다. 물론 이런 가르침이 진실이 아니라면, 바울이 믿는 종교든 소크라테스가 믿는 종교든, 우리가 믿는 모든 종교는 헛것이 되고 말 것입니다. 할 수만 있다면, 저는 하나님이 분명하게 말씀하신 것, 곧 사람들이 진리를 볼 수 있는 능력과 영적인 갈망을 갖게 하고, 하나님께 간구하면 하나님이 그들에게 주실 좋은 것들을 바라는 기도를 드리게 하려고 말씀하신 것만 믿기보다, 자신에게 말씀하시지 않은 것도 믿는 사람이 하나님을 더 기쁘시게 한다는 것을 말씀드리고 싶고 또 보여 드리고 싶습니다.

"하지만, 이것은 위험한 가르침(doctrine) 아닙니까? 그렇게 이야기하면, 사람들더러 그들이 가장 좋아하는 것만 믿으라고, 심지어 그들이 가장 좋아하는 것을 주시도록 기도하라고 가르치는 것 아닙니까? 그렇게 되면, 사람들이 확신에 겨워 오만한 마음만 키워 가려 하지 않겠습니까?"

성령이 우리 영혼과 다투시는 게 진실이라면, 하나님이

사람들을 가르치신다는 게 진실이라면, 우리는 이 두려운 결과들을 안심하고 하나님께 돌릴 수 있습니다. 하나님이 분명하게 말씀하신 것뿐 아니라 말씀하시지 않은 것도 믿는 그 사람이 주님의 벗이라면, 이런 사람이 변두리에만 죽치고 눌러앉아 대범함이 필요한 일은 해보려고도 하지 않은 채 안전만 도모하는 사람들보다 더 안전합니다. 만일 그 사람이 자기가 바라야 할 것이 무엇인지 하나님께 가르침을 받지 못했다면, 하나님이 그에게 그것을 알려 주실 것입니다. 그 사람은 자기가 기도로 간구하지 않은 것도 받게 될 겁니다. 그는 좋지 않은 것을 하나님께 간구할 수도 있습니다. 이 경우에는 응답이 그 소멸하시는 불의 화염 속에서 나올 것입니다. 이런 응답은 그에게 상당한 영적 지각을 가져다 줄 것입니다. 그래도 그가 이런 식으로 예리하게 가르침을 받는 것이 영적인 삶의 여정을 달팽이처럼 느릿느릿 걸어가는 것보다 훨씬 낫습니다. 문자 숭배(the worship of the letter)보다 빨리 그리고 더 공격적인 형태로 영적인 삶을 자라가게 하는 것이 있는데도, 제가 그것을 보지 못했던 것은 오만 때문이었습니다.

복되신 하나님이 지으신 사람은 자기가 가장 좋아하는 것을 누구에게 간구하겠습니까? 그 복되신 하나님 외에 더 있겠습니까? 우리가, 주님이 우리에게 가르쳐 주신 그대로, 하나님이 우리 아버지이심을 정녕 알 수 있게 되었다면, 이제이 진리에서 하나님이 단순히 아버지에 그치지 않고 아버지를 훨씬 뛰어넘는 분이시라는 것을 이해하는 데까지 나아가 봅시다―하나님이 우리에게 가까이 오심은 아버지의 지극히 높으신 생각을 체현(體現)하심을 뛰어넘는 의미를 지닌 사건입니다. 하나님이 아버지이심은 그 사실을 받아들일 수 있는 이들이 하나님께 나아갈 수 있게 해주는 한 단계일 뿐입니다. 어떤 사람이 가장 좋아하는 것이 하나님의 뜻일 **수도 있고**, 그 사람의 영을 대적하지는(against) 않지만 이 영**과**(with) 다툼을 벌이시는 성령의 목소리일 수도 있습니다. 만일 그렇지 않다면, 즉 그가 간구하는 것이 그의 뜻을 따른 게 아니라면, 제가 말했듯이, 저 소멸하시는 불이 계신 것입니다. 선하지 않은 것을 하나님께 간구하는 것이 위험한 게 아닙니다. 그분께 선하지 않은 것을 받기를 소망하는 것조차도 위험한 일이 아닙니다. 도리어 위험한 일은 하나님께 간구하지 않는다는 것, 하나님을 우리 일을 의논드릴 분으로 삼지 않는다는 것입니다. 우리는 감히 하나님 뜻을 여쭤보려고 하지 않습니다. 이런 사실 때문에, 우리가 계시되지 않은 것들이라고 말하는 일부 문제들에서 우리가 무언가를 행해야 할 당위성이 사라지지는 않습니다. 이렇게 계시되지 않은 문제에 부닥칠 경우, 우리는 어떻게 처신할까요? 다시 한번 말하지만, 성경 자체가 많은 계시를 담아 두려고 하지 않았던 이유도 어쩌면 우리의 그런 마음 자세 때문일지 모릅니다.

　모든 문제는 안심하고 하나님께 맡길 수 있습니다.

그러나 저는 과연 사람이 선하지 않은 것을 하나님께 구할 수 **있을지** 의문이 듭니다. 하나님께 기도하기 시작한 사람은 선과 악을 충분히 구별하여 알 만한 어린이입니다. 선한 것이 아주 가까이 있을 때, 이 어린이는 감히 악한 것을 달라고 기도하지 않습니다. 여러분은 제게 다윗은 자기 원수들을 저주하는 무시무시한 기도를 올리지 않았느냐고 물어볼지 모르겠습니다. 그러면 저는 여러분이 다윗이라는 사람과 그가 살았던 내력에 관하여 여러분이 알고 있는 지식을 토대로 그가 올린 기도를 읽어 봐야 한다고 대답하겠습니다. 기억하십시오. 다윗은 동방 사람이 지녔던 불타는 심장을 가진 인물이었습니다. 그러나 그는 자기의 가장 큰 원수가 자기 손에 들어왔을 때, 동방 사람처럼 원수를 갚지 않고 그 원수의 겉옷 자락을 베는 것으로 만족했습니다(삼상 24장). 물론 다윗이 올린 기도는 외형상 거친 말로 이루어져 있습니다. 그래도 그가 목숨을 다하여 간구한 것은 다름 아닌 정의와 의였습니다. 그래서 하나님은 그의 기도를 들어주셨고, 그를 만족게 할 것을 그에게 주셨습니다. 적어도 선한 사람에게는, 베이컨 경(Lord Bacon)*이 말하듯이, "복수가 일종의 야만(野蠻)스러운 정의(Revenge is a kind of wild justice)"이며 쉽게 만족을 얻는 것입니

*———— 프랜시스 베이컨(Francis Bacon, 1561-1626)은 영국의 철학자요 정치가다. 경험론과 이에 입각한 귀납적 인식 방법을 주창했다.

다. 그런 원수를 염두에 둔 마음의 소원은 증오가 사랑과 동정으로 바뀔 때 가장 잘 충족되고 가장 잘 응답을 받습니다.

그러나 제가 여기서 쓰고 싶은 내용은 기도에 관한 것보다 오히려 소망에 관한 것입니다.

제 자식이 저를 완전히 믿지 않고 제게 바라는 것 역시 자기가 제게 들은 몇 가지 약속뿐임을 제가 알았다 칩시다. 이 경우, 제가 제 자식을 어떻게 생각하겠습니까? 제가 볼 때, 믿음의 대상을 하나님이 약속하신 것에 국한하는 믿음은, 제 자식이 갖고 있는 믿음과 같이, 하찮은 믿음일 뿐입니다—그런 믿음은 이교도에겐 충분히 좋은 믿음이겠지만, 그리스도인에게는 비참하고 가련한 믿음일 뿐입니다. 그런 믿음에 의지하는 사람들은 하나님 말씀 대신 하나님이 하신 약속을 갖고 있을 때 훨씬 더 편안함을 느낄 것입니다. 이런 사람들은 그 말씀을 하나님의 성품이 나타난 결과가 아니라 하나님의 명예를 보증하는 담보로 여깁니다. 그들은 하나님 말씀이라는 진리는 믿어 보려고 노력합니다만, 하나님의 존재라는 진리는 이해하지 못합니다. 그들은 자신들이 하나님이 하신 맹세를 믿고 있다고 확신합니다. 그들은 **하나님 바로 그분**을 믿지 않습니다. 하나님을 모르기 때문입니다. 따라서 마치 태양과 달이 대양(大洋)의 물을 하늘을 향해 들어 올리듯이, 하나님이 사람을 당신 쪽으로 끌어당기심으로 그 사람의 마음이 부풀어 올랐다는 것을 그들이 믿지 않아도 그다지 이상할 게 없습니다. 형제 여러분, 자매 여러분, 만일 이런 것이 여러분의 믿음이라면, 여러분은 거기서 멈추지 말고 멈춰서도 안 됩니다. 여러분은 율법이라는 속박에서 벗어나야 합니다. 여러분은 이 율법에 은혜라는 이름을 붙여 주었지만, 이 율법 안에는 은혜로운 것이 없기 때문입니다. 여러분은 여러분이 받은 고상한 부르심이 얼마나 영예로운지, 그리고 지식을 전달해 주는 하나님의 사랑이 얼마나 큰지를 알게 될 것입니다. 하나님은 여러분이 건방진 태도로 당신께 다가와도 두려워하시지 않습니다. 오히려 하나님께 가까이 나아가기를 두려워하는 이는 바로 여러분입니다. 하나님은 당신 명예를 지키는 데 연연하시지 않습니다. 제자들에게 쫓겨난 어린아이들처럼 쫓겨날까 봐 두려워하는 이들은 바로 여러분입니다. 여러분이야말로 여러분 자신의 목숨을 어마어마하게 생각하고 행여 그 생명을 잃을까 봐 안절부절못하는 이들입니다. 그래서 여러분은 생명 중의 생명(the Life of life)이신 그분이 여러분을 소멸하실까 봐 감히 그분에게 가까이 나아가지 못하는 것입니다.

오, 하나님, 우리는 당신을 믿겠습니다. 우리가 당신을 믿는 만큼 당신을 발견하지 않겠습니까? 언젠가는 우리가 당신께 간구한 것이 너무 미미했다는 것을 수치로 여기며 크게 웃을 날이 올 것입니다. 당신이 베풀어 주시는 것은 우리가 바라는 것에 한정되지 않기 때문입니다.

오, 믿음이 적은 여러분! "모든 일에." 저는 여러분이 갖고 계신 성경, 아니 그보다는 자기의 주인이신 그리스도를 알았고, 자기 온 힘을 다해 그리스도인들은 물론이요 사도들까지 면박을 주었던 한 거룩한 사람을 인용해 보겠습니다. 이 사람이 사도들과 그리스도인에게 면박을 주었던 이유는 하나님을 믿는 그들의 믿음이 미미했기 때문이요, 하나님이 그들의 형제들에게도 하나님이신 게 아니라 단지 그들 자신만의 하나님이시라고 믿었기 때문이며, 하나님께 택함 받은 그 민족 중에서도 적은 수의 사람들만을 위하시는 하나님이시라고 믿었기 때문입니다. 그들은 자신들이 옛적부터 내려온 하나님의 **말씀**을 갖고 있다고 믿었지만, 그 말씀이 많은 열방에게 주어졌고, 하나님이 당신을 찾고 당신을 발견하도록 지어 놓으신 많은 사람에게 주어졌다는 것을 믿을 수 없었습니다. "모든 일에." 바울은 이 말로 시작하여 이렇게 말합니다. "모든 일에 기도와 간구로, 너희 구할 것을 감사함으로 하나님께 아뢰라"(빌 4:6). 이 **모든 일**이라는 말을 생각해 보건대, 그 어떤 일도 아주 시시한 일이 아닙니다. 우리를 힘들게 하는 일이면 충분히 모든 일이 될 수 있습니다. 이 모든 일이라는 말에는 어떤 원리가 포함되어 있습니다. 이 원리는 하나님 그분조차도 주목하실 만한 가치가 있는 것입니다. 결국은 하나님이 우리를 만드시는 바람에 우리가 그런 일로 힘든 고초를 겪는 것 아닙니까? 또 분명 이 **모든 일**이라는 말을 생각해 보건대, 그 어떤 일도 엄청나게 큰 일이 아닙니다. 인자(人子)가 이 땅에 오셔서 아주 많은 믿음을 발견하실 때, 하나님이 당신의 자비로 우리를 죽여 주시길 기도합니다. 그 사이에, 우리는 소망을 품고 신뢰하겠습니다.

여러분은 하나님이 말씀하신 것을 믿는 것이 큰 믿음이라고 생각하십니까? 거듭 말하지만, 제가 보기에 그런 믿음은 작은 믿음입니다. 그것만으로는 꾸지람이나 들을 만한 믿음입니다. 하나님이 말씀하시지 않은 것을 믿는 것이 진정 믿음이요 복된 믿음입니다. 그런 믿음은 **하나님 바로 그분**을 믿는 믿음에서 나오기 때문입니다. 여러분은 하나님 바로 그분을 믿을 수 없습니까? 아니, 하나님 그분을 믿을 수 없는 이유를 솔직히 이야기해 보십시오. 여러분은 하나님이 말씀하신 것을 믿기가 아주 힘들다고 느끼지 않습니까? 심지어 그분이 말씀하신 것이 거의 여러분이 믿을 수 있는 것 이상이라고 느끼지 않습니까? 제가 여러분에게 이유를 묻는다면, 솔직히 그 대답은 "우리가 하나님이 말씀하신 것을 확신하지 않기 때문입니다"가 아닙니까? 만일 여러분이 하나님을 믿는다면, 여러분은 그분 말씀을 믿기가 쉽다고 느낄 겁니다. 여러분은 하나님이 정말 그런 **말씀을 하셨는지** 캐물어 볼 필요도 없을 겁니다. 하나님을 믿으면, 여러분은 그분이 말씀하시고자 한 것을 알 겁니다.

그렇다면 담대하게 뭔가 해봅시다. 늘 믿음이 없는 어린이처럼 굴지 맙시다. 주님은 자기 눈으로 봐야 믿겠다고 고집을 피웠던 이들을 금하지 않으시지만, 보지 않았어도 믿은 이들, 자기 눈으로 본 것보다 더 많은 것을 믿은 이들, 자기 눈으로 보지 않았고 자기 귀로 듣지 않았어도 믿은 이들에게 복을 주신다는 것을 마음에 새겨 둡시다. 경이(驚異)를 한갓 이야기로 여기지 않는 이들, 신비를 한낱 놀림감으로 여기지 않는 이들, 영광을 진실이 아닌 것으로 여기지 않는 이들은 복된 자입니다―그런 이들은 기꺼이 이렇게 묻습니다. "그것은 하나님께 어울리는 것이군요? 그렇지요?" 하나님이 약속하신 것을 늘 하나님께 다짐받으려 하는 사람들은 마음이 둔한 이들이요 어린이답지 않은 사람입니다. 그런 약속은 하나님이 어떤 분이신가를 계시하는 데 적합한 것입니다. 만일 그들이 하나님이 하신 약속을 하나님을 옭아매기에 좋은 빌미라고 생각한다면, 그렇게 생각하라고 내버려 두십시오. 그런 사람들은 마음이 굳은 사람입니다. 그들은 성령보다 말씀을 선호합니다. 그들에겐 말씀이 전부입니다.

그런 사람들은―전부는 아니어도 그들 가운데 일부는―우리를 "하나님이 약속하시지도 않은 자비"에 매달리는 사람으로 치부할 수도 있습니다. 우리는 결코 덜한 것을 바라지 않습니다. 우리는 결코 더 나은 것을 소망하지도 않습니다. 우리가 바라는 자비는 우리의 높이보다 높고, 우리의 깊이보다 깊으며, 우리가 다다를 수 있는 폭보다 넓습니다. 우리는 알더라도 우리가 믿은 그분 안에서 압니다. 또 우리가 찾는 것은 인식할 수 있는 사람의 마음속에 아직 들어오지 않은 것입니다. 사람의 생각이 하나님의 생각보다 뛰어나겠습니까? 하나님이 주시는 것이 사람이 간구한 것보다 못하겠습니까? 하나님이 지으신 피조물이 인간의 상상보다 못하겠습니까? 그렇지 않습니다. 알프스 산맥 높이만 한 우리 욕구의 정상까지 올라가 봅시다. 알프스 산맥 높이만 한 우리 욕구를 뒤로하고 창처럼 뾰족한 히말라야 꼭대기만큼 솟아 있는 우리 열망까지 올라가 봅시다. 그러나 우리는 거기에서도 저 깊디깊은 하나님의 청옥(靑玉)*이 우리 위에 있음을 발견할 것입니다. 그러나 거기에서도 우리는 하늘이 이 땅보다 높음을, 하나님의 생각과 하나님의 방법이 우리의 생각과 우리의 방법보다 높음을 발견할 것입니다.

아, 주님! 우리 존재 전부 안에 거하소서! 우리 시간 가운데 오직 주일에만, 우리 몸 가운데 오직 우리 심장이라는 방에만 계시지 말고, 우리 모든 시간, 우리 몸 전체 안에 거하소서! 우리는 당신이 하실 수 없는 일, 당신이 마음을 쓰시지 않는 일이 있다는 생각을 감히 하지 않습니다. 우리는 당신이 지켜보시지 않는 일, 당신께 여쭤볼 수 없는 질문이 있다는 생각

★────청옥(사파이어)처럼 펼쳐진 푸른 하늘을 말한다.

을 감히 하지 않습니다. 왜냐하면 우리는 전부 당신 소유이기 때문입니다―머리끝부터 발끝까지 철저히 당신 소유 아닙니까! 사람이 자기 동료에게 이야기하지 않는 일도 우리는 당신께 말씀드립니다. 우리는 우리 자신의 열정을 들어 올려 당신께 내보이며 이렇게 말합니다. "주여, 보시옵소서! 우리를 생각해 주옵소서. 당신이 우리를 그렇게 지으셨기 때문입니다." 우리는 광야로 도망침으로써, 우리 머리를 망각이라는 모래 속이나 고통에서 연유한 참회나 소망이 없는 무기력 상태 속에 숨김으로써 우리 역사에서 도피하지 않겠습니다. 우리는 우리 자신의 삶인 우리 역사를 우리 손 안에 쥐고 당신께 도피합니다. 당신이 모든 의문에 담대히 제시해 주시는 그 대답이 승리를 거둡니다. 설령 당신이 "가장 경이로운 기관(organ)을 써서" 그 답을 일러 주셨어도, 우리는 그 답을 미처 이해하지 못했을 수도 있습니다. 오, 주님, 그러나 당신은 적어도 이 땅에서 믿음은 발견하실 것입니다. 만일 당신이 이제 이 땅에 오셔서 믿음을 찾아보신다면, 그 믿음을 발견하실 겁니다. 그 믿음은 알지는 못하지만 소망을 품고 있는 어린이의 믿음이요, 자신들은 모르고 있다는 것을 알면서 동시에 당신은 아신다는 것을 믿는 어린이의 믿음입니다.

우리 형제자매들은 그들이 당신의 말씀이라 부르는 것을 고수하는 이로서 그렇게 말씀을 고수하는 것이 당신을 기쁘시게 해드리는 일이라고 생각합니다. 이들은 자신들이 당신의 거룩하고 안전하신 손 안에 있다고 생각합니다. 그러나 당신은 우리에게 **누구든지 말로 인자를 거역하면 사하심을 받으려니와** 성령을 모독하는 자는 사하심을 받지 못하리라고 가르쳐 주셨습니다.

4

사하심을 받지 못하리라

누구든지 말로 인자를 거역하면 사하심을 받으려니와 성령을
모독하는 자는 사하심을 받지 못하리라

—누가복음 12:10

사고와 감정의 영역에 속하는 것은 무엇이든 말로 표현
됩니다. 그러나 이 말은 불완전할 수밖에 없습니다. 사고와
감정은 무한하지만, 인간의 말은 아무리 그 범위가 광대하고
그 섬세함이 경이로워도 결국에는 사고와 감정을 단지 대강
만 암시할 수 있을 뿐이기 때문입니다. 영과 진리는 '유나와
붉은 십자가 기사'*와 같습니다. 말(speech)은 그 여인(유나)의

★——— 엘리자베스 1세 시대 영국의 문인 에드먼드 스펜서(Edmund Spencer,

'여행에 필요한 물품이 든 가방'을 들고 뒤따르는 난장이**와 같습니다.

우리 주님은 진리의 체계를 지식인이나 알 수 있을 법한 형태로 만들 계획을 갖고 계시지 않았습니다. 유일한 진리 (The Truth)이신 당신과 관련된 중요한 진리는 당신이 말씀하신 것이었습니다. 주님은 현실을 이야기하셨습니다. 그러나 주님도 지식과 말이라는 형태를 사용하면 이 현실을—있는 그대로 완전하게 표현하지 못하고—단지 그 대강만 암시할 수 있음을 알고 계셨습니다. 살아 춤추는 불꽃같은 생명과 진리를 담은 주님의 말씀이 어두컴컴한 우리 안으로 침투해 들어와 예리하게 찔러 대는 불빛으로 우리를 깨웁니다. 이를 통해, 그분의 말씀은 우리를 각성시키려 하고, 우리를 죽은 자 가운데서 일으키며, 비단 번개 같은 말씀뿐 아니라 우리 안에 거하시고 우리 안에서 행하시는 능력을 통해서도 당신이 주실 수 있는 빛을 달라고 우리가 절규하게 만드십니다.

1552-1599)가 쓴 서사시 《요정의 여왕(Faerie Queene)》에 등장하는 두 인물이다. 이 시는 엘리자베스 1세와 영국 교회를 찬미하고, 잉글랜드를 다시 가톨릭 국가로 되돌리려 했던 메리 여왕과 로마 가톨릭교회를 비판한 작품이다. 이 작품에서 유나는 참된 교회(로마 교회에 맞선 잉글랜드 성공회)와 진리를 상징하며, 붉은 십자가의 기사는 잉글랜드 수호성인인 성 조지(St. George)를 상징한다. 흰 바탕에 붉은 십자가가 그려진 이 기사의 깃발은 잉글랜드 국기가 되었다.

★★———《요정의 여왕》에서 아서(Arthur)라는 이름으로 등장하는 인물이다. 이 아서는 원탁의 기사 아서와 동일한 인물이나, 이 작품에서는 요정의 여왕을 열렬히 사랑하는 인물로 나온다.

그렇다면 작열하는 빛도 없고 통찰도 없으면서 우리 주님의 말씀, 또는 주님의 제자들이 남긴 말을 토대로 지적 체계를 건설하려고 하는 사람에게는 이 진리를 어떻게 적용해야 할까요? 이런 사람이 바울을 이해하는 것보다 어린아이가 플라톤을 이해하는 것이 나을 것입니다. 우리 주님을 알았던 저 위대한 사람들이 말하고자 했던 의미는 너무나 커서 그들의 지적 체계 속에 들어갈 수가 없습니다. 그들이 말씀에서 발견한 의미는 분명 그들의 좁은 문조차도 너끈히 통과할 정도로 작을 것입니다. 만일 말씀이 말하고자 하는 의미가 단지 그것을 듣는 자가 그 말씀에 부여하려 하거나 부여할 수 있는 의미 정도에 그칠 뿐이고, 어느 누구도 이 말씀을 해석해 주는 긍휼을 베풀지 않았다고 해봅시다. 그 경우에, 기껏해야 자신의 목숨이나 구원하는 데 매달리는 사람이, 자신은 그리스도가 계신 곳에서 내침을 받더라도 자기가 사랑하는 동포 형제들은 그곳에 들어갈 수 있기를 바랐던 그 사도의 참뜻을 어찌 이해할 수 있겠습니까(롬 9-10장)? 순박하지 않은 사람에게는 순박한 말이 가장 풀기 힘든 수수께끼입니다.

만일 우리가 주님이 말씀하고자 하시는 의미를 찾아야 한다면—그리고 주님이 우리가 이해할 수 있게 말씀하신다면—역시 마찬가지로 우리는 적어도 우리가 보기에 주님답지 않고, 주님께 어울리지 않는 해석을 거부해야 합니다. 주님은 몸소 이렇게 말씀하십니다. "너희는 어찌하여 옳은 것을 스스로 판단하지 아니하느냐"(눅 12:57 참조). 그렇게 어떤 해석을 거부하다 보면, 무지나 오해 때문에, 말이라는 형태로 된 참된 해석마저 거부하는 일이 벌어질 수도 있습니다. 하지만 그 해석에들어 있는 영과 진리는 거부할 수 없습니다. 우리가 영과 진리를 그리스도의 마음으로 인식할 수 있는 상태에 있지 않았다면, 애초에 영과 진리를 볼 수 없었을 것이기 때문입니다. 어떤 오해, 어떤 편향된 시각, 우리가 노예처럼 붙들려 있는 옛 편견이 그런 식으로 우리가 참된 해석을 거부하도록 만들수 있습니다. 그럴지라도 우리는 거부하고 더 많은 빛을 기다릴 것입니다. 앞서 우리가 주님 안에서 올리는 예배라고 배웠던 것과 일치하지 않는 것을 우리 주님의 뜻으로 받아들임은, 우리 마음을 하나로 통일시키고 우리 마음을 한데 모아 주는 조화에 불일치를 가져오는 것입니다.

어떤 의지의 농간으로 말미암아, 우리 주님이 하신 그 말씀*을 말씀의 본디 의미와 동떨어진 의미로 믿는 반대자는 이렇게 묻습니다. "우리가 우리 주님의 성품을 판단한다는 말입니까?" 이 물음에 저는 이렇게 대답합니다. "주님이 우리에게 요구하시는 것이 바로 이것입니다." 주님은 우리에게 당신을 올바로 판단하라고 요구하십니다. 우리가 다만 우리 방문을 열고 그분을 맞아들이기만 하면, 그분은 들어오셔서 우리

★———— 위에 나온 누가복음 12장 57절 말씀이다.

와 함께 거하실 것입니다. 만일 우리가 판단을 회피한 채 우리 벽에 걸려 있는 권위나 전통이라는 이런저런 엉터리 그림을 우리 주님의 진짜 모양이라고 주장한다면, 우리가 어떻게 주님을 맞아들일 수 있겠습니까? 우리가 주님을 판단하지 않는다고 우쭐대는 동안에 차라리 그런 자세로 옳지 않은 판단이나마 판단을 내리게 된다면, 적어도 우리가 우리 기도실에 걸린 그림을 찾듯이 우리 주님을 찾지 않고 주님 바로 그분을 사기꾼이라 여겨 우리 방문을 닫아 버리는 일이라도 할 수 있지 않겠습니까? 만일 우리가—겸손하게 그리고 사랑하는 마음으로—판단하지 않는다면, 누가 우리 대신 판단할 수 있겠습니까? 그 진짜 형체(real form)를 알지도 못한 채 우리 마음이 받아들이지 못하는 것을 우리 지식으로만 믿는 신념 안에 받아들임으로써, 우리 기도에 주저하는 마음을, 우리 찬양에 불협화음을, 우리 사랑에 불행한 고통을 들여오기보다는, 차라리 진리를 잠시만이라도 거부하는 게 낫습니다. 그것이 진리라면, 우리는 언젠가 그 진리가 지금과 다른 모습으로 나타나는 것을 보게 될 것이며, 그 진리가 사랑스러워 보일 것이기에 그것을 사랑하게 될 것입니다. 모든 진리는 사랑스럽기 때문입니다. "거듭나지 못한 마음에겐 진리가 사랑스럽지 않습니다." 그러나 적어도 그분, 곧 그리스도 예수를 사랑할 수 있는 마음에겐 모든 진리가 사랑스러우리라고 저는 대답하겠습니다. 우리 안에서 그리스도 예수를 사랑하는 부분을 따라갑시다. 그렇게 그리스도를 사랑하는 부분이 내린 판단을 신뢰합시다. 다른 어떤 것보다도 영이신 주님이 우리의 그 부분을 자라게 하시고 밝게 깨우쳐 주시리라는 소망을 가집시다. 거듭 말하지만, 바른 **형체**의 진짜 모습을 잘못 이해한 채 받아들임으로써 공연히 성령을 거부하고 그 안에 거하는 진리를 거부하기보다는, 차라리 그 바른 **형체**를 거부하는 편이 더 낫습니다. 차라리 처음부터 바른 형체를 거부하는 것과 그 형체의 참 모습을 잘못 이해한 채 그 형체를 받아들여 성령과 그 안에 거하는 진리를 거부하는 것 가운데, 어느 것이 성령을 거역하는 죄에 가까울까요? 인자가 말씀하시고자 하는 의미를 오해하는 사람은 당연히 슬픔으로 가득 찰 수밖에 없습니다. 그러나 그분이 말씀하시고자 하는 의미에 도통 마음을 기울이지 않음으로써, 결국 우리 본성(本性)에서 가장 고귀한 부분이 저열하고 비천한 것 또는 이기적이고 옳지 않은 것이라 여겨 거부하는 것을 도리어 인자이신 그분의 것으로 여겨 받아들인다면, 그것이야말로 분명히 성령을 대적하는 죄로서 결코 용서받을 수 없는 죄와 더 닮은 행동입니다. 그것이야말로 그분 안에서 이루어진 진리의 체현(體現, embodiment)을 거역하는 죄가 아니라, 진리 그 자체를 거역하는 죄이기 때문입니다.

어떤 말이든 그 의미를 완전히 이해하려면, 그 말의 근원, 그 말을 하는 사람을 이해해야 합니다. 여러분이 늘 생각하고 있고 늘 느끼고 있으며 늘 행동하고 있다고 알고 있는 이가 그렇게 말했다고 듣게 될 때까지는, 어떤 말도 그저 평범하게 보일 수 있습니다. 여러분이 그 말이 나온 마음을 인식하면, 그 말들을 이해할 수 있는 잣대도 아는 것입니다. 따라서 하나님이 하시는 말씀은 인간이 하는 말과 똑같은 의미를 가질 수가 없습니다. "그렇다면 우리는 하나님 말씀을 이해할 수 없습니까?" 아닙니다. 우리는 하나님 말씀을 이해할 수 있습니다—오히려 사람이 하는 말보다 **더 많이** 이해할 수 있습니다. 선한 사람이 사용하는 선한 말이 무엇을 의미하든, 그 말을 하나님이 사용하시면, 그 말에는 정말 무한히 더 많은 의미가 담기게 됩니다. 그 말이 표현하는 감정이나 생각은, 우리가 하나님을 이해할 수 있게 될 때, 즉 우리가 하나님을 닮게 될 때, 우리 안에서 더욱더 고상한 형체들을 갖게 됩니다.

⌒

저는 성령을 거역하는 죄가 무슨 의미인지 제시하기보다 사함을 받지 못한다는 말이 무슨 의미인지 제시하는 데 훨씬 큰 관심을 갖고 있습니다. 하지만 저는 우리가 이 둘 다를 어느 정도 이해하는 데 이를 수 있다고 생각합니다. 성경에는 너무나 신비하여 우리가 연구해도 알 수 없는 것이 있다는 말에 저는 조금도 동의하지 않습니다. 성경은 **계시**이며 베일을 벗기고 감춰져 있던 것을 훤히 보여 주기 때문입니다. 사실, 성경에서 말씀하는 것 중에는 제가 아무리 들여다봐도 겨우 조그만 길만 볼 수 있는 것이 많이 있습니다. 그러나 그 조그만 길도 생명의 길입니다. 그 많은 것이 지닌 신비의 깊이가 하나님이시기 때문입니다. 또 문제가 되는 그 의무를 제쳐 놓고, 그 의무가 의심스러운 것처럼 주장하며 그 주장을 정당화할 명분을 찾으면서, 제 앞에 있는 이 구절*과 같은 본문을 탐구해 들어가는 데는 충분한 이유가 있습니다. 그런 본문이 사람의 마음을, 그중에서도 주로 거룩한 여성이나 어린이의 마음에 종종 심한 고통을 안겨 주기 때문입니다. 저는 자신이 화장실에서 핀(pin)을 부적절하게 사용했다는 이유로 자기가 성령을 거역하는 죄를 저질렀다고 믿었던 한 소녀를 알고 있습니다. 무거운 신학 문제로 병적인 상상(diseased fancy)을 했던 한 어린이를 예로 들었다 하여 저를 비판하지 말기 바랍니다. "이 작은 자 중의 하나도 업신여기지 마십시오"(마 18:10 참조). 이런 문제에서는 신학자도 어린이만큼이나 진리에 가까우면 좋겠습니다. **병적인 상상이었습니다!** 그 소녀는 자신이 금지된 잘못을 하고 있음을 알고 있었고, 자신이 **그것을 알고 있다는 것도 자각하고 있었습니다. 소녀가 품은 두려움에는 합리적인 근거가 있었습니다.** 예수시라면, 이 소중한 어린이의 고백을 어떻게 받아들이셨을까요? 아마도 예수는 소녀에게 어리석다고 말씀하시며 "그런 일로 신경 쓰지 말라"고 말씀하

★──── 이 설교 본문인 누가복음 12장 10절 말씀이다.

시는 일은 하시지 않았을 겁니다. 아무리 그 소녀가 어린아이여도, 예수는 소녀에게 이렇게 말씀하시지 않았을까요? "나도 너를 정죄하지 아니하노니 가서 다시는 죄를 범하지 말라"(요 8:11 참조).

저는 하나님의 사하심이 무슨 의미인지 탐구해 보겠습니다. 그래야 궁극적으로 우리 목표를 달성하는 데 필요한 첫 번째 지점에 도달할 수 있기 때문입니다. 또 이 지점에 자연스럽게 도달할 수 있게끔, 먼저 인간의 용서가 무슨 의미인지 물어보겠습니다. 그 이유는, 성육신에 어떤 의미가 있다 할 때, 우리가 하나님께 올라가려면 반드시 그 사람(the Human)을 통해 올라가야 한다는 것이 바로 그 의미이기 때문입니다.

저는 사함이라는 행위가 애초에 가졌던 개념—한편으로는 **떠나보내다, 내보내다**(send away)라는 의미를, 다른 한편으로는 **내어 주다, 양보하다**(give away)라는 의미를 갖고 있습니다—을 알아보고자 그 말에 해당하는 헬라어 단어나 영어 단어로 거슬러 올라가 봐도 그리 도움이 되지 않음을 압니다. 우리가 **사함**(forgiveness)이라 부르는 것을 행함과 관련된 느낌들을 살펴보면, 그걸로 충분할 것입니다.

사람은 이렇게 말하곤 합니다. "용서하긴 하는데, 잊어버릴 수가 없어. 그 친구, 다시는 내 눈앞에 나타나지 않게 해 줘." 이런 용서는 얼마만큼 용서한 것일까요? 피해를 입은 사람이 잘못을 저지른 사람에게 주장할 수 있는 보응을 면제해

주거나 내어 버리는 정도일까요?

그러나 피해를 당한 사람과 피해를 입힌 사람 사이에서는
잘못 그 자체를 내어 버림이 없습니다.

그래서 사람은 또 이렇게 말하곤 합니다. "그 친구, 아주
비열한 짓을 했어. 그런데 그건 약과야. 더한 짓도 할 수 있는
친구거든. 나는 그런 친구를 인간으로도 안 봐. 그러니까 복
수할 마음도 없어. 난 그 일은 잊어버릴래. 그 친구를 용서하
지. 나는 신경 쓰지 않을래."

여기에서도 다시, 두 당사자 사이에서는 잘못을 떠나보냄
이 없습니다―죄를 **용서함**이 없는 것입니다.

이때 제3자가 이렇게 말합니다. "나 같으면, 그 친구를 분
명 용서했을 거야. 내가 그 친구를 용서하지 않으면, 하나님
이 나를 용서하시지 않을 테니까."

이 제3자는 그래도 진리에 **조금은** 더 가까이 다가간 사람
입니다. 비록 가해자와 이 제3자가 똑같이 죄인이라는 점에
국한된 것이긴 하지만, 두 사람 사이에서는 서로 어떤 공감대
를 인정하고 있기 때문입니다.

이런 말을 들으면, 피해를 당한 사람은 이렇게 말합니다.
"그 친구는 내게 엄청난 잘못을 저질렀어. 나는 그 친구가 그
런 일을 했다는 게 지금도 끔찍해. 그 친구에게는 더 끔찍하
겠지. 그는 내게 상처를 주었어. 그렇지만 그는 자살 직전까
지 갔어. 그 친구에게도 엄청난 상처였을 거야. 내가 그 친구

를 구해 줄 수 있는 상처 가운데 가장 큰 상처가 아닐까 싶어. 나는 아직 그에게 예전과 같은 감정을 가질 수가 없긴 해. 하지만 나는 그가 내게 잘못했다는 것을 깨닫게 해서 다시는 그런 잘못을 저지르지 않도록 만들려고 노력할 거야. 그러면 예전에 그에게 느꼈던 감정을 다시 느낄 수 있을지도 모르지. 이 목적을 위해서 내가 베풀 수 있는 모든 친절을 베풀 참이야. 강요하기보다는 적절한 기회가 올 때마다 잡으려고 해. 내가 지금 그 친구에게 관대함을 베풀어서 나 자신을 위대하게 만들려고 이러는 게 아니야. 다만 그 친구를 아주 많이 사랑하다 보니, 그 친구가 자기의 진정한 자아와 화해할 수 있게 함으로써 그 친구에게 더 많은 사랑을 베풀고 싶어. 나는 우리 사이에 끼어 든 이런 악한 행동을 부숴 버리고 싶어. 나는 그 악한 행동을 내어 버릴 거야. 그가 그런 악한 행동을 철저히 포기하게 할 거야. 그렇게 해서 그도 역시 우리 사이에 끼어 든 그 악한 행동을 부숴 버리게 할 거야."

어느 것이 하나님이 말씀하신 사랑이라는 개념에 가장 가까울까요? 이런 견해들 사이에는 하늘과 땅 사이에 존재하는 간격만큼이나 틈이 벌어져 있긴 하지만, 과연 어느 것이 하나님이 말씀하신 개념에 가장 가까울까요?

하나님이 인간을 창조하신 이상, 그 창조 권능은 인간보다 큽니다. 하나님의 사하심은 그 스스로 존재하며, 우리가 행하는 용서를 만들어 냅니다. 따라서 하나님의 사하심은 인간보다 훨씬 많은 것을 해낼 수 있습니다. 하나님의 사하심은 우리 인간의 크고 작은 모든 잘못을 다 흡수해 버립니다. 더불어 그 잘못에 따르기 마련인 고통과 슬픔도 흡수해 버립니다. 그뿐만 아니라, 하나님의 사하심은 우리 하나님과 우리 사이에서 이런 것들을 다 제거해 버립니다.

그리스도가 바로 하나님의 사하심입니다.

이 엄청난 장면에 좀 더 가까이 다가가기 전에—아버지와 아들 사이에서 이루어지는 용서처럼—좀 더 명확한 형태로 표현된 인간의 용서를 살펴봅시다. 비록 하나님이 우리에겐 육신의 아버지보다 훨씬 큰 분이고 우리에게 훨씬 가까이 다가오시는 분이긴 하지만, 그래도 아버지라는 자리가 인간이 올라갈 수 있는 단계 중에 가장 높은 단계이기 때문입니다. 그곳까지 올라가야, 우리의 이해력은 비로소 저 멀리 계신 그분을 내다볼 수 있고, 우리 마음이 처음으로 하나님이 가까이 계심을, 아니 심지어 우리 마음 안에 계심을 알 수 있기 때문입니다.

잘못된 행동은 그 종류도 가지각색이요 그 정도도 천차만별입니다. 이 때문에 용서도 그 종류와 정도가 다양할 수밖에 없습니다. 예를 들어, 어린아이가 버럭 화를 낸 경우에는 용서가 필요하지 않습니다. 그 경우에는 잘못이 아주 미미하기 때문에, 부모가 그 어린이에게 자제심을 발휘하도록 영향을 미치거나 잘못된 행동을 하지 않으려는 의지를 북돋워 주는 정도면 족할 것입니다. 아버지는 어린 자식이 그런 잘못을 저질렀다 하여 자신과 자식 사이에 어떤 벽이 들어섰다고 느끼지는 않을 것입니다. 그러나 그 어린아이에게 어린 동생이나 집에서 기르는 동물에게 음흉하면서도 잔인한 행동을 하는 습관이 있음을 발견했다고 가정해 봅시다. 그럴 경우에 아버지가 느끼는 감정은 아이가 단순히 화를 내는 모습을 보았을 때와 확연히 달라질 겁니다. 이 경우에도 아버지가 아이가 단지 화를 낸 경우처럼 쉽게 용서할 수 있을까요? 어린 자식이 저지른 악행이 달라진 만큼, 용서도 그 **형태**가 달라져야 하지 않겠습니까? 그러니까 제 말은 그런 악한 행동을 아예 할 수 없게 뿌리째 뽑아 버릴 요량이라면, 이번 경우에는 그런 악한 행동을 하지 못하도록 만드는 데 가장 적합한 형태의 처벌을 해야 하지 않겠느냐는 말입니다. 진정한 사랑을 담고 있는 용서는 바로 이런 종류의 용서가 아니겠습니까? 그런 잘못된 행위를 덮어 버리는 것은 알량한 인간의 자비심에서나 나올 법한 것이지, 하나님의 사랑에서는 결코 나올 수 없는 것입니다. 그것은 **용서**가 아닐 것입니다. 용서는 무관심일 수가 없습니다. 용서는 사랑할 수 없는 자를 향한 사랑입니다.

아버지가 느낄 법한 감정, 그가 자기 감정을 표현할 법한 방식을 좀 더 자세히 살펴봅시다. 어떤 어린 자식이 잘못을 저지른 순간, 아버지는 그를 자기 품에 안아 줄 것입니다. 그런 식으로 자연스럽게 표현하는 바로 그 사랑이 어린 자식의 허물을 없애 버리리라는 것을 알기 때문입니다. 다음 순간, 아버지는 눈물을 흘릴 것입니다. 아버지는 죄를 향한 자신의 증오를, 너무나 망가져 결국 그런 죄를 저지른 어린 자식을 불쌍히 여기는 온유함 속에 담아 표출할 것입니다. 그렇게 함으로써 그 죄를 파괴해 버립니다. 이렇게 되면, 이런 자식이 저지른 잘못도 아버지와 자식이 달콤한 사랑을 주고받는 데 방해가 되지는 않을 것입니다. 어린 자식은 즉시 용서를 받았습니다. 그러나 같은 원리를 토대로 다른 자식이 저지른 잘못을 다루게 되면, 모든 게 확 달라질 것입니다. 만일 그 다른 자식이 치사하고 비열하고 이기적이고 속임수를 써서 자기만 만족시키는 악행을 다른 사람들에게 저질렀다면, 그 아버지는 속으로 이렇게 **말했을지** 모릅니다. "나는 이런 놈을 용서 못해. 이런 일은 용서할 수 있는 게 아니야." 그 아버지는 그 자식을 용서해 보려고 발버둥치는 동안에도 그렇게 **말할지도** 모릅니다. 계속하여 그렇게 말할지도 모릅니다. 그래도 그렇게 용서해야 그가 빠져 버린 깊은 나락에서 그를 건져 올릴 수 있을 것입니다. 그 아버지의 사랑은 어쩌면 그 아들이 방황하고 실패하는 바람에 훨씬 크게 자랄 것입니다. 사랑은 신성하기 때문입니다. 사랑은 **장점들**을 보고 사랑할 때가 아니라 **결점들**을 보고 사랑할 때가 가장 신성하기 때문입니다. 그러나 용서는 단지 죄인에게 가까이 나아가는, 말 그대로 죄인에게 가까이 다가가는 과정일 뿐입니다. 그 아버지의 열린 마음이 홍수처럼 휩쓸어 버리는 하나님의 사랑을 받아들일 때까지는, 그 아버지 자신의 애정이 다른 이가 저지른 악을 감당할 정도로 분출되어 그 악을 쓸어 버릴 때까지는, 용서가 다 이루어졌다고, 용서에 이르렀다고, 그 아들이 용서를 **받았다고** 말할 수 없을 것입니다.

　하나님은 우리를 매일 용서하십니다. 하나님은 당신과 우리 사이에서 우리가 저지른 죄와 그 죄 때문에 덮인 안개와 흑암을 몰아내십니다. 그분이 지으신 태양이 밝게 빛나고, 그분이 허락하신 비가 내리며, 우리 사람들의 마음이 양식과 기쁨으로 가득함을 보십시오. 그것은 하나님이 그분을 사랑하지 않는 이들을 사랑하신다는 증거입니다. 우리가 저지른 죄가 우리가 내다보는 지평선을 검은 구름으로 뒤덮고 하나님을 볼 수 없게 우리 눈을 가려 버릴 때, 하나님은 우리를 용서하시되 우리가 용서받을 수 있도록 우리보다 앞서서 사하심이 우리 중심에 이를 수 있는 길을 닦으십니다. 이는 이런 사하심으로 우리가 참회하게 함으로써 그 잘못을 파괴하고자 하심이요, 우리가 우리 자신을 용서할 수 있게 하려는 목적 때문입니다. 이렇게 하시는 이유는 자존심이 너무 세서 자신을 용서하지 못하는 사람이 일부 있기 때문입니다. 이런 사람들은 하나님의 사하심이 그들에게 이르러 그들의 자존심이 참회의 눈물에 잠겨 다 스러져 버림으로 그들의 마음이 어린아이 마음처럼 거듭날 때에야 비로소 자신을 용서하지 못하는 자존심을 내려놓기 때문입니다.

그러나 사하심을 영원히 지속되는 어떤 일의 완결로, 중간에 끼어드는 잘못을 파괴해 가며 하나님의 마음과 우리 마음이 접촉하는 것으로 보게 될 경우, 우리는 하나님의 사랑이 늘 그분이 베푸시는 사하심보다 앞서 있다고 말할 수 있겠습니다. 하나님의 사랑은 첫 번째 동자(動者, the prime mover)로서, 늘 당신의 사하심을 완성하고자 하십니다. 그런데 그 사하심은 인간 쪽의 조건이 채워져야 합니다. 사랑은 완전하여 사하심을 이루어 냅니다. 하나님은 당신이 아직 용서하실 수 없는 곳에서 사랑을 베푸십니다. 그곳에서 완전한 의미의 용서가 말 그대로 불가능한 것은 마음과 마음의 접촉이 불가능하기 때문이요, 하나님과 사람 사이에 놓인 것이 아직 하나님의 거룩한 멸망의 빗자루에 굴복하려들지 않기 때문입니다.

따라서 아버지와 자식 사이에서처럼, 하나님 아버지와 그분의 자녀 사이에 있는 것들이 비록 악이나 죄일지라도, 하나님의 영이 마음속에 거하셔서 그 악을 용서하고 말끔히 없애 버리실 여지가 있는 한, 그것들을 어지간히 무시해 버릴 수 있습니다. (그렇다고 그것들이 본디 무시해도 되는 것이라는 말은 아닙니다. 그것들은 분명 제거되어야 할 것들입니다.) 이런 식으로 어느 사람이 저지른 악이 그 사람에게서 점점 지워질 때, 그 사람은 더욱더 나아지고, 사하심은 그 사람 안으로 더욱더 많이 들어가게 됩니다. 하나님의 뜻이 완전하시므로, 그 뜻은 인간의 마음속에서 그가 할 일을 완벽하게 해냅니다. 사람이 그 본성 전체에서 자신의 죄를 몰아내면, 더 이상 사하심이 머무를 자리가 없어집니다. 이제는 하나님이 그 사람 안에 거하시고, 그 사람은 하나님 안에 있기 때문입니다. 하나님의 사하심은 "당신이 그 사람이라"(삼하 12:7 참조)라는 나단의 목소리로 다윗을 붙잡았고, 다윗 왕의 마음은 겸비해질 대로 겸비해졌습니다. 그렇게 자신을 엄습했던 도덕의 혼수상태에서 깨어난 다윗 왕은 자신이 여전히 하나님과 함께 있다는 것을 발견했습니다. 그는 이렇게 말했습니다. "내가 깰 때에도 여전히 주와 함께 있나이다"(시 139:18).

그러나 **결코 사하심을 받을 수 없는** 죄가 둘 있습니다. 이 둘은 개인의 행위에 따른 죄가 아니라 영의 상태와 관련된 죄입니다. 사하심을 받을 수 없는 죄는, 제가 보기에, 변명할 수도 없고, 간과해 버릴 수도 없으며, 온유하신 하나님조차도 가벼이 여기실 수 없는 죄를 말합니다. 이런 죄는, 죄를 지은 자의 영혼 속에 사하심이 들어가지 못하도록 막으려 하고, 그 옆에서 어떤 선한 영향력도 작동하지 못하게 만들 것이며 하나같이 하나님을 배척할 것입니다. 따라서 이런 죄를 저지른 사람은, 하나님의 사하심에서 나오는 것으로서 사람을 새롭게 하고 구원해 주는 거룩한 영향력을 결코 그 자신 안에 받아들일 수 없습니다. 하나님은 철저히 그 사람 밖에 계십니다. 하나님이 그 사람을 지으셨음으로 말미암아 하나님과 그 사람 사이에 존재하는 관계에서 비롯된 것만 예외일 뿐입니다. 이 관계 덕분에 하나님이 여전히 그를 붙잡고 계신 게 그나마 하나님께 감사한 일입니다. 물론 하나님이 그를 붙잡고 계심은 사하심을 얻지 못할 그 사람의 뜻과는 어긋나는 일이지만 말입니다. 결코 사하심을 받을 수 없는 두 죄 가운데 하나는 사람에게 저지르는 죄요, 다른 하나는 하나님께 저지르는 죄입니다.

먼저, 사람에게 저지르는 죄는 우리 이웃을 용서하지 않는 것입니다. 말하자면, 우리가 자비를 베풀 대상, 우리가 사랑을 베풀 대상에서—따라서 우리가 그 일부를 이루고 있는 우주에서—우리 이웃을 배제해 버리는 것입니다. 그런 점에서, 이것은 우리 이웃을 죽임과 같습니다. 어쩌면, 영겁(永劫)의 세월이 흘러가도 이웃을 용서하길 거부함이 사람을 죽임보다 악할지도 모릅니다. 사람을 죽이는 죄는 순간 성질이 폭발하여 저지르는 행위일 수 있습니다. 그러나 이웃을 용서하길 거부하는 것은 마음이 선택하는 일입니다. 내가 미워하는 자를 증오하는 것, 내가 미워하는 자의 이미지나 내가 미워하는 자를 떠올리게 하는 관념을 배척하고 우리가 속한 소우주에서 죽여 버리는 느낌만 내내 깊이 생각하는 것이야말로 **영적** 살인이요, 가장 지독한 살인입니다. 우리는 악한 행위를 한 자가 입힌 손해로 말미암아 상처받은 우리 자신의 자존심이나 상처받은 우리 자신의 애정이 토해 내는 음성에 귀를 기울입니다. (우리 자존심에 상처를 입었다는 암시가 없으면, 우리 애정이 상처를 입었다 하여 악한 생각을 하지는 않습니다.) 우리는, 우리가 할 수 있는 한도 내에서, 우리 사이에 존재하는 생명의 관계를 억누릅니다. 우리는 되돌아올 수 있는 길을 모두 막아 버립니다. 이것은 곧 유일하신 생명이시며 한 분뿐이신 하나님을 몰아내는 행위입니다. 우리가 우리 형제를 우주 차원에서 이루어져야 할 용서 중 우리가 감당해야 할 부분, 궁극적 회복에서 몰아냄으로써 결국 하나님이 만유 안에 만유가 되실 수 없게 만드는 동안에는, 우리가 사하심을 받을 수 없습니다. 만일 하나님이 우리에게 나타나셨을 때, 우리가 여전히 우리 이웃을 용서하지 않고 있다면, 어떻게 하나님이 "내가 너를 용서하노라"라고 말씀하실 수 있겠습니까? 설령 하나님이 그런 말씀을 하실 수 있다 할지라도, 우리가 아직 용서하지 못함이라는 병에서 낫지 못했다면, 하나님의 사하심도 우리에게는 좋을 게 없을 것입니다. 하나님의 사하심은 우리에게 닿지 않을 것입니다. 하나님의 사하심은 우리 가까이 오지 않을 것입니다. 아니, 오히려 하나님의 사하심은 우리에게 상처를 입힐 것입니다. 질병의 공포가 우리 심장을 야금야금 먹어 가고 있는데도, 우리 자신은 안전하다, 괜찮다고 생각하고 있을 터이기 때문입니다. "너희가 사람의 잘못을 용서하지 아니하면 너희 아버지께서도 너희 잘못을 용서하지 아니하시리라"(마 6:15)라는 말씀 속에는 용서가 열 겹이나 들어 있습니다. 이런 말씀은 진정 자비입니다. 하나님은 용서하지 않은 사람을 당신 손으로 붙드시지만, 그 사람에게서 당신 얼굴을 돌려 버리십니다. 만일 그 사람이 아버지(성부 하나님)의 얼굴을 보고 싶은 마음에 자신의 얼굴을 돌려 자기 형제를 바라본다면, 하나님도 당신 얼굴을 돌리셔서 그 사람 얼굴을 찾으실 것입니다. 하나님이 그리 하시는 이유는 그 사람이 하나님 얼굴을 봐도 죽지 않게 하려고 그러시는 것입니다. 우리가 우리 이웃을 용서하면, 하나님이 우리를 사하셨다는 의식이 우리 안으로 흘러들어 옵니다. 심지어 우리가 우리 이웃을 용서하려고 노력하기만 해도, 우리는 하나님이 우리를 사해 주실 수 있음을 믿을 수 있게 됩니다. 자기 이웃을 용서하려 하지 않는 사람은 하나님이 그를 사하려 하시고 사해 주시고 싶어 하신다는 것을 믿지 못합니다. 그런 사람은, 하나님의 평강을 전하는 비둘기가 혼돈스러운 마음 위에 떠 있으면서 그 마음에 내리고 싶어 하나 그 발바닥이 편히 쉴 만한 곳을 찾지 못하고 있다는 것을(창 8:8-9 참조) 믿지 못합니다. 바로 그런 이유 때문에, 하나님은 그런 사람에게 "나는 너를 용서할 수 없노라"라고 말씀하실 수밖에 없습니다. 바로 그런 이유 때문에, 하나님이 그렇게 말씀하시는 것이 사랑입니다. 만일 하나님이 자기 형제를 증오하는 사람에게 "나는 너를 용서하노라"라고 말씀하신다면, 그리고 만일 (비록 불가능한 일이긴 하지만) 용서하신다는 그 음성이 그 사람에게 다다른다면, 하나님의 이런 사하심이 그에게 무슨 의미를 갖게 될까요? 그 사람은 하나님의 이런 사하심을 어떻게 해석할까요? 그에게는 하나님의 그 말씀이 "그래, 너는 계속 미워해도 좋아. 나는 네가 그래도 신경 쓰지 않는다. 그 친구가 너를 그토록 화나게 만들었으니, 네가 미워하는 것도 당연하다"라는 말씀으로 들리지 않겠습니까? 분명 하나님은 무엇이 잘못이고 무슨 일이 그토록 화나게 만들었는지 고려하십니다. 그러나 화를 돋우는 자극이 많아지면 많아질수록, 미움이 정당하다고 항변하는 핑계도 많아지는 법입니다. 만일 그게 가능하다면, 미워하는 자가 그 미움이라는 지옥에서 구원받아야 할 이유도, 하나님의 자녀가 하나님이 원하시는 사랑을 베푸는 자녀가 되어야 할 이유도 더욱더 많아지는 법입니다. 이웃을 미워하는 사람은 하나님이 죄인을 사랑하시지 않으며 다만 죄를 용서하실 뿐이라고 생각할지 모르겠지만, 하나님은 결코 그러시지 않습니다. 모든 죄는 그에 합당한 운명—하나님의 사람다움(God's Humanity)이 넘쳐나는 낙원에서 가차 없이 쫓겨남—을 맞이해야 합니다. 하나님은 죄인을 아주 많이 사랑하십니다. 하나님이 오직 그 죄인의 중심에서 그를 사로잡고 있는 마귀를 쫓아내는 방법으로만, 그 죄인을 그가 빠져 있는 악함이라는 구렁에서 건져 내시는 방법으로만 용서하시는 것도 다 그 때문입니다.

하지만 일단 자기 형제를 용서하길 거부한 사람은 저주를 받아 영원히 사하심을 받지 못하고 영원히 용서할 수도 없는 지경에 빠지게 되리라고 잠깐이라도 생각하는 사람은 아무도 없습니다. 앞서 말한 내용의 취지는 어떤 사람이 계속하여 형제를 용서하지 않는 상태에 있는 동안은 하나님이 그의 벗으로서 그와 함께하실 수 없다는 것이지, 하나님이 그 사람의 벗이 되지 않으려고 하신다는 뜻은 아닙니다. 그 사람이 그런 상태에 있는 동안에는, 그 사람과 하나님의 우정은 철저히 한 쪽에서만 갖는 우정—하나님만이 가지시는 우정—일 뿐입니다. 당연히 그 우정은 그 사람이 우정으로 인식할 수 없는 형태를 띨 수밖에 없습니다. 이미 말했듯이, 용서는 단순한 사랑이 아니라, 잘못을 저지르고 있는 자들에게 **사랑으로 전달되어**(conveyed as love) 하나님과 화해하게 하고 이웃을 용서하게 하는 사랑입니다.

그러면 이제 우리가 이 설교에서 다루고 있는 본문으로 돌아가 봅시다. 이 본문이 담고 있는 사하심의 거부는 회복될 수 없는 완고함에 내린 저주입니까? 어떤 사람이 과거에 잘못을 저질렀다 하여—그 사람이 잘못을 저질러도 아주 자주 그리고 아주 많이 저질렀다고 해봅시다—그 사람은 영원히 잘못한 자로 남는다고 규정하는 법령이 있다면, 그 법령이 말하는 의는 이상한 의일 것입니다! 정죄를 그저 소극적으로만 말하지 마십시오—정죄란 그저 그 사람을 그의 뜻에 따라 나타난 결과들에 맡긴 것이라거나, 기껏해야 그가 경멸했던 성령이 그 사람으로부터 물러가는 것이라고 말입니다. 하나님은 그런 논리나 형이상학의 마술 뒤에 숨으려 하시지 않습니다. 하나님은 학교 교수나 신학자가 아니라, 하늘에 계신 우리 아버지이십니다. 하나님은 그분 안에 있는 것이, 그분이 용서하기를 거부하시는 사람의 마음과 똑같은 그 용서하지 않으려는 마음 (unforgivingness)이리라는 것을 아십니다. 위와 같은 가르침을 뒷받침할 수 있는 유일한 근거가 있다면 그것은 하나님도 사람보다 많은 것을 행하실 **수 없다**는 것, 사탄이 이겼다는 것, 그리고 하나님의 형상을 지닌 당신의 형제자매 가운데 계셨던 예수가 그 대적(사탄), 그 파괴자보다 약했다는 것뿐입니다. 그렇다면 설령 사람이 참회한다 할지라도 하나님은 그를 용서할 마음이 없으시거나 용서하실 수 없을 거라는 이런 마귀의 가르침에 저는 무슨 말을 해야 할까요?

~~~~~

이제 보통 사람들이 "사하심을 받을 수 없는 **유일한** 죄(the unpardonable sin)"라 부르는 이 알 수 없는 수수께끼를 살펴보고, 이 수수께끼를 이해하기 위하여 우리가 발견할 수 있는 것을 알아봅시다.

모든 죄는 사하심을 받을 수 없습니다. 그 점에는 타협할 여지가 없습니다. 우리는 빚을 청산하지 않으면, 마지막 한

푼이라도 남김없이 다 갚지 않으면, 감옥 밖으로 나오지 못할 것입니다(눅 12:59 참조). 그러나 제가 이미 말했고 우리가 지금 살펴보고 있는 점, 곧 그런 죄가 특별히 사하심을 받을 수 없는 것은 그런 죄가 사람에게 미치는 하나님의 **온화한**(genial) 영향, 특별히 그분의 영적인 영향을 차단해 버리기 때문입니다. 제가 이웃(자기 형제)을 용서하지 않는 죄를 다룰 때에도 이 점을 역시 강하게 이야기한 것 같습니다. 어쩌면 자기 형제를 용서하지 않으려 하고 형제를 계속하여 용서하지 않는 사람 안에도 하나님을 향한 사랑이 일정 부분 자리하고 있을지도 모릅니다. 그러나 그 사랑이 차지하고 있는 부분은 필경 점점 줄어들어 결국 사멸(死滅)하고 말 것입니다. 어쩌면 자기 형제에게 품고 있는 분노에 찬 원한도 잠시나마 그 옆에 하나님의 영향력이 미칠 여지를 일정 부분 남겨 둘지 모릅니다. 그러다가 틀림없이 둘 중 하나가 다른 하나에게 급속히 자리를 내어 줄 것입니다. 그러나 진리를 부인하는 사람, 일부러 의무 이행을 거부하는 사람, 진리는 없다고 말하거나 자기가 본 진리는 참이 아니라고 말하는 사람, 선한 것은 사탄에게서 나오며 나쁜 것은 하나님에게서 나온다고 말하면서 자신은 선한 것이 무엇이고 악한 것이 무엇인지 안다고 생각하는 사람은, 성령을 부인하는 사람이요 성령을 내쫓는 사람입니다. 따라서 이런 사람은 사하심을 받지 못합니다. 성령이 없으면, 사하심이 그 사람 안으로 들어와 사탄을 내쫓아 버리는 일이 불가능하기 때문입니다. 그 사람의 영과 더불어 증언하는 성령이 없으면, 설령 하나님이 그 사람에게 나타나셔서 그가 사하심을 받았다고 일러 주신다 할지라도, 자신이 사하심을 받았다는 것을 알 수 있는 사람은 아무도 없을 것입니다. 제가 앞서 말했듯이, 완전한 용서는 하나님이 자신을 사하신다는 것을 느끼는 사람만이 할 수 있는 것이기 때문입니다. 이런 완전한 용서는, 그 사람 자신이 하나님이 뜻하시는 핵심 취지를 거역하는 동안에는 이루어질 수가 없습니다.

우리가 알 수 있는 한도에서 보면, 방금 말한 이야기에 해당되었던 사람들은 그것이 진리라는 것을 어느 정도 인식하면서도 그 진리를 거부한 사람이었습니다. 그 사람들은 욱하는 성질 때문에 잘못된 길로 빠진 사람도 아니었고, 가득한 편견에 눈이 멀어 버린 사람도 아니었습니다. 그들은 흥분한 나머지 한 형태의 진리에 품고 있던 사랑으로 또 다른 형태의 진리를 저주해 버린 사람도 아니었습니다. 그러나 사람들은, 이기심과 영향력을 행사하고 싶은 마음 때문에, 그들 자신이 좋은 사람으로 알고 있던 이에게 반대하다 못해 그들이 선하다고 알고 있는 것이 지닌 선함을 부인하기에 이르렀습니다. 그것은 그 사람을 헐뜯고 눌러 버리기 위해서였는데, 이는 좋은 사람으로 알려진 그분(He)이 그들에게 반대하는 말을 했기 때문이요, 그분이 그들을 가리켜 사실은 그들이 아는 그들 자신보다 나은 게 없는 사람이라고 말함으로써 그들의 영향력과 권위를 무너뜨렸기 때문입니다. 이런 일은 사탄이나 할 일 아닙니까? 이런 일은 지옥에서나 할 일 아닙니까? 이런 일은 타락이요 저주받을 일이 아닙니까? 그런 사람들의 상태야말로 사하심을 받을 수 없는 것 아닙니까? 이렇게 사람 안에 거짓과 잘못이 엄청나게 들어 있다면, 어떻게 하나님의 사하심이 그 안에 있는 본질적 인간성에 다다를 수 있겠습니까? 하나님께 사하심을 베풀어 달라는 듯이 울부짖긴 하지만, 이런 사람들은 실상 그들의 인간성을 그들 자신과 분리시켜 놓은 사람이요, 흑암의 권세와 분깃을 함께한 자입니다. 그들이 그런 상태에 있는 동안에는 사하심이 불가능했습니다. 아니, 그렇지 않습니다. 그들은 그 상태에서 나와야 했고, 그 외에는 그들에게 주어질 하나님의 말씀이 없었습니다. 사하심을 받을 수 없는 상태에 있던 그들에게 지적하신 바로 그 말씀이야말로 그들에게 참회하라고 요구하는 자비로운 음성의 한 가지 형태였습니다. 그들은 그 말씀을 들어야 했고 두려워할 수밖에 없었습니다. 저는 그들이 그 모든 것을 알면서도 그 진리를 거부했다는 생각을 감히 할 엄두가 나지 않습니다. 아니, 그런 생각은 할 수도 없습니다. 하지만 저는 그 사람들이 그것이 참인 줄을 알면서도 진리를 거부했다고 생각합니다―제가 말했듯이, 그저 욱하는 거친 성질에 못 이겨 진리를 거부한 게 아니라, 자신만을 사랑하는 냉랭한 마음과 시기심과 탐욕과 야심 때문에 자기 형제를 용서하지 않은 것이라고 생각합니다. 그저 알고도 일부러 잘못을 범한 것에 그치지 않고, 그 진리를 알고서도 일부러 자기의 본성 전체를 다해 빛에 맞선 것입니다. 이런 본성에서 연유한 죄는 성령을 대적하는 죄임이 확실합니다. "정죄(condemnation)는 이것이니"(이것은 사람들이 저지른 죄가 아니라, 그들이 계속 머물러 있기로 작정한 마음 상태가 저지른 죄입니다) "곧 빛이 세상에 왔으되 사람들이 자기 행위가 악하므로 빛보다 어둠을 더 사랑한 것이니라"(요 3:19). 이렇게 성령을 대적하는 죄는 분명 수많은 행동을 통해 나타나고 있습니다. 그러나 저는 그 죄 속에서 어떤 행동 하나만이 아니라, 일부러 성령을 대적하려는 마음 상태를 봅니다.

하나님과 하늘의 빛에서 멀리 떨어져 있어서,
그 간극이 우주 중심에서 극점(極點)에 이르는 거리의 세 배나 된다네.★

이런 연고로 조그만 빛이나마 그 옆에서 작용했더라면 사정이 달라졌을지 모른다는 변명은 있을 수가 없습니다. 애초에 그런 마음에서는 빛이 들어갈 입구도, 들어가 머물 공간도 발견할 수 없었기 때문입니다. 그런 마음이 등을 돌린 채 거

★─────존 밀턴이 쓴《실낙원》1부 중 한 대목이다. "As far removed from God and light of heaven,/ As from the centre thrice to the utmost pole."

부한 것은 바로 빛이었습니다. 거부한 이유도 빛이 빛이기 때문이라는 것이었습니다. 그 마음 상태는 지극히 나빴습니다.

그렇지만 사람이 실제로 이렇게 영혼이 부패한 상태에 빠질 수 있을까요?

그게 제가 부닥친 주요 난제입니다. 그러나 저는 그럴 수 있다고 생각합니다. 저보다 더 지혜로운 사람도 그렇게 생각했습니다. 믿기 어렵지만 그래도 저는 틀림없이 그럴 거라고 생각합니다. 그러나 저는 그렇게 부패한 상태가 고정된 상태, 최종 상태는 아니라고 생각합니다. 저는 그렇게 부패한 상태를 자기 이웃을 용서하지 않는 사람의 마음 상태보다 나쁜 상태로 봐야 할 이유를 알지 못합니다. 만일 여러분이 그렇게 부패한 상태가 더 나쁘다고 말하신다면, 그런 상태는 하나님의 사하심을 받기에 너무 나쁜 상태라는 말입니까?

～⌒～

그러나 하나님은 자기 형제를 용서하지 않는 사람에게 무언가를 더 해주실 수 있을까요? 그렇지 않으면 그 사람은 어떻게 영영 이런 상태에서 벗어나겠습니까? 만일 하나님의 영이 그 사람 마음에서 쫓겨난다면, 그 사람이 어떻게 더 나은 사람이 될 수 있겠습니까?

하나님의 영은 우리 영과 더불어 증언하심으로 그 영이 미치는 영향을 알려 주십니다. 그러나 성령에게는 사람에게 행하시는 그 지극히 고상한 직무(職務)에 걸맞게 다른 능력과 방편이 더 있을 수 있지 않을까요? 우리를 지으신 하나님은 목숨을 부지하고자 숨을 헐떡이는 사람을 결코 멀리하실 수가 없습니다―아니, 하나님은 분명 그런 사람 안에 계십니다. 반드시 그 사람 마음속은 아닐지라도 여전히 그 사람 안에 계십니다. 그렇다면, 언젠가는 그 사람의 중심에서 일어난 어떤 무시무시한 격변이, 그 본성에 숨어 있던 심연에서 일어난 어떤 무서운 지진이 그런 사람을 뒤흔들어 결국 성령의 음성이, 그 돌풍과 지진이 지나간 뒤에 다가온 여전히 작은 음성이 마치 죽음과도 같은 그의 귀머거리 상태를 뚫고 희미하나마 그에게 들릴 수 있지 않을까요? 그런 사람조차도 느낄 수 있는 불이 있을 수 있지 않겠습니까? 우리 하나님의 그 소멸하시는 불에, 그리고 그 불 안에 거하는 그 정결케 하시는 불에 어떤 사람이 한계를 설정할 수 있겠습니까?

결국 제가 생각할 수 있는 유일한 논지(論旨), 이런 결론에 비추어 볼 때 제게 중요한 의미를 갖는 유일한 논지는 이렇습니다. 즉 그렇게 자기 형제를 용서하지 않음으로 진리를 거역하는 죄를 저지른 사람 속에서 일단 감정의 격변이 일어나 그 사람이 자기 죄를 인정하면, 그 변화가 너무나 무시무시하여 어떤 사람도 그런 격렬한 변화를 더 이상 견디지 못할 것입니다. 이 경우에는 그런 사람을 죽이는 게 하나님이 베풀어 주실 수 있는 가장 큰 자비가 될 것입니다. 그 사람에게는 차라리 그가 이 세상에 태어나지 않았던 편이 더 나았을 것이기 때문입니다. 그렇다 해도, 그런 사람을 참회하게 만들 수 있는 분이라면, 그 사람이 심히 슬퍼하며 낮아지게 만드실 수도 있을 겁니다. 자기가 참회했다는 사실에 아주 기뻐할 사람, 앞으로 영원히 살면서 늘 참회하고 참회를 통해 이제 비로소 보게 된 그 영광을 늘 예배하고 싶어 하는 사람으로 만드실 수도 있을 겁니다. 사람이 자기 자아를 포기하면, 그가 과거에 저지른 죄는 더 이상 그를 억압하지 않습니다. 하나님이 살아 계신다는 것, 모든 것에 완전하신 분이 존재하신다는 것, 그리고 우리가 그분을 볼 수 있다는 것만으로 우리 삶은 충분히 복된 삶입니다.

"아버지, 저들을 사하여 주옵소서. 자기들이 하는 것을 알지 못함이니이다"(눅 23:34 참조). 하나님이신 그분(the Divine)은 당신을 죽인 자들을 변호하시며 이렇게 말씀하셨습니다. 그것도 아직 모든 것이 끝나지 않은 상태에서 당신이 그들의 손에 죽어 가시는 바로 그 순간에. 그때 예수는 이미 그들을 용서하신 뒤였습니다. 아버지는 그 기도를 틀림없이 들어주셨을 겁니다. 당신과 그 아들(The Son)은 하나이기 때문입니다. 아버지가 그 아들의 기도를 들어주셨을 때, 그 아들을 죽인 자들의 중심에서는 아버지의 사하심이 터져 나와 슬픔과 참회와 믿음으로 바뀌었습니다. 여기에는 분명 끔찍하다는 말로도 모자란 죄가 있었습니다. 그러나 그 죄는 우리 주님에겐 쉽게 사하실 수 있는 것이었습니다. 하나님은 미혹에 빠져 자기들이 무엇을 하는지도 모르는 사람들을 철저히 용서하십니다! 주 그리스도는 그리 해주신 아버지께 감사하십니다! 그것은 주님다우신 모습이었습니다. 그러나 죽음에 이르는 고통까지 맛볼 정도로 참회했던 유다, 그토록 처절하게 참회하여 결국에는 자기가 귀중하게 여기던 생명과 자아와 영혼마저 아무 가치 없는 것으로 여기게 되고 그 자신의 손에서도 자비를 얻지 못했던 그 유다는, 방금 우리가 말한 그런 하나님께 자비를 얻지 못했습니다. 우리는 이 사실을 믿어야만 합니까? 저는 유다가 목을 매달아 늘어져 버린 자기 몸뚱이에서 도망쳐 나와 예수에게 도망쳐 그분에게 그 부드러운 도움을 구했더라면, 그런 도움을 얻었으리라고 믿습니다—어떻게 그랬는지 따로 말하지 않겠습니다. 그는 그가 살았던 과거 어느 순간보다 지금 더 희망이 넘치는 상태에 있었습니다. 그는 이전에 참회한 적이 없었기 때문입니다. 그러나 저는 유다가 예수에게 배신의 입맞춤을 하는 순간에도 예수는 그를 사랑하셨다고 믿습니다. 또 그 순간에도 여전히 예수는 유다의 구주이셨다고 믿습니다. 물론, 어떤 분은 제게 예수가 하신 "그 사람은 차라리 태어나지 아니하였더라면 제게 좋을 뻔하였느니라"(마 26:24)라는 말씀을 되새겨 주실지 모르겠습니다. 저도 그 말씀을 잊어버리지 않았습니다. 그러나 유다가 자신이 태어난 이 세상에서 아무런 복을 누리지 못했다고, 그가 이 땅을 유업으로 상속받지 못했다고, 그가 악한 삶을 살았으며 이 세상과 이 세상의 주님이신 하나님과 화합하지 못했다고, 또한 하나님의 사랑도 그에게는 효험이 없었다고 설명하더라도, 저는 그런 설명 역시 추측 수준에 불과함을 압니다. 또 유다는 하나님의 아들이신 바로 그분에게 인도함을 받아 그분의 절친한 벗으로서 그분과 동고동락했으면서도 그분보다 자신을 사랑했다고, 결국 그 때문에 모든 것이 다 허사가 되었다고 설명하더라도, 그런 설명 역시 추측 수준에 불과하다는 것을 압니다. "그 사람은 차라리 태어나지 아니하였더라면, 제게 좋을 뻔"하였습니다. 그 이유는 그가 모든 것을 다른 어떤 방식으로든 복습해야 했기 때문입니다—그 복습은 다른 어떤 세상에서, 더 낮은 단계의 학교에서 이루어지는, 어쩌면 더 낮은 단계의 것일지도 모릅니다. 유다는 늘 그 창조주를 향해 올라가고 있는 피조물의 단계에서 아래 단계로 강등되어야 했습니다. 그렇지만, 오 내 주님이시여, 저는 주님이 당신을 대적한 원수가 참회하고 당신께 올바르게 행할 때조차도 그를 사하여 주려고 하시지 않는다는 것을 믿지 않겠습니다. 믿지 못하겠습니다. 당신의 거룩하신 죽음이 당신 원수를 구원하는 데에는 아무 효험이 없다는 것을—그 거룩하신 죽음이 유다에게는 미치지 않는다는 것을—믿지 않겠습니다. 우리가 그런 일들을, 당신이 몸소 행하신 일들을 듣지 않았다면, 우리가 당신이 어떤 분이신가를 배우지 않았다면, 누가 당신의 이름으로 자기들을 배신한 자들을 쉬이 용서할 수 있겠습니까? 만일 당신이 사하심을 베풀어 주신다면, 결국 당신의 사하심은 구속(救贖)과 정결케 하심으로 나타나지 않겠습니까?

잠시 시간을 내어 제 설교 본문 앞에 있는 이 말씀을 살펴봅시다. "사람 앞에서 나를 부인하는 자는 하나님의 사자들 앞에서 부인을 당하리라"(누가복음 12:9 참조). 이 말씀은 무슨 뜻입니까? "아! 너는 내 것이나, 나와 부류가 다르니라. 너는 나를 부인했다. 저 밖 어둠으로 나갈지어다"라는 뜻입니까? 그런 뜻이 아닙니다. "인자를 거역하는 사람은 사하심을 받을 것입니다"(마 12:32 참조). 왜냐하면 그 인자는 다만 그 사람 **밖에서**(without) 계시된 진리일 수도 있기 때문입니다. 그렇다면 그 사람은 분명 오직 사랑을 베풀어 주시는 하나님이 지으신 우주 앞에서만 수치를 느낄 것이며, 훨훨 타오르지만 소멸하시지 않는 불을 필요로 할지도 모릅니다.

그러나 진리의 영을 거슬러 말하는 사람, 그 **안에서**(within) 계시된 하나님의 아들을 거슬러 말하는 사람은 이제 그 영의 가르침이 미치지 않는 곳에 있습니다. 그러니 그런 그가 어떻게 사하심을 받겠습니까? 그에게 와 닿는 용서는 돌담과 마찬가지일 것입니다. 그가 부인한 하나님이 계시지 않으면 무슨 일이 벌어지는지 그에게 알려 줍시다. 그를 저 바깥 어두운 곳으로 내쫓으라! 어쩌면, **그렇게 내쫓아야** 그가 참회할지도 모릅니다.

교우들이여, 저는 다만 여러분이 우리 주님의 말씀을 이해하는 데 도움이 되었으면 하는 마음으로 이 말씀을 제시했습니다. 그러나 우리가 우리 주님께 간청한다면, 우리 주님은 우리를 모든 진리로 인도해 주실 것입니다. 그러므로 생각하기를 두려워하지 맙시다. 우리 주님은 우리가 생각하는 것을 나쁘게 받아들이지 않으십니다.

하지만 제가 말씀드린 것이 적어도 진리의 일부에 해당하는 것만은 틀림없는 사실입니다.

우리가 우리 주님의 말씀에서 발견한 것은, 우리가 발견한 만큼, 우리가 그 말씀에서 보고 참이라는 것을 알게 된 만큼만 우리에게 이야기해 줄 수 있습니다. 주님의 제자 가운데에서도 가장 뛰어난 제자들이 우리에게 줄 수 있는 도움은 단지 우리 스스로 발견하고 우리 스스로 봐야 할 것뿐이기 때문입니다. 그러나 우리가 주님의 말씀과 존재에서 발견할 수 있는 모든 것을 초월하여, 우리가 도통 이해할 수 없는 진리가 저 진리의 깊고 깊은 심연에 자리하고 있습니다. 이 진리는 우리가 계속하여 이해해 가야 할 것입니다. 물론 지금도 우리는 가끔씩 우리가 받아서 가져올 말씀이 전혀 없는 영역을 희미하게나마 들여다보는 것 같습니다.

어떤 것은 이전의 모습보다 훨씬 더 단순하게 우리에게 다가오고, 또 이전에는 평범하게 보였던 것에서 위대한 진리가 나온 경우도 있었습니다. 이런 사실은 앞으로 다가올 세대에도 우리가 그런 일을 계속하여 체험할 수 있으리라는 소망을 갖기에 충분한 근거입니다. 우리는 무지했던 이전 상태에서 진보하긴 했습니다만, 우리가 진보한 거리는, 어린이처럼 철없는 우리 상태와 어른다운 주님의 상태, 우리의 사랑과 주님의 사랑, 모든 것을 희미하게 볼 뿐인 우리 상태와 모든 것을 능력 있게 환히 꿰뚫어 보시는 그분의 상태 사이에 존재하는 거리에 비하면, 새 발의 피에 불과합니다. 필시 우리와 주님 사이에는 늘 그 정도 거리가 존재합니다.

머지않아 우리 모든 사람이, 아직도 어린아이에 불과한 우리 모든 어린이가, 그 어느 때보다 더 많은 어린이가 그분에게 가서 그분의 손에서 흰 돌을 받을 수 있을 것입니다. 그 돌 위에는 새 이름을 기록한 것이 있으나, 받는 자밖에는 그 이름을 알 사람이 없을 것입니다.

5

새 이름

이기는 그에게는 내가 감추었던 만나를 주고 또 흰 돌을 줄 터
인데 그 돌 위에 새 이름을 기록한 것이 있나니 받는 자밖에는
그 이름을 알 사람이 없느니라

—요한계시록 2:17

요한복음을 쓴 사람이 요한계시록도 썼는지 여부를 떠나,
두 책 사이에는 적어도 한 가지 공통된 요소가 있습니다. 신
비주의(mysticism)가 바로 그것입니다.

저는 **신비주의**라는 말을, 신약성경의 저자 전부는 아니
어도 대다수가 진리를 구체적으로 표현할 때 공통으로 사용
한 어떤 방식을 가리키는 말로 사용합니다. 물론, 그 방식의
사용 정도는 저자에 따라 다양합니다. 신비주의라는 말을 철

저히 정의하려면, 논문 하나가 통째로 필요할 것입니다. 비록 모험이긴 하지만, 저는 신비주의라는 것을 이렇게 한번 제시해 보겠습니다—신비주의 성향(mystical mind)은 진리가 허용하는 가장 고상한 표현이 자연을 표현한 상징과 인간의 필요에서 비롯된 인간의 관습 속에 있음을 인식하고, 그런 식으로 상징과 관습을 써서 표현한 진리에 관하여 사고(思考)할 때에 상징 자체를 논리의 틀을 따라 다루는 성향입니다. 이런 신비주의는 가장 심오한 진리를 가장 고상하게 전달하는 방식입니다. 주님 자신도 이 방식을 활용하셨습니다. "그러므로 네게 있는 빛이 어두우면 그 어둠이 얼마나 더하겠느냐"(마 6:23)라는 말씀으로 끝내신 본문 전체에서 이 방식을 활용하신 게 그 예입니다.

요한복음의 신비주의는 가장 단순하며, 그 때문에 그 본질이 가장 고결하기도 합니다. 요한복음이 표현한 진리보다 순수하고 고상하며 참되게 진리를 표현하는 방법을 상상할 수 있는 사람은 이 지구에 아무도 없습니다. 이곳이 아닌 다른 세계에는 더 고상한 방식이 있을 수도 있고 그렇지 않을 수도 있습니다—저는 이 점에 관하여 그렇다 그렇지 않다 말을 못하겠습니다. 그러나 우리가 진리를 표현하는 모든 방식 중에서 이 요한복음이 표현하는 형태가 가장 고상한 표현방식을 가장 잘 보여 주는 예입니다. 제가 보기에, 분명 요한은 그 자신의 본성인 이 신비주의 덕분에 늘 신약성경의 다른 모든 저자와 그 종류가 확연히 다른 우리 주님의 말씀을 아주 정확하게 기억할 수 있었고 보고할 수 있었습니다—어쩌면, 이런 모습을 주로 보여 주는 예가 요한복음 말씀의 단순하고 소박한 시적 신비주의(poetical mysticism)가 아닐까 합니다.

그러나 요한계시록에서 나타나는 신비주의는 더 복잡하고, 더 화려하며, 시(詩) 같은 면모가 덜합니다. 어쩌면 때로는 종잡을 수 없거나 거의 종잡을 수 없는 게 요한계시록의 신비주의가 아닌가 하는 생각이 듭니다. 한마디로, 요한계시록이 보여 주는 신비주의는 스베덴보리(Swedenborg)★가 표방한 신비주의를 **떠올리게** 합니다. 여기에서는 역사비평과 문학비평을 제쳐 놓겠습니다. 저는 이 두 비평 방법 가운데 어느 하나를 사용하여 요한복음과 요한계시록의 저자와 관련된 어떤 의견이라도 제시할 권리를 갖고 있지 않습니다. 저는 다만 두 책의 말투에 차이가 있다면, 그런 차이는 단지 어떤 신비로운 선생을 연구하는 역사가이자 선생이 말한 신비로운 말을 기록한 자가 그 자신의 사상과 느낌과 영감(靈感)을 계속하여 표현해 나갈 때, 즉 그 계시가 더 이상 그 선생의 입에서 흘

★——— 에마누엘 스베덴보리(Emanuel Swedenborg, 1688-1772)는 스웨덴 출신 과학자이자 철학자이며 신비주의 신학자다. 53세 때 신비한 체험을 한 뒤, 자신은 천국과 지옥을 마음대로 오갈 수 있으며 하나님과 천사와 다른 영들을 만날 수 있다고 주장하기 시작했다. 기독교가 정통으로 인정하는 삼위일체 교리를 부인하고 오직 믿음으로 구원을 얻는다는 교리를 부인하면서 믿음과 사랑이 있어야 구원을 얻는다고 주장했다. 《천국과 지옥(Himmel och Helvete)》이 대표작이다.

러나오는 게 아니라 선생이 가르친 제자 자신의 마음과 영혼과 두뇌를 통하여 흘러나올 때, 마땅히 예상할 수 있을 만한 차이일 뿐이라고 감히 주장하고 싶습니다. 어떤 이들은 하나님의 영이, 자신을 보내신 그분의 뜻만 바라보고 그분의 뜻에만 귀를 기울이셨던 분(예수 그리스도)의 입을 통하여 말씀하실 수 있었던 것처럼, 바람에 이리저리 흔들리는 갈대와 같고 책망을 들어도 싼 베드로의 입을 통해서, 혹은 형제들의 말이나 주님의 본질이 아니라 자신의 눈만 믿을 수 있었던 도마의 입을 통해서도 얼마든지 자유롭게 말씀하실 수 있었다고 담대하게 주장합니다. 그런데 이런 주장은 지독히 우상 섬기듯 '성경을 숭배하는(Bible-worshipping)' 형제자매들만 하는 주장이 아닙니다.

진리는 진리입니다. 그것이 예수의 입에서 나왔든 혹은 발람의 입에서 나왔든(민 22-24장), 진리는 진리입니다. 그러나 지극히 심오한 의미에서 보면, **유일한 진리**(the truth)는 마음과 목숨과 뜻과 힘이 하나님과 우리 형제를 향하고 있는 상태입니다―그 진리는 입 밖으로 나온 말(utterance)도 아니고 그 형식이 **올바른**(right) 말도 아닙니다. 따라서 그렇게 말로 표현되는 그런 진리는, 어떤 의미에서 보면, 말을 하는 인격체(the person that speaks)입니다. 보통 요한계시록이라 부르는 이 계시록에는 진리를 일러 주는 말이 많이 있습니다. 이 많은 말은 단지 그 형식만 고상한 게 아닙니다. 성경기자가 단지 '예언을 들려주는 나팔'인 것이 아니라 자신이 아는 것을 말하고 자신이 본 것을 증언했다는 확신을 그 안에 담고 있습니다.

흰 돌을 주시겠다고 말하는 이 본문에서 우리는 종교의 본질을 발견합니다.

계시록 기자가 마음속으로 이 흰 돌을 무엇이라 생각하고 있었는가는 그다지 중요하지 않다고 생각합니다. 저는 그 돌이 진정 신비로운 형상(true mystical imagery)이기보다는 계시록 기자가 마음속에서 자기 마음대로 그려 낸 공상일 가능성이 더 크다고 봅니다. 그 경우에도 흰 돌은 그 돌과 관련된 신비로운 생각 속에서 끄집어낸 것이기에, 고상하고 고귀한 위엄을 갖고 있습니다. 공상 그 자체도 신비로운 것을 정말 있는 그대로 그려 보는 상상에 도움을 주므로 영예로운 것입니다. 저는 요한계시록 기자 자신이 그 흰 돌에 어떤 본질적인 의미를 결합시켰을지 궁금합니다. 그 기자가 그 흰 돌을 생각할 때 투표에 사용하는 돌(voting pebble)—투표에서는 흰 돌을 받은 사람이 어떤 자리로 받아들여지거나 뽑히기 때문입니다—을 생각하듯이 하찮게 생각하지는 않았으리라고 봅니다. 흰 돌은 보석으로 취급되는 귀중한 돌을 가리키는 말로도 사용합니다. 계시록 기자는 그 흰 돌을 신비하게 생각했습니다. 이런 표현 양식은 어떤 정치 관행보다 본질을 언급하고 있을 가능성이 더 높습니다. 그 기자가 염두에 둔 신비한 의미는 분명 사람에 따라 달리 받아들일 것입니다. 저는 그 기자가 그 돌의 하

얀 색깔을 순수함을 가리키는 것, 돌이라는 물질을 파괴할 수
없는 단단함을 가리키는 것으로 보고 있다고 생각합니다. 그
러나 저는 그 돌을 무엇보다 이름을 전달하는 매개체로—그
이름이 하나님에게서 그 사람에게로 전달되었다는 것을 상징
하는 형식으로 보고자 합니다. 그리고 이 의사전달에 포함된
것이 곧 제가 보여 드리고 싶은 것입니다. 이 글을 읽는 독자
들은 제가 요한이 염두에 둔 의미로 제시한 내용을 인정하시
지 않을 수도 있습니다. 그러나 저는 제가 제시한 내용이 정
녕 참이라는 것을 독자 여러분이 아시게 되길 소망합니다. 그
뒤에는 제가 제시한 해석을 기꺼이 운명에 맡기겠습니다.

요컨대 저는 새 이름이 기록된 흰 돌을 주신 것은 하나님이
그 흰 돌을 받는 사람에 관하여 생각하고 계신 것을 바로 그
사람에게 전달해 주신 것이라고 봅니다. 그것은 하나님이 의
로운 사람에게 내리신 판단이요, 엄숙하고 거룩한 운명이며,
그 사람에게 "자, 너 복된 자여" 하고 말씀하시는 것입니다.

　　이를 알려면, 우리는 먼저 이름이란 것이 갖는 의미가 무
엇인가를—즉 이름이란 것이 갖는 완전한 의미를—이해해야 합니
다. 왜냐하면 여기서 어떤 거룩한 마음이 지닌 신비한 에너지
가 하나님이 무언가를 주신다고 이야기하고 있음을 안 이상,
우리가 염두에 두고 있는 것은 본질적인 것에서 우연히 파생

한 것이나 본질적인 것의 모사물(模寫物)이 아니라 본질적인 것임을 이해해야 하기 때문입니다.

이 세상에 있는 평범한 종류의 이름은 그 안에 본질적인 것을 **전혀 갖고 있지 않습니다.** 그것은 한 사람과 겉으로 나타난 그 사람의 내력을 다른 사람 및 다른 사람의 약력과 구별하여 알려 주는 꼬리표일 뿐입니다. 그러나 중요한 의미를 지닌 이름은 오직 대중의 판단이나 선입견이나 유머를 통해 조롱 또는 영예를 돌릴 목적으로 많은 사람 가운데 몇몇 사람에게만 부여되는 이름뿐입니다. 이런 중요한 의미를 지닌 이름 하나하나는 그 사람이 지닌 어떤 외면적 특징, 독특하게 두드러진 어떤 기질, 어떤 탁월한 인격이나 그와 반대되는 저열한 인격, 또는 사람들이 그 사람을 다른 사람과 너무나 구별되는 사람으로 볼 정도로 그 사람이 행하고 있거나 행한 선행 또는 악행에 근거하고 있습니다. 이런 선행이나 악행은, 적어도 선행이든 악행이든 하나만 있으면, 그 행위를 한 사람이 그런 중요한 이름을 갖는 데 충분합니다. 이를 고려할 때, 이런 이름이 진짜 이름입니다. 이런 이름은 다소 부실하긴 해도 개성을 표현해 주기 때문입니다.

진정한 이름은 그 이름을 지닌 사람의 인격과 본성과 존재와 **의미**를 표현합니다. 이런 이름은 그 사람만이 가지는 상징—한마디로 그 사람의 영혼을 나타내는 그림—입니다. 이 이름은 다른 어떤 사람이 아니라 오직 그 사람만이 소유하는 상징(sign)입니다. 누가 사람에게 그 사람만이 갖는 이런 이름을 줄 수 있을까요? 하나님 한 분뿐입니다. 오직 하나님만이 그 사람이 어떤 사람인지 꿰뚫어 보시기 때문입니다. 아니, 오직 그분만이 그가 어떤 사람인지 꿰뚫어 보시고, 그것을 한 이름―당신이 꿰뚫어 보신 모든 것과 어울리는 말―으로 표현하실 수 있기 때문입니다. 하나님은 이런 이름을 누구에게 주실까요? 이기는 사람에게 주십니다. 언제 그런 이름을 주실까요? 그 사람이 이겼을 때에 주십니다. 그렇다면, 하나님은 어떤 사람이 장차 무엇이 될지 모르실까요? 하나님은 분명 도토리 속 알맹이에서 당신이 이미 거기에 놓아 두신 참나무를 보십니다. 그렇다면 하나님은 왜 그 사람이 이김으로써 자기 이름을 얻게 될 때까지 기다리셨다가 그 사람의 이름이 무엇이 될지 결정하실까요? 하나님은 기다리시지 않습니다. 하나님은 처음부터 그 사람 이름을 아십니다. 그러나―비록 하나님의 사하심이 먼저 있기 때문에 사람이 뒤이어 참회하지만―사람이 참회하고 나서야 하나님이 이미 자신을 사해 주셨음을 깨닫게 되듯이, 사람이 자기 이름이 될 때에야* 하나님은 그 사람에게 그 이름이 기록된 돌을 주십니다. 그때가 되어야 그 사람이 비로소 그 이름이 무엇을 의미하는지 이해할 수 있기 때문입니다. 그 이름을 결정하는 것은, 꽃이 만발하듯이, 완전해지고

---

* ―――사람이 그 이름에 합당한, 그 이름을 받을 만한 사람이 되었을 때를 말한다.

완성될 때입니다. 하나님은 처음부터 그 이름을 미리 아십니다. 하나님이 이미 그 이름을 그렇게 만들어 놓으셨기 때문입니다. 그러나 영혼이라는 나무는 그 나무에서 꽃이 나오고 나서야 비로소 그 나무에서 무슨 꽃이 피는지 이해할 수 있습니다. 꽃이 피기 전에는, 그 이름을 표현하는 말이 무슨 의미인지도 알지 못할 겁니다. 그 이름을 표현하는 말은 아직 이루어지지 않았지만 장차 이루어질 완성된 상태를 상징하며 그 상태 자체를 가리키는 이름입니다. 이름은 그 사람이 그 이름과 **일치하는** 사람이 될 때에 비로소 주어질 수 있습니다.

따라서 하나님이 어떤 사람에게 주신 이름은 신비로운 말씀—이긴 사람만이 이해하는 언어로 된 말씀—이 내포된 표현임이 틀림없습니다. 이 표현에는 하나님 자신이 그 사람에 관하여 품고 계셨던 복안(腹案, idea), 하나님이 그 자녀를 창조하기 시작하셨을 때 그리고 그분이 그 사람에 관하여 품고 계셨던 복안을 실현시켜 가신 기나긴 창조 과정 내내 그분이 그분 생각속에 담아 두고 계셨던 그 인간 존재의 모습이 담겨 있습니다. 그 사람의 이름을 말하는 것은 그 성공을 확실히 인증하는 것입니다—말하자면 "내가 너를 기뻐하노라"(눅 3:22 참조)라고 말씀하시는 것입니다.

그러나 우리는 여전히 상징이 다스리는 영역에서 살고 있습니다. 하나님과 이기는 그 사람 사이에서 실제로 어떤 형태가 관찰된다고 가정할 경우, 그 형태는 분명 상징—다만 활동하는 상징—일 것이기 때문입니다. 따라서 우리는 그 상징이 지닌 의미를 완전히 이해할 때까지 그 의미를 훨씬 더 깊이 파고 들어가야 합니다. 이 지점에 이르기까지 우리가 이 본문에서 발견하리라고 기대한 것들이 마땅히 기대할 만한 것이었음을 증명해 주는 내용은 거의 이야기되지 않았습니다. 그러니 저는 우리가 더 깊이 살펴보았으면 합니다. 머지않아 우리는 모든 사람이 각자 하나님과 인격적 사귐을 갖고 있다는 사실이 그 신비한 상징의 의미 중심부에 자리하고 있음을 발견하게 될 것입니다. 모든 사람은 하나님과 사귐을 갖습니다. 그것도 자신의 첫 번째 사귐을 하나님과 갖습니다. 모든 사람이 모든 의미나 느낌을 말씀, 창조주, 아버지(성부), 하나님과 연관 짓는 이유도 그 때문입니다. 우리가 단지 어느 하루만 자녀일지라도, 어떤 이가 우리에게 그 하루 휴가를 주었음을 깨닫는다면, 그런 사실을 안 이상 무언가 생각하고 느끼고 행하게 되는 것이 있을 겁니다. 그렇다면 우리 본질은 우리 운명에 따르게 될 것이며, 우리는 예배하고 죽을 수 있을 것입니다. 그러나 그 예배는 살아 있는 자의 찬미가 아니라 단지 죽은 자의 찬미일 것입니다. 가장 깊은 것, 지속되는 것, 이기는 것이 바로 죽음이기 때문입니다. 우리는 하나님이 아니라 무(nothingness)에서 나왔어야 합니다. 만일 우리가 무에서 나왔다면, 하나님은 다만 우리를 지으신 창조주이시지, 우리 아버지나 우리 근원(Origin)은 되실 수 없었을 겁니다. 그렇지만 이제 우리는 하나님이 죽은 자의 하나님이실 수 없다는 것, 산 자들의 하나님이셔야만 한다는 것을 압니다. 이제 우리는 우리가 죽었다는 것을 알면, 예배하는 마음이 얼어붙을 것이며, 우리가 '우리 하나님'이라는 말도 할 수 없거나 우리가 그분에게 부여할 수 있는 가치조차도 그분에게 느끼지 못하리라는 것을 알기 때문입니다. 산 자의 하나님이신 이분에게 자신을 희생제물로 바치는 그 사람, 이기는 그 사람, 자기 개인의 삶을 그 근원으로 되돌아가게 하는 사람은 자신이 하나님의 자녀 가운데 **하나**임을 아는 사람이요, **이** 한 사람이 아버지가 지으신 사람임을 아는 사람입니다. 하나님은 이 사람에게 그 흰 돌을 주십니다. 하나님에게서 비롯된 모든 노력을 기울이고 하나님이 주신 승리를 맛보며 한 계단 한 계단 올라가 자기 존재의 정점—아버지 품에 안겨 자신의 이상적 자아를 정면으로 응시하는 경지—에 올라선 그 사람에게—그 맏형*의 헌신에서 드러난 아버지 하나님의 사랑을 통하여 하나님의 사람이 된 **그 사람에게**—하나님은 그 흰 돌에 기록된 새 이름을 주십니다.

이제 이 내용은 이쯤 하고 다음 부분으로 넘어가겠습니다. 그 이유는 뒤이어 서술하는 부분이 그 진리를 더 완전하게 발전

---

*———예수 그리스도를 가리킨다. 로마서 8장 29절을 보라.

시켜가는 가운데 사람이 가진 이런 개성(individuality)을 포용하고 더 강조해 주기 때문입니다. 그 이름은 "받는 자밖에는 알 사람이 없는" 이름이기 때문입니다. 그때가 되면, 각 사람은 하나님과 각기 관계를 가질 뿐 아니라, 각 사람이 하나님과 자기만이 가질 수 있는 특별한 관계를 갖습니다. 그 사람은 다른 누구의 모양이 아니라 그만이 가지는 모양대로 만들어진 존재로서 하나님께 특별한 존재입니다. 그가 완전해지면, 어느 누구도 이해할 수 없는 새 이름을 받을 것이기 때문입니다. 그렇게 되면, 그 사람은 어느 누구도 예배할 수 없는 방식으로 하나님을 예배할 수 있으며, 어느 누구도 이해할 수 없는 방식으로 하나님을 이해할 수 있습니다. 이 사람 혹은 저 사람이 그 사람보다 하나님을 더 많이 이해할 수도 있고 더 잘 이해할 수도 있습니다. 그러나 그 사람이 하나님을 이해하는 것처럼 이해할 수 있는 사람은 아무도 없습니다. 형제 여러분, 하나님은 제게 여러분 앞에서 겸손해질 수 있는 은혜를 주심으로써, 제가 그리는 여러분 모습을 불의한 재판관이 앉아 있는 심판석 앞으로 끌어가지 아니하고, 도리어 여러분 자신을 우러러보면서 다른 사람은 줄 수 없고 오직 여러분만이 줄 수 있는 하나님의 계시가 무엇인가를 찾아보게 하셨습니다. 전나무도, 야자나무도 위로 높이 자라가지만, 그렇게 높이 자라가야만 하는 이유는 둘이 서로 사뭇 다릅니다. 이와 마찬가지로, 각 사람은 하나님 앞에 서서 자라가지만, 같은 아버지를 향하여 서로 다른 인간으로 자라갑니다. 하나님은 각 사람에게 서로 다른 응답을 주십니다. 하나님은 각 사람과 비밀을 가지십니다—그 비밀은 새 이름입니다. 모든 사람 안에는 고독이 있습니다. 이 고독은 그 사람만이 가진 특별한 삶이 들어 있는 내면의 방입니다. 그 방 안에는 오직 하나님만이 들어가실 수 있습니다. 그 말은 곧 그 방이 지극히 깊은 내면에 자리하고 있다는 뜻이 아니라, 어떤 형제, 어떤 자매도 들어갈 수 없는 방이라는 뜻입니다.

이로 볼 때, 방 하나가 또 있습니다—하나님, 제 말을 부끄럽게 하시고 용납해 주옵소서. 이 방은 하나님 바로 그분 안에 있는 방입니다. 이 방 안에는 아무도 들어갈 수 없고, 오직 한 개인, 그 특별한 사람만이 들어갈 수 있습니다. 그 사람은 이 방에서 자기 형제들에게 줄 계시와 힘을 가져가야 합니다. 그가 지음 받음은 이런 목적 때문입니다—즉 아버지의 은밀한 일들을 계시하는 것, 그것이 바로 그가 지음 받은 목적입니다.

그러므로 각 사람은 아버지께 지음 받음으로써 아버지와 오직 그만의 결합을 이룹니다. 이 결합은 아버지와 다른 사람이 이룬 결합과 떨어져 있습니다. 각 사람은 자신이 독특하게 지음 받았음을 생각하며 "**나의** 하나님"이라고 말할 수 있습니다. 각 사람은 홀로 하나님께 나아와, 마치 사람이 그 친구와 이야기하듯이, 그분과 얼굴과 얼굴을 마주한 채 이야기할 수 있습니다. 하나님은 사람들을 **뭉뚱그려 군중으로** 대하시지 않습니다. 하나님은 한데 모인 사람들을 놓고 이야기하실 때 그들을 영적인 한 **몸**(영적 **단일체**)로 대하시지, **군중**으로 대하시지 않습니다. 이 한 몸에서는 개인이 늘 가장 작은 부분입니다. 따라서 개인은 이 한 몸의 일부를 형성할 수 있습니다.

이제 우리 본문에 담긴 상징이 무슨 의미인지 알아봅시다. 우리 각 사람은 하나님의 영적 정원에 있는 독특한 꽃이나 나무입니다—우리는 심지어 우리를 지으신 그분이 보시기에도 하나하나가 그 나름대로 귀중한 가치를 갖고 있습니다. 하나님은 당신의 꽃인 우리가 활짝 피어나고 당신이 만드신 존재가 완전해지도록 우리 각자에게 물을 주시고 볕을 쪼여 주시며 생명으로 채워 주십니다. 하나님이 지으신 이 꽃은 활짝 피어나 결국 위대한 정원사이신 그분에게 영광이 되고 기쁨이 될 것입니다. 우리 각 사람이 그 안에 하나님의 비밀을 갖고 있기 때문입니다. 각 사람은 그 자신에게 주어진 그 비밀을 계시함으로써 그의 기준으로 보아 하나님을 완전히 받아들이는 경지까지 자라갑니다. 그가 자신의 참된 자아에게 충실한 매 순간, 그 흰 돌에서 나온 어떤 새로운 빛이 그 내면의 눈 위에서 부서집니다. 그리고 그 꽃에서는 어떤 새로운 물길이 위를 향해 열립니다. 이는 장차 그 꽃이 영광을 누리고 아름다움 가운데 있는 그의 존재 전부를 창조주께 스스로 바치려 하기 때문입니다. 그러므로 하나님이 보시기에는 각 사람이 다 귀중합니다. 삶과 행동, 생각과 의도가 신성합니다. 우리 앞에는 그처럼 놀라운 종착점이 자리하고 있습니다. 우리 자신의 이상적 자아에 관한 자각이 하나님의 생각에서 흘러나와 우리를 스치고 지나갔습니다. 이로 말미암아, 우리의 모든 하찮은 자아의식, 우리의 자기찬양과 자기예배는 당연히 무너지고 맙니다. 하나님이 우리에 관하여 생각하고 계신 것을 알게 되면, 우리가 우리 자신에 관하여 생각하는 모든 것은 우리 영혼에서 사라지고 말 겁니다. 그렇게 되면, 이제 우리는 당연히 우리 자신에 관하여 우리가 품고 있는 생각을 꽉 붙잡지 못하고, 결국 기꺼이 그 생각을 내버리게 될 것입니다. 바울은 자신을 사망의 몸에서 구원해 달라고 처절히 부르짖으며 구원에 이르는 경주를 시작한 순간에 이미 이런 결과에 가까이 다가가 있었습니다. 그렇기 때문에 그는 더 이상 자기 자신을 판단하지 않는다고 이야기할 수 있었습니다(롬 7:24, 고전 4:3).

"그러나 그런 가르침과 연관된 모든 위험 가운데 가장 나쁜 위험—영적인 자만에 빠질 위험—이 있지 않습니까?" 이런 위험이 있다면, 우리는 그런 자만에 빠질 것을 두려워하여 영을 거부해야 할까요? 영이 없으면, 그런 자만에서 구원을 얻을 다른 방도가 있을까요? 아직 성취하지도 못한 높은 목표를 성취했다고 지레 가정하면, 거기서 자만이 생겨납니다. 정작 목표 그 자체를 이루면, 겸손이 나타납니다. 그러나 이런 겸

손에는 야망이 들어설 자리가 없습니다. 야망은 자기 이웃 위에 있고자 하는 욕망입니다. 여기에서는 자기 이웃과 자신이 어깨를 나란히 하는 일은 생각조차 할 수 없습니다. 그 흰 돌에 들어 있는 것을 아는 사람은 오직 그 돌을 받은 사람뿐입니다. 그 사람 이외에는 아무도 모릅니다. 이런 경우에는 보이지 않는 이상을 향한 끊임없는 열망이 들어설 여지가 있지만, 야망이 들어설 여지는 없습니다. 야망이 그저 다른 사람보다 높은 곳에 있고자 하는 것이라면, 열망은 높은 곳에 있고자 하는 것이기 때문입니다. 상대적 가치(relative worth)는 단지 알려져 있지 않은 게 아닙니다―하나님 나라의 자녀는 아예 그런 가치를 알지 못합니다. 각 사람은 다른 사람을 자신보다 낮게 여기고 존중합니다. 여름의 열기가 타오르는 심장이라 할 장미가 머리를 숙인 채 흰 눈의 품속에서 자라난 아네모네를 조롱하며 기뻐하는 일이 어떻게 있을 수 있겠습니까? 장미와 아네모네 둘 다 하나님이 생각하시는 것입니다. 하나님은 둘 다 어여삐 여기십니다. 둘 다 하나님이 지으신 이 땅을 완전케 하고 하나님 자신을 계시하는 데 필요합니다. 흰 돌을 가진 승리자는 이렇게 말합니다. "하나님은 당신 자신을 위해 저를 만들고자 하셨고, 저를 제가 가장 좋아하는 것*으로 불러 주셨습니다. 제가 그것을 가장 좋아하는 이유는

★――― 하나님이 그에게 붙여 주신 이름을 말한다.

저 자신의 이름이 마땅히 제가 가질 것이요, 그 이름이 제 자신임을 알았기 때문입니다. 제가 들판의 풀이나 공중의 독수리로 불린다 한들, 그것이 무슨 문제이겠습니까? 제가 그분의 성전을 짓는 데 들어갈 돌이나 그분의 우레를 휘두르는 보아너게(Boanerges, 우레의 아들들)**로 불린다 한들, 그것이 무슨 대수겠습니까? 저는 그분 것입니다. 저는 그분이 생각하신 것이요, 그분이 지으신 것입니다. 저라는 종류를 놓고 보면, 저는 완벽합니다. 그렇습니다. 그분이 보시기에도 저는 완벽합니다. 저는 그분으로 충만하고, 그분을 계시하며, 오직 그분과 함께 있습니다. 저를 무엇이라 부르시든, 그분 마음입니다. 그 이름은 제 목숨만큼이나 소중할 것입니다. 저는 더 이상 아무것도 구하지 않습니다."

이렇게 되면 그 사람 이웃이 그를 무엇이라 생각할지 근심하는 모든 염려는 사라지고 말 것입니다. 이제는 하나님이 그를 생각하신다는 것만으로도 충분합니다. 하나님이 생각하시는 무언가가 되었다는 것—그것만으로도 하나님을 충분히 찬미할 만하지 않습니까? 충분히 돌볼 만한 가치가 있기에, 하나님이 몸소 돌보시고 하나님이 몸소 완전케 하실 무언가가 되었다는 것—그것만으로도 그 삶은 충분하지 않습니까?

**———'우레'와 '아들들'이라는 말이 합쳐진 아람어로서, 히브리어로 표현하면 '브네 레게쉬(*bhenēy regesh*)', 헬라어로 표현하면 '휘오이 브론테스(*huioi brontēs*)'다. 마가복음 3장 17절을 보라.

이렇게 되면, 어느 누구도 자기 형제들과 떨어져 외톨이가 되지 않을 것입니다. 우리가 한 사람에 관하여 말하면, 그것은 곧 모든 사람에 관하여 말하는 것이 되기 때문입니다. 그 사람은 바로 자기 형제 가운데 거하는 **한 사람**으로서 주장을 피력합니다. 각 사람은 자기 이웃이 자신의 하나님과 나누는 어둡고 은밀한 이야기에 신성함과 두려움을 느끼게 될 것입니다. 각 사람은 다른 사람을 선지자로 여기고, 그에게 주님이 말씀하신 것을 묻게 될 것입니다. 각 사람은 대제사장으로서 지성소에 들어갔다 나오면서, 거기서 자신이 하나님과 교제하며 얻은 어떤 기쁜 소식을, 어떤 진리의 복음을 가져올 것입니다. 그가 그 소식을, 그 복음을 이야기할 때, 그의 이웃도 그것을 받아들이고 이해할 것입니다. 각 사람은 이제 지극히 높으신 분의 아들이나 딸이 된 다른 사람 안에서 경이로운 계시가 나와 자신에게 새롭게 계시되는 모습을 볼 것입니다.

물론 거기에도 위험—어디에나 있는 위험—은 있을 겁니다. 그러나 하나님은 더 많은 은혜를 베풀어 주십니다. 만일 애를 쓰고 애를 써서 정상에 올라간 사람이 거기서 추락하여 깊디깊은 나락으로 떨어진다면, 거기에는 하나님의 불, 소멸하시는 불, 활활 타오르나 파괴하시지는 않는 그 불이 있지 않겠습니까?

아직 하나님과 어떤 이야기를 나눠 본 적이 없는 사람, 또는 적어도 자기 존재의 근원을 향한 어떤 열망을 느껴 보지 않은 사람은 이 모든 것을 그저 어리석은 것으로 볼 수밖에 없습니다. 그렇다면, 그렇게 보라고 놔두십시다.

그러나 주님, 그들과 우리를 도우시고, 우리 존재가 당신의 모양에 이르도록 자라가게 해주소서. 분투하고 성장하는 데 수많은 세대가 필요하다 할지라도, 종국에는 우리가 당신 얼굴을 보게 하시고, 당신의 손에서 그 흰 돌을 받게 해주소서. 그렇게 우리가 자라갈 수 있도록, 우리에게 날마다 일용할 양식을 주옵소서. 우리를 당신의 입에서 나오는 말씀으로 가득 채워 주소서. 우리가 보물을 좀과 동록이 해하지 않는 하늘에 쌓을 수 있도록 도와주소서.

6

보물을 지닌 마음

너희를 위하여 보물을 땅에 쌓아 두지 말라. 거기는 좀과 동록
(銅綠)이 해하며 도둑이 구멍을 뚫고 도둑질하느니라 오직 너
희를 위하여 보물을 하늘에 쌓아 두라 거기는 좀이나 동록이
해하지 못하며 도둑이 구멍을 뚫지도 못하고 도둑질도 못하느
니라 네 보물 있는 그곳에는 네 마음도 있기 때문이니라★

—마태복음 6:19-21

우리 주님이 하신 말씀을 이해함은 평생에 걸쳐 해야 할
일입니다. 그것이 말씀이신 그분 자신을 이해하는 데 이를 수

★——— 개역개정판은 "네 보물 있는 그곳에는 네 마음도 있느니라"라고 번역했
으나, 여기서는 이를 조금 수정하였다. 설교에서 지은이는 21절 서두에 나오는 접속
사 'for'가 이유를 나타내고 있다고 해석한다.

있는 유일한 간선도로이기 때문입니다. 또 그분을 영접하는 것은 곧 아버지를 영접함이요, 그렇게 함으로써 우리 자신 안에 생명을 소유함입니다. 더 높고, 더 심오하고, 더 단순한, 근원의(the original) 생명이야말로 평생을 경주해야 할 일입니다.

우리는 그 말씀(the Word), 곧 예수 바로 그분에 의지하여 살아갑니다. 예수의 말씀은 예수 바로 그분을 제시하지만, 그분의 일부, 그분의 그림자, 그분의 어렴풋한 윤곽만 제시할 뿐입니다. **진리**라 불릴 만한 가치가 있는 말은 그 어떤 것도 인간의 양식입니다. 하물며 막연하게 우리 존재를 규율하는 법칙이 아니라, 영혼과 육신, 마음과 의지, 힘과 기쁨, 아름다움과 빛이 애초에 이 모든 것을 낳으셨던 그분과 맺고 있는 생생한 관계를 제시해 주는 **그 말씀**은 어떻겠습니까? 그 말씀이야말로 진리 중의 진리 아니겠습니까? 그 아들(The Son)은 우리 눈앞에, 우리 마음속에 나타나셔서 당신이 우리를 지으실 때 품으셨던 목적이 **되셨습니다**. 우리가 그분 안에 있는 **진리**를 보게 하고 살아 계신 하나님을 향하여 부르짖게 하는 것, 그것이 바로 그 목적이었습니다. 살아 계신 하나님은, 만물을 통틀어 가장 고상한 의미에서 볼 때, 유일하신 진리(The Truth)이십니다. 하나님은 진리로 이해되기 때문에 유일하신 진리이신 게 아니라, 진리를 이해하시고 진리로 사시고 진리로 존재하시고 진리를 행하시고 진리를 창조하시기에 유일하신 진리이십니다. 우리 주님은 "내가 곧 진리다"(요 14:6 참조)

라고 말씀하셨습니다. 그 말씀을 이해할 수 있는 사람은 진리가 되어 어느 정도 주님을 닮게 된 사람입니다. 이제 그 말씀, 곧 주님을 이해해 보도록 합시다.

만일 구주이신 그분이 유대인이 아니라 영국인에게 오셨다면, 당연히 말씀하실 때 말씀하는 양식(fashion of speech)이 달라지는 경우도 종종 있었을 것입니다. 그러나 그런 경우에도 그분이 주신 교훈들은 같았을 겁니다. 누군가가 늘 중요하지는 않아도 지금 당장은 중요한 것이라 하여 어떤 문제를 여쭤볼 경우에도, 그분이 주신 대답에는 아무리 변화무쌍한 환경에서도 늘 변함없이 존재하는 인간의 위대한 원리를 분명하게 천명하시는 내용이 들어 있었기 때문입니다. 세대가 흘러갈수록 그리스도인의 체험은 축적되어 갑니다. 그 때문에, 우리는 필경 주님의 말씀을 그 말씀을 직접 들었던 이들보다 쉽게 깨달을 것입니다.

⌒

이제 제가 묻고자 하는 것은 여기서 주님이 말씀하신 '**때문이니라(For)**'—네 보물 있는 그곳에는 네 마음도 있기 때문이니라—가 어떤 위력을 지니고 있는가 하는 겁니다. 얼핏 보면, 주님이 이렇게 덧붙여 놓으신 이 이유의 의미는 명확하지 않습니다. 우리는 그 의미를 탐구해 봐야 합니다. 그 이유가 심오하고 소박하기 때문입니다. 그러나 그 이유의 의미는 너무 완전하고, 무궁무진하다 할 정도로 포괄적이며, 시적인 암시를 통해 양심에서도 즉시 작동합니다. 따라서 일단 그 의미를 이해하기만 하면, 더 이상 말을 덧붙일 필요가 없고 모든 게 마무리됩니다.

"우리는 왜 우리를 위하여 보물을 땅에 쌓아 두지 말아야 합니까?"

"거기에는 좀과 동록이 있고 도둑이 들기 때문입니다."

"그러면 우리는 필시 그 보물을 잃어버릴 것입니다."

"맞습니다. 좀과 동록과 도둑이 그 보물을 앗아가 버릴 겁니다."

"그렇다면 주님은 그런 보물을 쌓아 두지 말아야 할 **이유**가 시간이 가면 없어지고 썩어 버리는 그 보물의 본질 때문이라고 말씀하시는 것입니까?"

"아닙니다. 주님은 '네 보물 있는 그곳에는 네 마음도 있기 때문이니라'라는 말씀을 덧붙이고 계십니다."

"물론 보물이 있는 곳에 그 마음도 있을 것입니다. 그러나 그것이 우리를 위하여 보물을 땅에 쌓아 두지 말라는 주장과 무슨 관계가 있습니까?"

이 말씀은 이런 의미입니다. 보물을 담고 있는 것은 필경 보물이 가는 길을 따라갈 수밖에 없습니다. 동록과 좀이 해하는 보물 창고에 쏠려 있는 마음은 그 보물이 겪는 피해와 똑같은 피해에 노출될 겁니다. 녹이 슬고 동록이 먹을 겁니다.

겉보기에는 멋져 보이고 잘 나가는 사람처럼 보이지만, 힘과 아름다움이 넘치는 그 겉모습 속에는 녹이 슬고 동록이 먹은 마음이 들어 있는 남성과 여성이 많습니다.

"그러나 이 말씀은 단지 비유입니다."

물론 비유입니다. 그러나 이것은, 비유보다 작은 것이든 비유보다 큰 것이든, 현실을 말씀하시고자 한 게 아닐까요? **녹과 동록**은 단순히 병(病)이 아니라 그보다 많은 의미를 담고 있는 게 아닐까요? **그 마음이란 것**도 단순히 마음이 아니라 그보다 많은 의미를 담고 있는 게 아닐까요? 그 마음은 여러분 육신에 들어 있는 마음이 아니라, 더 깊은 중심, 여러분 자신의 자아의 중심을 의미하는 게 아닐까요? 단순한 통증이 아니라 비참함 때문에 고통을 겪고 있는 **자아**의 중심을 의미하는 게 아닐까요? 안락함이나 즐거움이 아니라 복된 상태, 아니 툭 터놓고 말해서 황홀한 경지를 그 목표로 삼고 있는 자아의 중심을 의미하는 게 아닐까요? 가장 깊숙한 곳에 자리한 방으로서 여러분 존재의 근원인 하나님의 샘물이 흘러나오는 중심을 의미하는 게 아닐까요? 어쩌면 여러분은 그 존재를 몰랐을 수도 있지만, 그것은 심지어 좀에게 갉아 먹히고 천천히 타오르는 불같은 녹에게 시달리느라 몸부림치던 그 중심이 지정된 길을 따라 여러분 몸 전체에 혈액을 보내는 육신의 심장에 느낄 듯 말 듯 통증을 전달한 그 순간에도 하나님은 마음을 쓰고 계시는 그 중심을 의미하는 게 아닐까요? 만일 하나님이 보시기에 여러분의 중심이 온갖 근심이라는 녹에게 잠식당하고 있다면, 야망과 탐욕이라는 벌레들이 그 중심을 동굴과 희뿌연 어둠 속에 옭아매고 있다면, 여러분의 중심은 하나님이 보고 계신 그 모습과 똑같습니다. 하나님은 사물들을 본래 모습 그대로 보시기 때문입니다. 앞으로 여러분이 여러분의 중심을 하나님이 보시는 그대로 볼 수밖에, 아니 느낄 수밖에 없는 날, 여러분 존재의 중심인 여러분의 마음 바로 그것이 여러분이 여러분 안에 갖고 있는 부패한 것, 지극히 야비한 질병의 먹이가 되었음을 알 수밖에 없는 날이 올 것입니다.

이런 교훈은 단지 맘몬(Mammon)*을 경배하는 사람, 자신의 삶, 자신이 발휘할 수 있는 가장 훌륭한 에너지를 부를 쌓는 데 쏟아붓는 사람에게만 적용되지 않습니다. 어떤 식으로든 잠시 있다 사라지는 것을 경배하는 사람, 하나님을 찬미하기보다 사람을 찬미하려고 하는 사람, 이 세상에서 부와 미각과 지식과 권력과 예술과 모든 종류의 천재성을 과시함으로써 세상 사람들에게서 듣게 될 온갖 상찬(賞讚)을 이 땅에 있는 창고 속에 보물로 쌓아 두려는 사람에게도 이 교훈은 적용됩니다.

비단 그런 사람뿐 아니라, 한순간의 즐거움에 불과하다

★————아람어로 '재물'을 뜻한다.

는 것이 더 분명하게 드러나는 쾌락들, 예를 들어 온갖 면에서 말초 감각만을 기쁘게 하는 것을 즐거움으로 삼고 있는 이에게도—그 탐닉이 적법인가 불법인가와 상관없이, 그런 것에 몰두하는 것이 그 존재의 즐거움이라면, 역시 이런 이에게도— 이 본문 말씀은 무시무시한 경고로 들립니다. 이런 쾌락이 마술에서 쓰는 속임수처럼 거짓이라서 해가 되는 것이 아닙니다. 쾌락이 마술의 속임수는 아니어도, 쾌락은 쾌락이기 때문입니다. 그렇다고 쾌락이 덧없이 지나가 버린 뒤에 쓰라린 실망만이 남는다는 점 때문에 해가 되는 것도 아닙니다. 차라리 그들에겐 그것이 훨씬 나은 일입니다. 오히려 해가 되는 것은 따로 있습니다. 그건 바로 불멸인 존재, 무한한 존재, 영원하신 하나님의 형상으로 창조된 존재가 희미하게 사라져 가는 것, 썩어 가는 것에 갇힌 채, 그것들을 행복으로 여기며 그것들에 매달리는 것입니다. 매달려도 그냥 매달리는 게 아니라, 그것에 고유한 질병이 존재를 감염시키고 존재에 침투해 들어올 때까지 매달립니다. 이런 질병은 병세가 더 강한 종류일수록 그 형태도 더 무시무시한 양상을 띱니다. 여기에서는 단순히 부패시키기만 했는데, 저기에서는 도덕까지 천박하게 만들어 버립니다. 여기에서는 퇴비에 쓸 수라도 있었는데, 저기에서는 바깥 어두운 곳으로 내던져져 버림을 받습니다. 그리고 기어서—이런 존재가 질병과 공유하는 특징일지도 모르겠습니다만—땅속에 있는 은밀한 굴속으로 들어갑니다. 그렇게 기어 들어

가면, 갓 돋아나던 그의 날개들은 말라 버리고 기가 꺾여 그 두 어깨에서 떨어져 나가고 맙니다. 그 싱싱한 날개를 활짝 펴고 탁 트인 평원과 높이 솟아오른 고원을 거쳐 태양과 창공을 향해 올라가, 더 높이 더 높이 솟구치는 비행으로 그 두 날개를 튼튼하게 만들어, 마지막 순간에는 그 날개들이 하나님에게서 태어난 사람을 하늘 아버지가 계신 그곳으로 실어 나를 수 있을 만큼 강한 날개로 바뀌는 일은 그만 물 건너가고 맙니다. 바로 그것이 그런 사람이 입게 되는 손해입니다.

하늘에 있는 보물 창고에 늘 그 마음이 가 있어서 그 마음이 건강한 사람도 **마귀에게 시험을 받을 수 있습니다.** 그러나 그 사람은 시험을 받더라도 먼저 **성령에게 이끌리어 광야로** 나갈 것입니다.

7
광야에서 받으신 시험

그때에 예수께서 성령에게 이끌리어 마귀에게 시험을 받으러 광야로 가사 사십 일을 밤낮으로 금식하신 후에 주리신지라. 시험하는 자가 예수께 나아와서 이르되 네가 만일 하나님의 아들이어든 명하여 이 돌들로 떡덩이가 되게 하라 예수께서 대답하여 이르시되 기록되었으되 사람이 떡으로만 살 것이 아니요 하나님의 입으로부터 나오는 모든 말씀으로 살 것이라 하였느니라 하시니 이에 마귀가 예수를 거룩한 성으로 데려다가 성전 꼭대기에 세우고 이르되 네가 만일 하나님의 아들이어든 뛰어내리라 기록되었으되 그가 너를 위하여 그의 사자들을 명하시리니 그들이 손으로 너를 받들어 발이 돌에 부딪치지 않게 하리로다 하였느니라 예수께서 이르시되 또 기록되었으되 주 너의 하나님을 시험하지 말라 하였느니라 하시니 마귀가 또 그를 데리고 지극히 높은 산으로 가서 천하만국과 그 영광을 보여 이르되 만일 내게 엎드려 경배하면 이 모든 것을 네게 주리라 이에 예수께서 말씀하시되 사탄아 물러가라 기록되었으되 주 너의 하나님께 경배하고 다만 그를 섬기라 하였느니라 이에 마귀는 예수를 떠나고 천사들이 나아와서 수종드니라

—마태복음 4:1-11

이 내러티브의 기원은 둘 중 하나임이 틀림없습니다. 기독교 초창기에 우리 주님을 소재로 사람들 입에 회자되었던 많은 이야기처럼 지어낸 이야기이든지, 아니면 우리 주님 자신에게서 직접 나온 이야기이든지, 분명 둘 중 하나입니다. 이 이야기를 살펴보면, 주님이 시험받으실 때 이 땅에 있는 생물은 오직 들짐승만 등장할 뿐, 그 외에는 아무것도 나오지 않기 때문입니다.*

이 이야기의 기원일 수 있는 두 가지 가운데 첫 번째를 살펴봅시다. 이 이야기에는 인간이 지어낸 이야기임을 보여 주는 표지가 전혀 없습니다. 여기서 구체적으로 표현한 것과 같은 일을 알 수 있는 사람이라면, 일부러 위험을 무릅쓰고 그

---

* ——마태복음 본문에는 들짐승이 나오지 않으나, 같은 이야기를 기록해 놓은 마가복음 1장 13절에는 "예수가 광야에서 들짐승과 함께 계셨다"라는 말씀이 나온다.

런 표현을 지어내어 그런 일을 이야기하지는 않습니다. 그래도 누군가가 이 이야기를 지어내지 않았을까 하는 의심이 드는 사람은 이 이야기를 외경의 복음서 중 한 책 혹은 다른 책이 우리에게 유일한 권위 노릇을 해주고 있는 이야기 가운데 가장 훌륭한 이야기—니고데모복음**이 훌륭하게 묘사해 놓은 주님의 음부(陰府) 강하 이야기가 그 예입니다—와 비교해 보는 것이 도움이 될 겁니다.

만일 이 이야기의 기원이 사람들이 지어낸 이야기가 아니라면, 이 이야기가 가질 수 있는 기원은 다른 하나뿐입니다. 우리 주님 자신이 바로 그 기원입니다. 이제 저는 이 기원으로 돌아가 보겠습니다.

그러면, 그 주제를 또 다른 측면에서 접근해 보도록 합시다.

이를 염두에 두고서, 저는 여러분에게 우리가 전혀 알지 못하는 것에 관하여 하나님은 분명 아주 많은 것을 알고 계신다는 점을 생각해 보라고 요청합니다. 우리 주님이 얼마나 깊고 깊은 진리의 심연이셨는지 생각해 보십시오. 그 심연의 신성한 어둠에서 빠져나와, 깊은 속내를 계시하시는 안색과 드

** ─── 신약 외경의 하나로서 빌라도 행전과 예수의 음부 강하 이야기로 이루어져 있다. 4세기에 기록된 것으로 알려져 있다.

높은 목소리를 거쳐, 결국 우리를 위대하게 만들어 주셨던 당신의 온유한 손길은 인간에게 중요한 모든 거룩한 것을 부숴 버렸습니다. 그분의 지각, 그분의 생각, 그분의 마음을 생각해 보십시오. 그 안에는 지혜와 지식의 보물이 들어 있습니다. 주님은 필시 인간의 말로 말하지 못할 것, 인간의 마음으로 이해할 수 없는 것을 아시고, 느끼시고, 생각하시고, 기뻐하시지 않았겠습니까? 주님은 늘 우리가 접근할 수 없는 빛에서 나오시지 않았습니까? 주님 자신이 지니셨던 인간의 형체는 진리의 얼굴 위에 드리운 베일이 아니었습니까? 비록 그 베일은 그 얼굴에서 나오는 영광의 광채를 일부나마 가리긴 했지만, 그래도 그 진리를 계시할 수 있지 않았겠습니까? 전달될 수 있었던 것은 분명 그런 식으로 전달되었을 겁니다. 무한히 더 많은 무언가가 필시 그 베일 뒤에 자리하고 있었을 겁니다. 그렇다면 주님은 그렇게 일부나마 인간에게 계시될 수 있었던 것을 이야기하실 때, 당신 아버지께 말씀하실 때나 당신 제자들에게 말씀하실 때나 늘 똑같은 형태로, 늘 똑같은 말로 말씀하셨을까요? 주님이 희끄무레한 여명이나 어슴푸레한 새벽녘에 산꼭대기에서 하셨던 말씀은 당신 제자들이나 보통 사람들이 똑같이 이해할 수 있었던 그런 말이 아니지 않았을까요? 하나님의 음성이 하늘에서 주님에게 말씀하셨을 때, 주님의 제자들이 과연 그 음성을 알아들을 수 없는 자연의 천둥소리와 구별할 수 있었을까요?

40일에 걸쳐 전투가 치러졌지만, 이 본문은 그 전투의 내용조차도 우리에게 전달해 주려 하지 않습니다. 영(靈)과 영이 40일 동안 벌인 이 전투는 하나님께 보호받고 있던 그 사람(The Man)에게서 인간이 살아가는 데 필요한 모든 것을 앗아갔습니다. 영과 영이 벌이는 이런 전투는 인간이 이해할 수 있는 형태로 표현할 수 없습니다. 아니, 우리 인간은 이런 전투 자체를 이해할 수 없을 겁니다. 어쩌면 이 전투가 우리가 이해할 수 없는 형태를 띠었던 것도 그 때문일 겁니다. 40일이 끝날 때가 되어서야 비로소 저 거룩한 심연 속에 잠겨 있던 하나님의 영원하신 생각에서 하나님이 생각해 두셨던 그 사건이 어슴푸레 나타나기 시작합니다. 그제야 그 사건은 사람이 눈으로 볼 수 있을 만큼 인간에게 적합한 형태로 나타나 인간의 말로 표현할 수 있게 됩니다. 그제야 그 사건은 인간의 귀가 알아들을 수 있는 형태로 말할 수 있게 됩니다. 물론, 아직도 그 말은 알 것도 같고 모를 것도 같은 말이어서 들을 귀를 가진 자만이 들을 수 있고 이해할 수 있는 마음을 가진 자만이 이해할 수 있습니다. 그 신비는 이제 감춰져 있지 않지만, 그래도 아직은 인간이 명쾌하게 이해할 수 있는 말이 아닙니다.

다가오는 그 사건이 인간의 시야 안에 들어와 하나님이 지지해 주시는 지성으로 멀리서나마 희미하게 그 사건을 묘사할 수 있게 된 바로 그 순간, 바로 그 인성(人性)이란 것이 주님을 엄습합니다. 이제 그분은 굶주린 사람일 뿐입니다. 주님이 우리에게 돌아오셨음*을 일러 주는 첫 번째 표지, 그 싸움이 인간이 겪을 법한 결과에 다가가고 있음을 일러 주는 첫 표지는 주님의 굶주림입니다. 우리는 영원한 삶이라는 바다 위에 떠 있습니다만, 우리가 살아가는 데 꼭 있어야 할 하찮은 것도 그 바다가 지탱해 줍니다―꼭 있어야 할 것 가운데 가장 하찮은 것도 하나님과 결합되어 있습니다! 하나님의 생각과 느낌이라는 대양(大洋)은 인간이 노니는 해변으로 밀려드는 더 얕은 물로 흘러듭니다. 우리 주님은 이 대양의 폭풍에서 그 영과 영의 싸움에서 쟁취하신 보물을 갖고 나타나십니다. 그러나 그분은 솔직히 굶주린 일개 인간일 뿐입니다. 이 순간부터 마귀가 걸어온 그 시험은 인간이 당하는 시험이 되어, 우리도 어느 정도 이해할 수 있는 것이 되었습니다.

그러나 이때부터 그 시험이 인간이 당하는 시험이 되었다 해도, 그 시험을 단순히 지식으로 파악할 수 있는 형태로 인간의 마음에 전달할 수 있었을까요? 설령 전달할 수 있다손 쳐도, 우리 주님과 그분이 오셔서 행하신 일들에 관하여 이제 겨우 지극히 모호하고 오류투성이이며 뒤죽박죽인 지식을 갖기 시작한 사람에게도 그 시험을 단순히 지식으로 파악할 수 있는 형태로 전달할 수 있겠습니까? 우리 주님이 내면에서 체

---

*──하나님이 아니라 인간의 모습을 다시 드러내시기 시작하셨다는 뜻이다.

험하신 것은, 그런 이에게 전달할 수 있다 해도, 단지 비유로 전달할 수 있을 뿐입니다. 우리 주님은 이런 일보다 훨씬 분명하고 알기 쉬운 것을 전달하실 때도 이 비유라는 형식을 고르셨습니다. 이 비유라는 형식이 만능은 아닙니다만, 그래도 진리를 구체적으로 표현하는 데에는 으뜸입니다. 또 비유는 가장 풍성하고 완전합니다. 그리하여 진리를 가르치는 교사도 늘 비유로 돌아가곤 합니다. 이 본문이 실제로 일어난 사건을 간략히 이야기한 내러티브를 담고 있다고 역설하는 사람이 믿으려는 바는, 이 이야기(내러티브라 해석한다면)가 틀림없이 우리에게 말하는 대로, 마귀가 사람 눈으로 볼 수 있게 나타나 우리 주님께 다가와서 자기를 세상 지혜의 제왕이라 자부하며 제사장들이 하던 방식대로 성경을 인용하면, 선한 사람을 설득하여 하나님을 시험하게 만들 수 있다고 생각했다는 걸까요? 또한 마귀가, 자신이 권력을 약속하면 그 선한 사람이 자신에게 압도당하여 인류에게 주장할 수 있는 모든 권리를 내던지고, 마귀가 진리와 인간(Humanity)과 하나님의 원수임을 알면서도 자신에게 무릎을 꿇고 경배하리라고 생각했다는 걸까요? 사탄이 그렇게 바보일까요? 아니, 사탄이 그렇게 바보 같다고 칩시다. 그렇다 해도 사탄이 그렇게 유혹하면 우리 주님이 그 시험에 말려드시겠습니까? 그런 영과 영의 싸움에서 그렇게 이기는 것이 이기는 것이라고 할 수 있겠습니까?

비록 비유로 말씀하시긴 했지만, 이 본문은 내러티브로

받아들일 때만큼이나 속속들이 드러날 의미를 풍성하게 담고
있습니다.

  우리 주님은 그때 이 비유를 당신 제자들에게 말씀하셨습
니다. 그리하심으로 당신이 광야에서 당하신 시험에 관하여
당신이 그들에게 전달하시고 싶어 했던 진리를 다른 어떤 형
태로 표현할 경우보다 많이 전해 주셨습니다. 그렇지만 저는
우리가 갖고 있는 내용이 우리 주님이 당신 제자들에게 말씀
하신 내용과 정확히 일치한다고 생각하지는 않습니다. 사람
은 자기가 들을 수 있는 것만 들으려 하고, 자기가 볼 수 있는
것만 보려 합니다. 그리고 그 이야기를 다시 이야기할 경우에
는 자기가 파악한 것, 자기가 보기에 이해가 되는 것만 이야
기할 수 있을 뿐입니다. 비단 인상(impression) 자체뿐 아니라
자기 마음에 각인된 인상을 재생해 보려는 노력도 그 인상을
바꿔 놓고 수정하는 수많은 영향에 굴복하기가 쉬우며, 심지
어 불안을 야기하는 영향에 어느 정도 굴복하기도 합니다. 그
렇다고 그렇게 재생한 인상을 무조건 거짓이라 할 수는 없습
니다. 생명을 담고 있는 강력하고 수많은 세계는 그것들이 자
유롭게 진행할 경로를 확보하고 그것에 일어날 영광스러운
변화를 위하여 아주 무시무시한 심연으로 이루어진 공간을
요구합니다. 그러나 이런 세계도, 인간의 눈 안에 들어오면,
푸른 들판에 뿌려진 빛의 씨앗으로 작아집니다. 그 세계의 영
역에서 태어난 천둥소리도 경탄을 자아내지만, 인간의 귀에

는 아주 희미한 소리일 뿐입니다! 그러나 그것은 실로 사랑스러우며, 무언가 말을 하고 지식을 가르쳐 줍니다. 따라서 이 본문의 이야기는 주님이 하신 말씀과 정확히 일치하지 않을 수 있지만, 그래도 겉으로 드러난 이야기 속에는 우리가 받아들일 수 있고 삶을 발견하는 데 충분한 시야를 우리에게 제공해 줄 수 있을 만큼 많은 진리가 들어 있을지 모릅니다. 인간에게 계시를 전달해 주는 통로에 변경을 일으키는 영향도 하나님의 계시 양식에 본질적인 것일 수 있습니다. 무엇보다 그 영향을 멀리서 바라보았을 경우에 비로소 우리는 하늘의 법칙을 알게 됩니다.

그러면 이제 이런 질문이 생깁니다. **하나님의 아들이신 그분이 어떻게 시험을 받으실 수가 있습니까?** 이 본문 이야기에 관한 모든 설명도 이 물음의 정답이 무엇인가에 따라 달라집니다.

만일 어떤 사람이 그분은 그런 시험을 받아도 끄떡하시지 않았다고 말한다면, 사람들은 필시 그 사람에게 그런 시험이 그분에게는 시험거리가 되지도 않았고, 그분이 그런 시험에 넘어가시지도 않았으며, 그분이 거두신 승리는 자기 이웃을 해치는 거짓 증언을 하라는 시험을 받았는데도 이를 거부한 채 그 이웃에게서 재물을 강탈하는 일을 그만둔 사람이 거둔 승리보다 의미 있는 것도 아니었겠다고 말할 것입니다. 만일 그렇다면, 이 이야기는 인간의 필요와 투쟁과 소망에 비춰 볼 때, 아무런 의미도 가지지 않은 셈입니다. 만일 그렇다면, 우리는 이 이야기 전체를 환상적이지만 우둔한 이야기로서 순전히 지어낸 것, 무대에서 벌어지는 쇼에 불과한 것, 진실을 빙자한 허황된 거짓말, 어쩌다가 선한 결과가 나올 수도 있는 악행(惡行)으로 여겨 배척해야 할 겁니다. 설령 이 진흙탕 같은 이야기 속에 진리를 구성하는 조각이 아주 많이 들어 있더라도, 우리는 분명 이 이야기 전체를 하나님의 메시지로서 받아들이지 않을 것입니다.

하지만 이 이야기를 모두 받아들일 수 있다는 전제 아래 이 이야기가 말하는 시험들이 실제 있었던 시험이라고 주장한다면, 저 자신은 오히려 더 큰 어려움에 빠져들지 않겠습니까? 하나님의 아들이신 그분이 어떻게 악으로 시험을 받을 수 있는가 하는 의문이 생기기 때문입니다—분명 그분에게는 그 악이 진정 조화를 이루지 못하는 색깔들, 진정 왜곡된 형상으로 보일 것입니다. 말하자면, 그분의 아버지가 악으로 시험을 받으실 수 없는 분인데(약 1:13), 어떻게 그분이 그런 분의 아들이 될 수 있겠느냐는 말입니다.

이 물음의 답 속에는 모든 해석의 중심, 모든 해석의 본질적 기원이 자리하고 있습니다. 그건 바로, 그분은 악으로 시험받지 않으시고 선(善)으로 시험받으셨다는 것입니다. 더욱이 그분을 압박해 온 선은 선 가운데에서도 더 열등한 형태였습니다. 선 가운데에서도 더 우월한 형태는 멀리 떨어진 채 초연한 자세로 그들의 때, 곧 하나님의 때를 기다렸습니다. 저는 하나님의 아들이 악으로 시험받으실 수는 없지만, 선으로 시험받으실 수는 있다고 믿습니다. 그 선의 시험에 굴복해 버리는 것이 그분에겐 악—우주에겐 파멸—이었을 것입니다.

그러나 악도 모두 선에서 나오지 않습니까?

그렇습니다. 악도 선에서 나옵니다. 그러나 선**에서** 악이 나왔다면, 이제 그 선은 더 이상 선하지 않습니다. 부패한 선은 더 이상 선이 아닙니다. 그런 것은 우리 주님을 시험할 수 없었을 겁니다. 복수는 정의감에서 생겨날 수도 있습니다. 그래도 복수는 복수지 정의는 아닙니다. 그것은 악한 것입니다. 그것은 무서울 정도로 의롭지 않기 때문입니다. 악은 악일뿐입니다. 무엇에서 나왔든, 악일 뿐입니다. 당신 원수에게 복수하라는 시험을 받았더라도, 주님은 그런 유혹을 느끼지 못하셨을 겁니다. 그러나 주님은 악한 자를 이 땅 위에서 파멸시켜 버리고 싶은 유혹을—그들을 완전히 파괴해 버리는 것이 아니라 이 땅 위에서 파멸시켜 버리려는 유혹을—느끼셨을 수도 있습니다. 그러나 저는 우리 주님이 그런 유혹을 느끼셨을 분이 아니었다고 생각합니다.

그러나 우리는 앞으로 그 문제 자체를 다루며 제가 이야기하고자 하는 것을 충분히 설명해 줄 예를 발견할 것입니다. 이 비유가 제시하는 시험을 하나씩 살펴보도록 합시다.

제가 보기에는 마태가 지금처럼 본문을 배열하게 된 연유가 된 생각(idea)이 누가의 본문 배열에서 엿볼 수 있는 생각 자체보다 우월해 보입니다. 마태복음 기사와 누가복음 기사를 보면, 각기 깊은 의미를 함축하고 있는 두 기사의 끝 부분이 서로 확연히 다릅니다.

그러면 이제 마태의 기록을 따라가 봅시다.

또 우리는 어떻게 마귀가 그분을 악으로(with evil) 시험하지 않고 악을 **저지르도록**(to evil) 시험했는지 알게 될 것입니다.

먼저, 그분은 굶주렸습니다. 그러자 마귀는 "**이 돌로 떡을 만들라**"라고 말했습니다.

주님은 40일을 금식하고 계셨습니다―그 기간 동안 강하게 정신을 집중하지 않으면, 이런 금식은 불가능합니다. 그렇다고, 이 금식을 기적이라 부름으로써 사람들이 이 금식에 영광을 돌릴 생각을 품게 하지는 맙시다. 성인(聖人)들도 그렇게 놀라운 금식을 했다는 기록이 있습니다. 주님은 당신 형제들보다 사람다우셨습니다. 따라서 그분은 당신의 육체적 본질이라는 외부 영역에서 물러나 저 깊디깊은 곳에 자리한 당신의 영적인 인성(humanity)으로 더 깊숙이 들어가셨을지도 모릅니다. 육체의 본질에서 유래하는 행동거지는 아주 많이 느려졌을 것입니다. 또 주님이 하신 금식의 경우에는 다른 사례들에서 볼 수 있는 유사한 금식이 넘지 못한 극한의 한계를 넘어섰을지도 모릅니다. 저는 이것이 전부였다고 믿습니다—이 모든 무한한 것이 그 금식과 관련되어 있다고 믿습니다. 이것이 주님이 하신 금식을 지극히 장엄하게, 지극히 소박하게, 지극히 중요하게 바라보는 방식이요, 그렇게 바라봄으로써 이 금식을 지극히 신성하게 바라보는 방식입니다. 따라서 40일이 지났을 때, 음식이 그분에게 시험거리가 된 것은 비단 굶주림 때문만이 아니라, 인체의 모든 시스템이 완전히 소모된 까닭도 있었습니다. 잊어버려진 동안 그것은 줄곧 소모되고 있었습니다. 마음도 그 스스로 긴장한 탓에 지칠 대로 지쳐 버렸습니다. 그때 그 마음에서 일어나는 반응은 틀림없이 모든 시스템을 무감각하게 만들어 버렸을 겁니다. 그 결과, 당분간 영적인 것을 전혀 보거나 느낄 수 없게 되었고, 오직 느낄 수 없는 것과 볼 수 없는 것만을 **믿을** 수 있었을 겁니다. 바로 여기에 시험이 있었습니다. 먹고 싶어 하는 것은 죄일 수 없습니다. 먹을 수 있는 음식을 정직하게 얻는 것은 죄가 아닙니다. 오히려 먹는 것이 이전에 잃어버렸던 영원한 것을 볼 수 있는 시력을 되찾아 주리라는 것을 사람이 알게 된다면, 먹는 것이 뇌에 작용하고 뒤이어 마음(mind)에 작용하게 될 경우에 사람이 믿음과 소망, 확신과 기쁨, 인내와 찬미를 가질 수 있음을 알게 된다면, 먹음이란 심지어 두려워하며 지켜야 할 의무의 반열에 오르게 됩니다. 정녕 먹음이 의무라

한다면, 그분이 왜 음식을 드시지 말아야 합니까? 그가 음식을 먹으려고 그분의 안에 있는 능력을 행사하지 말아야 할 이유가 무엇입니까? 그분의 능력이란 자기 자신을 돌보는 데 쓰는 능력이 아니라 당신을 보내신 이의 일을 행하는 데 쓰시는 능력이기 때문입니다. 그런(돌로 떡을 만드는) 능력은 심지어 당신 아버지께 영광을 돌릴지라도 그분의 능력이 아니었습니다. 그것으로 아버지가 영광을 받으시는 쪽을 택하셨을 경우가 아니라면 말입니다. 그분의 아버지는 비범한 방식으로 이루어지는 기적보다 범상한 방식을 따라 이루어지는 평범한 경이 속에서 훨씬 더 많은 영광을 받으십니다. 그분을 돌보시는 것은 하나님이 하시는 일이요, 아버지가 그분더러 하라고 말씀하신 일들을 행하는 것이 그분의 일입니다. 돌을 떡으로 만드는 것은 아버지의 손에서 보살핌을 빼앗아 오는 것이요, 우주에서 가장 신성한 것을 지극히 단순하고 평범한 자기 보존으로 바꾸는 처사가 될 것입니다.

믿음을 제외하면 그분이 당신 형제들보다 더 뛰어난 것은 아무것도 없었습니다. 그분이나 그분의 형제들이나 피난처는 오직 아버지의 사랑과 보살핌뿐이었습니다. 다른 피난처는 그것이 설령 기적의 능력이나 여러분이 원하는 그 무엇이라 해도, 그분에게는 그저 지옥이었을 것입니다. 하나님이 피난처이십니다. 하나님이 생명이십니다.

"먹을 것이 있었다면, 그분은 드시려 하지 않았을까요?

그분의 능력이 먹을 것으로 바뀔 수 있는 것을 만났다면, 그 것을 떡으로 바꿔 그 떡을 드시지 않았을까요?"

'바뀌다(changed)'라는 말에 주목해 봅시다. 문제 전체가 이 말 속에 자리하고 있습니다. 무엇에서 바뀐다는 말일까요? 하나님이 이전에 지으신 것에서 바뀐다는 말입니다. 무엇으로 바뀐다는 말일까요? 하나님이 지으시지 않은 것으로 바뀐다는 말입니다. 하나님이 이전에 지으신 것을 왜 하나님이 지으시지 않은 것으로 바꿀까요? 아들이 배가 고팠지만, 아버지가 아들에게 맞는 음식으로 그 아들을 먹이시려 하지 않았기 때문입니다! 아들이 떡을 달라고 청할 때, 아버지는 그 아들에게 돌을 주시지 않았습니다. 돌을 갖다 주면서 스스로 먹을 것을 만들어 먹으라고 말한 것은 사탄이었습니다. 아버지는 그것이 돌이라고 말씀하셨습니다. 아들도 그것을 돌이라 하지, 떡덩이라고 말하지는 않았을 겁니다. 이 피조물을 창조하는 **명령**은 저 피조물을 창조하는 명령과 서로 모순되는 법이 없습니다. 아버지와 아들은 한마음이십니다. 주님도 배가 고프실 수 있습니다. 주님도 허기가 져서 고통받으실 수 있습니다. 그렇다 해도, 당신 아버지가 이것으로 만들어 놓으신 것을 저것으로 바꾸시지는 않으실 겁니다.*

★————— 많은 사람들을 먹인 이적에서도 아버지가 이것으로 만들어 놓으신 것을 저것으로 바꾸는 일은 벌어지지 않았습니다. 물고기와 떡은 처음부터 물고기와 떡이었습니다. 기적의 참된 본질, 그리고 기적과 하나님이 보통 일하시는 방식의 관계

그 아들이 마귀에게 하신 대답을 살펴보면, 우리는 그 문제의 근원을 단박에 알게 될 것입니다. "사람이 떡으로만 살 것이 아니요 하나님의 입으로부터 나오는 모든 말씀으로 살 것이라 하였느니라." 정녕 사람은 그 돌을 그 돌로 만들었던 바로 그 말씀으로 살 것입니다. 모든 것이 그른 게 하나도 없습니다. 정녕 그 아들에게는 아버지가 돌로 만드셨던 그것을 돌로 놓아두는 것이 생명입니다. 아버지가 말씀하신 것을 낱말 하나라도 바꾸는 것은 그 아들에겐 죽음일 것입니다.

"사람이 떡으로만 살 것이 아니요." 떡 말고도 살아갈 수 있는 길이 또 있습니다. 사람은 하나님의 말씀으로, 하나님이 그에게 말씀하신 것으로, 하나님이 당신 자신과 그 사람 사이

를 고려할 때, 이것은 의미심장하다고 생각합니다. 이 기적들은 물론이요 모든 기적을 보면, 순식간에 이전 것이 다른 것으로 바뀌는 모습의 변화가 있었습니다. 보통 천 년은 걸려 일어날 일이 단 하루 만에 이루어지곤 했습니다. 이는 하나님의 시간과 우리의 시간이 다르기 때문입니다. 시간을 만드신 분이 바로 하나님이십니다. 어떤 과정이 급속히 이루어진다 해도, 그 과정의 인과관계에는 전혀 영향을 미치지 못합니다. 어떤 과정의 급변이 그 과정을 더 기적 같은 일로 만들어 주는 것도 아닙니다. 사실, 저는 수천 명을 먹인 이적보다 곡식이 자라나는 이적이 더 위대하다고 봅니다. 곡물 밭에서는 사랑스러워 보이고 고독해 보이는 수많은 이적들을 통해 창조 능력이 발산됩니다. 그러나 이런 창조 능력보다 즉시 발산되는 창조 능력을 이해하기가 더 쉽습니다. 시종일관 과학만을 신봉하는 사람에게는 이 모든 것이 진짜 말도 안 되는 것이거나, 기껏해야 공상의 영역에 속하는 일일 뿐입니다. 그러나 저는, 비록 여기에서는 정확하게 집어 말하지는 못하지만, 과학만을 신봉하는 그 사람이 그 말도 안 되는 것 안에 더 많은 것, 곧, 더 고상한 이성, 더 차원 높은 과학이 자리하고 있음을 알게 될 때가 오리라고 생각합니다. —지은이 주

에서 말씀하시고자 하시는 그것으로, 오직 아버지만이 그 자녀에게 계시하실 수 있는 존재에 관한 진리로, 하나님과 그 사람이 나누는 사랑의 교제로 살 것입니다. 사람들은 떡이 없으면 죽는다고 말합니다. 그러나 사람은 자신이 죽는 것을 발견하지 못합니다. 사람이 발견하는 것은 오로지 그의 눈에 띄지 않게 별들을 숨겨 주었던 장막이 사라진 것, 그리하여 이제는 그가 하늘을 볼 수 있다는 것뿐입니다. 아니 오히려 그 사람을 에워싸고 있는 이 땅의 집이 녹아 없어질 것이며, 그 사람은 그가 자기 둘레에 왕궁 같은 집을 갖고 있는 모습, 자신이 하나님의 더 고상한 또 다른 말씀을 입고 있는 모습을 발견할 것입니다. 따라서 사람은 하나님이 그에게 주시지 않은 떡을 거부할 때에도 하나님의 말씀으로 살아갑니다. 떡을 먹지 않아서 죽긴 하겠지만, 그 대신에 그 사람은 같은 종류 중에서도 더 고상한 삶 속으로 올라가기 때문입니다.

제가 이리 말하는 것은, 제가 다른 모든 생명이 의존하고 있는 더 높은 영적 생명이 아니라 존재 의식에 관하여 이야기해 오고 있기 때문입니다. 물론 그 존재란 것은 아버지의 마음을 떠나 단 한순간도 존속할 수 없습니다. 사람이 하나님 마음에서 나오는 말씀이 아니라 떡으로 살고자 할 때, 그는 자신이 살아 있다고 생각할지 모르겠지만, 실상 그는 죽기 시작하거나 이미 죽어 있는 사람입니다. 우리 주님은 이렇게 말씀하십니다. "나는 떡에서 나오는 생명이 없어도 살 수 있다.

그러나 내 아버지의 말씀에서 나오는 생명이 없으면, 나는 정녕 죽고 만다." 따라서 주님은 그 문제를 재고(再考)하시지 않았습니다. 그분의 관심사는 오로지 하나님의 뜻이 이루어지는 것뿐입니다. 주님이 당신 자신에 관하여 어떻게 생각하든, 하나님 뜻이 이뤄진다면, 모든 게 잘될 겁니다. 그것이 주님 자신에게도 좋은 일입니다. 아버지는 당신을 열심히 신뢰하는 자녀를 잊어버리시지 않기 때문입니다. 설령 그 자녀가 자기 자신을 위해 기도하는 일에는 신경조차 쓰지 않더라도, 아버지는 그 자녀를 잊어버리시지 않습니다.

첫 번째 시험은, 사람이 음식 덕분에 몸이 행복함을 느끼는 어떤 상태에 있을 때에만 비로소 그가 믿는 것을 느낄 수 있다는 사실에서 비롯되었습니다. 그러나 이 시험을 더 고상한 측면에서 살펴봐도, 대답은 똑같습니다. 사람은 그의 느낌이나 떡으로 사는 게 아니라, 하나님의 말씀이요, 뜻이요, 말씀으로 표현된 하나님의 존재인 진리(the Truth)로 삽니다.

저는 할 수만 있다면 뭇 남녀에게 떡이 될 것만을 기쁘게 이야기하고 싶습니다. 그러나 여기서 단지 아기들이 먹을 젖 정도밖에 안 되는 글을 써야 한다는 것이 부끄럽습니다. 제가 꼭 말하고 싶은 것은 제가 성경을 **유일무이한 하나님의 말씀**(the Word of God)으로 이해하지 않는다는 것입니다. 성경은 하나님 말씀 가운데 하나(a Word of God)이며, 기록된 하나님의 말씀 가운데 으뜸입니다. 성경이 우리에게 그 말씀(The Word)

이신 그리스도를 말해 주기 때문입니다. 그러나 하나님이 행하시고 사람들에게 알게 하신 모든 것이 그분의 말씀이요, 그분의 뜻입니다. 그것이 그분의 뜻인 이상, 사람에게는 그것이 필요하고, 그것이 없으면 사람은 살아갈 수 없습니다. 그것을 받아들이는 것이 사람의 생명입니다. 하나님이 말씀하신 것이 통틀어 한 몸을 이루고 있는 이상, 지극히 작은 말씀도 필수불가결하기 때문입니다. 하나님은 결코 어리석은 말씀을 하시지 않습니다. 하나님은 헛되이 중언부언(重言復言)하시지도 않습니다. 그러나 저는 비단 창조주이실 뿐 아니라 하나님이신 그분, 사람들에게 **말씀하신다**는 바로 그 이유 때문에 하나님이신 그분의 **말씀**을 통하여, 하나님이 사람의 마음과 의식 속에서 당신 자신을 일러 주심으로 말미암아 결국 그 사람이 하나님이 거기 계심을, 아니 오히려 하나님이 여기 계심을 알게 해주는 모든 계시의 지극히 심오한 의미를 이해할 수밖에 없습니다. 심지어 그리스도 바로 그분조차도, 지극히 심오한 의미에서 보면, **사람에게**(to a man) 주시는 하나님의 말씀(The Word of God)이 아닙니다. 그리스도 그분이 사람에게 하나님을 알려 주는 이런 계시가 되실 때라야, 그 말씀 속에 들어 있는 의미인 성령이 사람에게 다가온 뒤에야, 그 말씀이 천둥 같은 소리가 아니라 말이 담긴 소리일 때라야(말이란 것이 단순히 목에서 터져 나오는 소리의 차원을 넘어 사람이 이해할 수 있는 소리라야 한다는 점에서), 비로소 그리스도는 하나님의 말씀이 되십니다. 어떤 말이든, 사람**에게** 말씀이 될 때라야, 그 사람이 그 말을 통해 하나님을 인식할 때라야 비로소 그 말이 완전한 하나님의 말씀이 됩니다. 말을 말하는 것은 바로 이런 이유 때문입니다. 하나님 말씀은 모래와 같고 별들과 같아서 헤아릴 수가 없습니다. 그러나 이 모든 말씀이 하나같이 갖고 있는 목표는 바로 하나님을 계시하는 것입니다. 더욱이 사람들은 오로지 이 모든 말씀이 그에게 다가와 그 안에서 하나님을 계시해 줄 때에만 비로소 그 말씀이 하나님 말씀임을 알 수 있습니다. 그에게 다가오는 것은 그 사람 **안에** 있을 수 있는 것입니다. 그러나 그 사람은 그 말씀이 자기 **안에** 자리한 뒤에야 비로소 그 말씀이 자기**에게** 다가왔음을 **알** 수 있습니다. 그분이 하나님이심을 사람이 알 수 있기 전에도 하나님은 분명 하나님이십니다. 또는 그 사람이 하나님이 하신 어떤 말씀을 올바로 받아들였음을 그 자신이 알 수 있기 전에도 하나님은 분명 하나님이십니다. 하나님이 말씀하시는 이유도 사람이 당신이 하신 말씀을 올바로 받아들일 수 있게 하려는 것입니다.

하나님의 뜻이 어떤 것이든—하나님 안에 있는 진리가 무엇이든—, 우리가 그 뜻으로 말미암아 살아간다면, 그 뜻이 우리에게 말씀이 되면, 우리는 열 배나 더 그 뜻으로 말미암아 살아갑니다. 우리가 하나님 뜻을 받아들이면, 그 뜻은 우리 뜻이 될 것입니다. 그러면 우리는 하나님으로 말미암아 사는 셈입니다. 그러나 일단 하나님 말씀을 이해하게 되면, 사람은 하나님이 어떤 분이신가를 믿는 믿음으로 살아야지, 심지어 하나님에 관하여 자기 자신이 받은 느낌으로 살아가서는 안 됩니다. 사람은 하나님 입에서 나오는 것으로 말미암아 알 수 있게 된 유일하고 참된 진리 그 자체(the Truth itself), 곧 하나님으로 말미암아 살아갑니다. 그리고 사람이 더 이상 그 진리를 **느낄**(feel) 수 없게 된다면, 그는 그것 때문에 죽지는 않을 것입니다. 그는 삽니다. 하나님은 진리이시기 때문입니다. 그는 자신이 살아가고 있음을 알 수 있습니다. 일단 하나님 말씀을 이해하게 되면, 하나님이 진리이심을 알기 때문입니다. 그는 이전에 보았던 하나님을 믿습니다. 그리하여, 모든 것이 캄캄해지고 아무것도 보이지 않을 때에도, 그는 그 말씀으로 말미암아 살아갑니다.

우리는 이제 그 원수 마귀가 시도한 두 번째 시험을 살펴보겠습니다.

"그래, 하나님이 그렇게 신뢰할 수 있는 분이라면, 그분을 시험해 봐. 그 결과가 어떨지 정말 보고 싶군. 당신 자신이 정말 그 하나님이 사랑하고 아끼는 사람이라는 것을 보여 보라고. 여기 거기에 딱 어울리는 말씀이 있군. 그분이 천사들을 보내서 당신을 보살피게 해주신대. 돌 하나도 당신에게 해를 입히지 않을 거라는군. 그분 말을 믿어 봐. 아래로 뛰어내려 보라고. 그래서 당신이 하나님 아들이라는 확신이 내 속에 콱 박히게 만들어 보란 말이야. 지금 보이는 당신 모습이 진짜 당신 모습과 다르다는 것을 당신이 안다고 그랬잖아."

그러자 이제는 거꾸로 주님이 기록된 말씀으로 사탄에 대응하십니다. 그분은 성경을 논리적 목적으로—사탄을 지식으로 논박하려고—인용하시지 않고, 당신이 그렇게 행동하시는 이유를 심지어 사탄에게도 설명하실 목적으로 인용하십니다. 사탄은 자기 말에 권위를 부여하려고 성경을 인용합니다. 그러나 우리 주님은 성경을 갖고 당신이 당신 행동을 규율하시는 진리로 사탄에 맞서십니다.

만일 우리가 이 대답을 검토해 본다면, 이 대답이 첫 번째 시험에서 주님이 내놓으신 대답과 같은 원리, 다시 말해 이 하나님 아들에게는 하나님의 뜻이 곧 생명이라는 원리를 담고 있음을 발견할 것입니다. 두 번째 시험은 세상의 권세들에게 그분이 하나님 아들이심을, 자연의 힘들이 다 하나님 아들인 그분에게 복종한다는 것을, 그분이 하나님의 영원하신 아들(the Eternal Son)이시므로 자연 법칙보다 위에 계신 분이심을, 그리하여 이방의 분노를 잠재우고 열방 족속이 도모하는 것을 허사(虛事)로 만들어 버리시는 분(시 2편)이심을 보여 주라는 것이었습니다. 그것은 단지 그들에게 그 진리를 보여 주는 일이 될 것입니다. 그러나 그분은 하나님 **아들**이셨습니다. 그분의 **아버지**가 원하시는 뜻은 무엇이었을까요? 그런 것은 세상에게 죄를, 의를, 심판을 확실히 인식시켜 줄 때(요 16:8) 하나님이 쓰실 법한 방법이 아니었습니다. 만일 아버지가 그 아들더러 아래로 뛰어내리라고 말씀하신다면, 그 순간 그 성전 꼭대기는 하늘을 향해 어떤 사람도 서 있지 않은 나신(裸身)으로 솟아 있을 것입니다. 그 마귀가 이 하나님 아들을 아래로 내던진다면, 그것은 하나님이 당신 천사들을 보내시게 하는 행위가 될 것입니다. 아니, 그 아들이 계곡 아래로 떨어져 산산조각 나도록 내버려 두는 편이 더 나을지도 모르겠습니다. 그러나 이 하나님 아들은 하나님 뜻보다 앞서 나가지 않습니다. 아버지가 먼저 명령하시면, 그다음에 그 일이 이루어집니다. 그 아들은 아버지 분부에 순종하실 것입니다. 그 아들은 일하는 도중에 어떤 돌을 만나도 피하지 않을 겁니다. 필요하다면, 천사들을 시켜 그들 손으로 당신을 받들게 하실 겁니다. 그러나 그 아들은 당신이 가는 길에 돌이 있다 하여 그 길을 선택하시지는 않습니다. 그분은 전혀 선택하시려 하지 않습니다. 그분은 성령이 당신을 인도하시는 곳으로 가시려 합니다.

저는 이런 점이 "만일 너희가 믿음이 있고 의심하지 아니하면 … 이 산더러 들려 바다에 던져지라 하여도 될 것이요"(마 21:21)라는 우리 주님의 말씀을 일부나마 깨닫게 해줄 것이라고 생각합니다. 사탄은 자신이 시편에서 인용한 본문의 힘을 빌려 우리 주님을 시험하려고 했습니다. 이와 마찬가지로, 존 버니언* 같은 선한 사람들도 이 말씀의 위력을 빙자하여 그들의 하나님이신 주님을 시험하려고 했습니다. 그런 이들에게는 다행한 일이지만, 그들이 믿음이라는 이름을 붙이곤 했던 확신이 대체로 때가 되면 그들을 가로막았습니다. 믿음은, 주님 뜻을 알고, 가서 그 뜻을 행하는 것입니다. 아니면 그 뜻을 모를 경우에는, 서서 기다리면서, 그 뜻을 아는 것에 만족하듯이 모르는 것에도 만족하는 것입니다. 하나님이 그리 원하시기 때문입니다. 믿음은 감춰진 미래 속으로 성급히 달려드는 게 아니라, 행할 길을 열어 주는 지식에 주의를 기울이는 겁니다. 그 결과는 확실치 않으나, 그 일 자체가 의무인 것만은 확실하기에, 또는 심지어 어떤 과정(course)이 의무일 개연성이 높아 보여 그 일을 행했다 한다면, 그것이야말로 가장 고귀한 행함입니다.** 그러나 여러분이 저를 시켜 말씀이 아닌 다른 방법으로 하나님을 시험하고자 한다면, 제게 무엇을 시키시겠습니까? 하나님을 달달 볶아 그분이 어쩔 수 없

★──── 존 버니언(John Bunyan, 1628-1688)은 영국의 청교도 작가다. 대표작으로 《천로역정》이 있다.
★★──── 어떤 과정이 의무일 개연성이 높아 그 일을 행하는 경우에는 사람이 실수할 수도 있습니다. 그렇게 되면 그가 한 일은 불에 타 버리고 말 것입니다. 그러나 바로 그 불로 그는 구원을 얻을 것입니다. 어떤 사람이 한 일 가운데 소멸하는 불을 견뎌낼 수 있는 일을 제외한 나머지 일들이 불에 타 버리는 것만이 그 사람을 구하는 길입니다. ─지은이 주

이 당신 입장을 밝히시도록 해볼까요? 아니면 그분이 하실 일을 서둘러 하시라고 그분을 다그쳐 볼까요? 유다가 저지른 죄도 십중팔구 이것이었을 것입니다. 하나님을 그렇게 닦달하는 일은 돌을 떡으로 만드는 것과 그 종류가 비슷한, 수제넘은 짓입니다. 그것은 하나님이 그런 행동을 하실 필요가 없게 창조해 놓으셨던 곳에서 그런 행동을 하시도록 하나님께 강요하는 것이거나, 아니면 하나님이 행하시지 않을 경우에는 그분이 당신 말씀을 저버리신 것처럼 보일 거라고 주장하는 겁니다. 그런 사람은 하나님과 멀찌감치 떨어져 있는 사람입니다. 그러다 보니, 그는 그 안에서 들려오는 하나님 뜻이 이끄는 대로 행하지 않고, 그 대신 하나님이 무엇을 하시는지 보려고 하나님 앞에서 행합니다. 사람에게 으뜸가는 일은 '하나님은 내가 무얼 하길 원하시는가?'이지, '내가 이렇게 저렇게 한다면, 하나님은 무엇을 해주실까?'가 아닙니다. 만일 육신의 부모를 이런 식으로 시험한다면, 근본도 없는 짓일 겁니다. 하나님을 그런 식으로 시험한다면, 부모에게 저지르는 악과 그 종류는 같아도 그 형태는 최악일 것입니다. 이는 소위 극형을 받아 마땅한 모든 죄보다도 악한 마음 상태, 곧 영적 자만에서 자연스럽게 나올 수밖에 없는 결과입니다. 이런 영적 자만은 인간 존재와 인간의 곤고한 처지 때문에 하나님이 온유함을 보이시고 사랑을 베풀어 주신다 하지 않고, 인간 자신에게 뭔가 두드러진 탁월함이 있어서 그리하신다고 생각합니다. 이런 탁월함 때문에 아버지가 그 사람을 그의 친구들보다 사랑하시고, 그가 저지른 실수도 웃으며 넘어가신다고 생각하는 것입니다. 하나님 아들이신 그분은 당신과 당신 아버지의 관계를 그렇게 생각하지 않으셨습니다. 산을 들어 던질 믿음은 하나님을 확실히 신뢰하는 것입니다. 이런 확신은 오직 그분의 뜻만을 구함에서 나옵니다. 이렇게 신실한 사람은 돌더러 '**떡이 되라**'고 말하기보다 차라리 굶주려 죽을 겁니다. 그런 사람은 산더러 '들려 바다에 던져지라'고 말하기보다 차라리 아무 대꾸 없이, 비록 그것이 명백한 패배로 보일지라도, 불신자들의 비웃음을 감내합니다. 설령 자신의 말대로 산이 그 기초에서 뽑혀 나가리라는 것을 알았을지라도, 하나님이 그렇게 만드시리라는 것을 미리 안 경우가 아니라면, 그렇게 하지 않을 것입니다.

따라서 저는 자연스럽게 이것이 어떻게 인자에게 진짜 시험이 된다는 것인지 더 충실히 생각해 보게 됩니다. 인자가 자기 원수를 논박하여 좌절시킴은—그분이 스스로 선포하신 것처럼, 그분이 하나님이 지지하시는 사자이시라는 확신을 그 원수에게 심어 주심은—좋은 일일 것입니다. 원수는 그분을 믿을 수만 있으면 기꺼이 믿으려는 사람들의 마음과 그분 사이에 끼어들어 훼방을 놓으려 하는데, 그분이 그런 원수와 한순간이라도 더 함께 계셔야 할 이유가 어디에 있겠습니까? 우리 주님은 이 모든 것의 답을 분명히 알고 계셨습니다. 이제는 우리도 그 답을 분명히 압니다. 그것은 아버지가 뜻하시는 길이 아니었습니다. 아버지가 뜻하시지 않는 길은 아버지가 역사하시고 자유를 구가하며 하나님을 사랑하는 의지를 자라게 하는 길임이 틀림없는 인생과 역사의 점진적 발전에도 부합하지 않을 겁니다. 아버지가 뜻하시지 않는 길은 폭력적이고 가식적이어서, 결국 그 본질과 결과가 보잘것없었습니다— 어떤 경우에도 그 길은 하나님을 닮은 길이 아니었습니다. 하나님이 행하시는 모든 것은 나머지 모든 것과 보조를 맞추며, 나머지 모든 것에서 조화롭게 나옵니다. 인자, 그분의 역사는 사람의 역사이자 그분의 역사일 것입니다. 그런 역사가 좀체 일어나지 않는 특별한 사건으로 시작하는 게 좋을까요? 하지만 그것은 사람들을 위해 자신이 할 수 있는 모든 것을 하고자 했던 그분에겐 당연히 시험거리였을지도 모릅니다. 그분은 하나님 아들이셨습니다. 하나님의 아들들이라면 그분이 하나님 아들이심을 어찌 모르겠습니까?

그러나 광야에서 겪은 이 시험은 다가올 시험들의 축소판이자 모형이었습니다. 그분은 이 시험에 맞서 40일 동안 당신 자신을 강하게 하셨고, 우리가 이해할 수 있는 범위 밖에 있는 진리를 깊이 생각하셨습니다. 그분의 시각에서는 지극히 평범한 의무도 모두 하나님이 주신 두려운 의무였습니다. 그것은 수모를 겪고 있는 하나님이란 분(a God)을 거의 압박할 만한 시각이었습니다. 따라서 그분의 삶을 이런 시각과 관련 지어 살펴본다면, 우리는 그 삶의 전모(全貌)를 더 잘 이해할 것입니다. 그분은 돌을 떡으로 만들기를 거부하셨습니다. 마찬가지로, 그분은 평생 그분 자신에게 도움이 되는 기적을 단 한 번도 행하시지 않았습니다. 그분은 자신을 성전에서 내던 져 자신이 하나님 아들이심을 사탄에게 확신시켜 주거나 드러내 놓고 자랑하길 거부하셨습니다. 마찬가지로, 그분은 줄 곧 인간 사탄들이 표적을 요구해도 표적을 행하시지 않았습니다. 표적을 베풀면, 그 인간 사탄들이 예수에게 달라고 아첨을 떨었던 확신을 그들에게 줄 수도 있었겠지만, 그분은 표적을 행하길 거부하셨습니다. 그분이 인간 사탄들을 꺾어 버리고 자기를 따르는 이들에게 힘을 실어 주는 일은 아주 쉬워 보입니다. 그러나 그런 일은 그 제자들이 더 나은 확신을 갖지 못하게 할 것이며, 그분을 대적하는 원수에게도 해(害)만 입힐 것입니다.* 그것은 어느 누구에게도 진정한 의미의 확신을 결코 심어 주지 않을 것입니다. 그런 쇼는 단지 그분의 능력만 증명해 줄 것입니다. 어쩌면 하나님이란 분이 계심을 한 층 더 확실하게 증명해 줄지도 모릅니다. 그러나 과연 그 하

---

*———원수도 사랑하시는 게 주님의 성품이라 믿는 맥도널드는 주님이 아무리 원수들이라도 그들에게 해만 끼치는 일은 하시지 않을 것이라고 생각한다.

나님을 증명해 줄까요? 하나님 아들의 얼굴에서 하나님을 보지 못하는 자들에게 하나님을 더 가까이 데려다 보여 줄 수 있을까요? **"당신은 하나님이십니다**(Thou art God)**"**라고 말하면서 정작 그 **당신**이란 말이 무슨 의미인지도 모른다면, 그런 말이 무슨 소용이 있겠습니까? 우리가 **하나님**을 모른다면, 하나님은 그저 하나의 이름일 뿐입니다. 우리 주님은 그런 식으로 인정받는 것에는 관심이 없으셨습니다.

같은 원리로, 기적이란 것이 그 특성상 이미 그분을 믿는 믿음을 가진 자에게는 일부나마 주님의 특성을 계시해 주는 것인데도, 불신앙이 판치는 곳에서는 기적을 행하려 하시지 않았습니다. 그분은 종종 성읍과 군중을 피하셨고, 사람들의 불신앙 때문에 능력 있는 일 행하기를 거부하셨습니다. 그것이 고통당하는 이에게 사랑 실린 도움이 되어 예수가 그들을 악에서 구원해 주시는 분임을 마음속에 계시해 주는 경우가 아니고서야, 그분이 단 한 가지 기적이라도 행하려 하셨을지 의문입니다. 저는 주님이 그들 마음이 어떠한가에 그리 괘념치 않으셨다고 생각합니다. 확실히 방관자를 대하실 때에는 그렇게 능력 있는 일이 많은 결과를 낳으리라고 기대하시지 않았습니다. 실제로 그저 놀랍기만 한 일은 금세 잊어버립니다. 많은 사람이 그렇게 그냥 놀랍기만 한 일은 이내 잊어버리고, 도리어 그런 일을 자기에게 전달해 준 감각을, 심지어 자기 자신의 감각조차도 의심하기 시작했습니다. 오직 내면의 시각만이 진리를 확신시켜 줄 수 있습니다. 표적과 이적은 결코 그리하지 못합니다. 아무리 많은 표적도 그런 표적을 보여 주시는 그분이 친히 말씀하시는 것에 관하여 알고 계실지도 모른다는 개연성 정도만을 전달할 수 있을 뿐입니다. 그런 표적은 진리를 전달하지 못합니다. 그러나 그 진리를 볼 수 있게 해주는 것은, 진리 그 자체를 아는 지식 가운데 있는 것이요 표적과 이적의 영역을 초월하는 어떤 것으로서, 하나님의 능력이요 구원입니다. 마음이 순수하여 하나님을 볼 수 있는 자에게는 진리를 볼 수 있게 해주는 이것이 주님의 얼굴과 형체 안에 있었지, 표적과 이적을 구하는 자들에게 보여 주신 주님의 표적과 이적 속에 있지 않았습니다. 그러나 구원의 진리를 확증하는 증명서를 지닌 채 구원의 수고를 시작하고 싶어 했던 마음에게는 그 시험이 잠시나마 영향을 미칠 수 있다는 것을 우리는 쉽게 알 수 있습니다. 참된 마음은 형제들이 그 마음을 받아주기를 얼마나 간절히 원합니까—그 마음의 진리가 알려지기를 얼마나 간절히 원합니까! 그러나 그러지 않아도 됩니다. 진리는 하나님이 작정하신 때가 되면, 수고하는 가운데 수고로 말미암아 드러나게 되어 있습니다. 하나님 나라는 하나님의 거룩한 사람이 걸어가시는 길에서 나타나게 되어 있습니다. 하나님 나라는 단번에 이루어지는 장엄한 행위가 아니라 여러 해에 걸친 사랑을 통해, 아니 여러 세기 동안 이 나라를 가로막는 것처럼 보였던 일을 통해, 영원에서 영원으로 이어지는 수고를 통해 하늘에 계신 아버지의 자녀들 마음속으로 분명히 자라 가게 되어 있습니다. 주님은 스스로 아버지의 존재와 말씀의 조화이자 변함이 없는 법칙에 매여 **계실 것**입니다. 주님은 겉으로 보기에만 그런 게 아니라, 실제로 그렇게 **매여** 계실 것입니다. 주님은 매여 계시기 때문이 아니라, 실제로 매여 계심으로써 매여 계신 것으로 보이십니다. 그러나 이번에도 한 번 더, 심지어 그분에게도, 당신이 발휘하려면 발휘하실 수 있는 거룩한 능력으로 진리를 설파해 보겠다는 생각이 분명 장엄하게 떠올랐을 것입니다. 생각은 좋습니다. 그러나 그분이 그 생각에 넘어가셨다면, 이 세상을 잃고 말았을 겁니다. 아니, (인간의 마음으로는 잘 인식할 수가 없어도) 그보다 훨씬 더 나쁜 일이 벌어졌을 겁니다. 순종하시는 하나님이 당신 보좌에서 추락하고 마셨을 겁니다—그리 되었으면, 모든 게 흑암이었을 겁니다.

하지만 그 모든 것이 희미하고 하찮은 비유임을 잊지 맙시다—제가 희미하고 하찮은 비유라고 말하는 것은 이 비유를 비유가 묘사하는 장엄한 실체와 견주어 볼 때 그렇다는 말입니다. 마치 가락지와 신발이(아무리 값나가는 것이었어도) 돌아온 탕자를 향한 아버지의 절대적 사랑을 표현하기에는 보잘것없는 모형에 불과했던 것과 마찬가지인 셈입니다(눅 15:11-32).

이제 세 번째 시험을 살펴보겠습니다. 첫 번째 시험은 곤고한 처지에 빠진 주님 자신을 도우라는 것이었습니다. 두 번째 시험은 어쩌면 아버지가 주님의 아버지이심을 주장해 보라는 것이었을 수 있습니다. 세 번째 시험은 주님더러 그 형제들을 구원해 보라는 것이었습니다.

그 형제들을 구원한다는 것은, 말하자면 사람들이 따르는 방식을 좇아—여전히 바깥에 있는—사람들을 구원해 내는 것입니다. 사실 모든 시험은 보이는 것과 보이지 않는 것, 외면에 있는 것과 내면에 있는 것, 사이비인 것과 참된 것, 쇼인 것과 진짜인 것의 다툼으로 볼 수도 있습니다. 다른 모든 시험에서도 그랬지만, 이 마지막 시험에서도 악은 아버지의 뜻을 행하는 대신 그의 형제들을 구하라는 시험이었다는 것에 자리하고 있었습니다.

주님이 당신이 원하실 경우에는 의롭게 정권을 잡고 권력이라는 전차에 뛰어올라 그 전차를 몰며 정복하고 또 정복할 수 있지 않겠느냐고 생각하신다면, 그런 생각은 시험이 아닌 다른 것일 수도 있지 않을까요? 주님 앞에는 옥에 갇힌 자가 불의(不義)한 감옥을 부수고 나와 환호하는 즐거운 장면, 탐욕스러운 바리새인 앞에서 고개를 숙이고 있던 과부가 그 고개를 치켜드는 즐거운 장면, 울고 있던 어린아이가 주님이 타신 전차의 바퀴 소리를 듣고 환호성을 터뜨리는 즐거운 장면, 그 전차 앞에서는 압제와 부정(不正)이 시들고 말라 버리며, 그 전차가 지나온 뒷자리에서는 가시떨기 대신 전나무 싹이 돋고 찔레가시 대신 은매화(銀梅花, myrtle)가 돋아나는 즐거운 장면이 떠올랐습니다. 우리 주님 같은 이익 머릿속에는 기룩한 복수를 단행하는 생생한 장면들, 인간이 복락을 누리는 기막힌 장밋빛 꿈들이—게다가 이 모든 것이 당신 손을 통해 이루어지는 꿈들이—가득할 것입니다! 이런 장면들이나 꿈들은 열망 덩어리인 젊은이가 머릿속에 지어 놓은 공중누각과 다른 것입니다. 이런 공중누각은 자기가 실현할 수 없다는 것을 알기에 제멋대로 지어 놓은 것이기 때문입니다. 도리어 그런 장면들과 꿈들은 장엄하고 일관되며 조화를 이루고 있습니다. 주님은 그런 장면이나 꿈을 이룰 능력이 당신에게 있음을 아시기 때문입니다. 주님이라면, 사람들을 당신 뜻대로 빚으실 수 있지 않을까요? 흰 눈 같은 옷을 입은 모습으로 변형되셨던 주님이시라면, 예루살렘 거리에서 큰 소리로 "너희 왕을 보라"(요 19:14 참조)고 외치실 수 있지 않겠습니까? 그러면 주님의 백성 가운데 있는 맹수 같은 전사(戰士)들이 그 목소리를 듣고 떨쳐 일어날 것입니다. 보습을 두드려 칼을 만들고 가지 치는 낫을 두드려 창을 만들 것입니다(엘 3:10). 그리고 온 백성이 그의 부르심을 듣고 뛰쳐나가 진정으로 다시금 전쟁을 배울 것입니다. 장엄하고 거룩한 전쟁—십자군 전쟁 같은 전쟁—을 배울 것입니다. 아닙니다. 그 말(전쟁)은 우리가 쓰지 말았어야 할 말입니다. 하지만 국민을 억압하는 폭군—이 말은 폭군이 그들 자신을 부르는 말 가운데 가장 좋은 말입니다—에 맞선 전쟁, 자기 형제들을 짓밟고 심지어 이 형제들이 하늘을 보며 간구하는 것조차도 용납하지 않으려 하는 폭군에 맞서는 전쟁은 예외입니다. 아! 하지만 주님이 입으신 옷이 언제 눈처럼 하얗게 되었습니까? 언제 빛이 영광을 받으신 그분의 몸에서 뿜어져 나왔습니까? 언제 그 빛이 그 옷을 통과하여, 그리고 그 옷을 통과하며 그 옷을 영화롭게 하면서 뿜어져 나왔습니까? 그때는 주님이 그런 정복을 추구하실 때가 아니었습니다. 도리어 그때는 그분이 이 산과 같은 산에 서서 "당신이 예루살렘에서 **이루셔야** 할 죽음에 관하여 이야기하실"(눅 9:31 참조) 때였습니다. 어찌하여 이것이 "그 전쟁의 서글픈 종말"이 되어야 할까요? "주 너의 하나님께 경배하고 다만 그를 섬기라"(마 4:10 참조). 오, 세상의 구주시여, 당신 자신이 품고 계신 사랑과 진리의 비전조차도 당신을 당신의 목표로 인도해 주는 안내자가 되어서는 안 될 것이며, 하늘에 계신 당신 아버지의 뜻이 안내자가 되어야 할 것입니다.

그런데 어떻게 주님이, 그렇게 정복하는 일을 해서 사탄의 종이 되는 걸까요? 어떻게 이런 일을 하는 것이 무질서와 고통의 주인인 그에게 무릎을 꿇고 경배하는 것이 될까요?

저는 그런 계획이 사탄을 경배하지 않고도 이루어질 수 있는지, 다시 말해 야심을 지닌 모든 지도자, 자기를 섬기는 모든 정복자가 사용하는 술책을 조금이라도 사용하지 않고—겉과 속이 다른 언행, 약삭빠름, 아첨, 술수를 사용하지 않고—사람들이 그런 목표를 이루어 갈 수 있는지 묻지 않겠습니다. 저는 이것을 파고들지 않겠습니다. 우리 주님이 당신 나라의 군대를 이끄시는 지도자이시라는 지극히 황홀한 생각을 하게 되면, 이런 일들은 불가능한 일로서 시야에서 사라져 버리기 때문입니다. 이런 일들이 필요하다 해도, 주님은 그런 이력(履歷)을 쌓으려는 생각은 단 한순간도 하시려 하지 않습니다. 그러나 저는 묻고 싶습니다. 더 잘 알면서도 아는 대로 잘 행하지 않는 것은 사탄을 섬기는 게 아닌지, 그 목표가 가장 좋은 것이 아닌데도 가장 좋은 목표인 것처럼 사람들을 하나님 이름으로 현혹하는 것은 사탄을 섬기는 게 아닌지, 사람들을 그들 자신이 갖고 있는 갖가지 악이 아니라 그들 나라의 원수를 무찌르는 정복자로 만듦으로써 그들의 자만심을 부추기는 것은 사탄을 섬기는 게 아닌지, 묻고 싶습니다. 한마디로 하나님이 맡기신 사명, 즉 사람들이 그런 방법*으로는 해방될 수 없음을 아시고 그분을 보내어 그들 가운데 거하는 한 사람이 자 참 사람이자 유일한 사람이 되게 하심으로써, 그의 생명이 그들의 생명이 될 수 있게 하셔서 그들이 옥중에서나 십자가에서도, 언덕배기에서나 옥좌에서도 자유를 누릴 수 있게 해

★———술책을 써서 원수를 정복하는 방법을 말한다.

주신 사명을 저버리는 것은 곧 마귀에게 무릎 꿇고 경배함이 아니었을까요? 또, 그렇게 진리를 버림으로써 아버지를 예배하는 영과 진리보다, 율법을 완성하기를 사랑하기보다, 그들 자신의 가장 훌륭한 부분을 하나님께 바치기보다, 순종하는 자세로 모든 것 가운데 제일인 사랑 그리고 진리와 율법과 자유와 조화를 이루기보다도, 다른 것을 믿는 거짓말에 사람들을 넘겨주는 것은 곧 마귀에게 무릎 꿇고 경배함이 아니었을까요? 그런 식으로 하나님을 버리고 사람들을 내어 주는 것은 마귀에게 무릎 꿇고 경배함이 아니었을까요? 신학자들이 하나님의 주권이라 부르는 그것, 곧 그 아들(the Son)에게 위임되었고 또한 그 아들에게 한량없이 주어진 성령의 지혜를 따라 행사된 하나님의 주권을 모두 행사하지 않더라도, 이 지구 한 귀퉁이에 하늘나라를 만들어 낼 수 있었을 겁니다. 오직 그 아들의 순종만이, 죽기까지 행한 그 순종만이, 하나님의 뜻은 곧 진리이기에 그 뜻을 철저히 **행하는** 것만이, 죄수와 과부와 고아를 구속할 수 있었습니다. 그러나 하나님이 품으신 뜻은 정복에만 매달리는 정복자는 물론이요, 매질하는 간수와 불의한 재판관과 게걸스럽고 탐욕스러우며 좀먹은 마음을 지닌 바리새인을 구속하심으로써 죄수와 과부와 고아를 구속하시는 것이었습니다. 사랑이 죽음보다 강했기 때문에, 이 땅은 틀림없이 자유를 얻을 겁니다. 따라서 흉포함과 사악함과 위선과 하나님을 섬기는 예배(God-service)*도 틀림없이 그들의 넌더리 나는 연극을 끝까지 다 공연할 것입니다. 그러나 그분은 나무에서 뻗어 나온 가지들을 자르지 않고 나무 뿌리에 도끼를 갖다 댈 겁니다. 그때까지 시간이 걸릴 것입니다. 그러나 그 나무는 결국 죽고 말 겁니다―죽어서 불못(lake of fire)에 던져지고 말 것입니다. 그때까지 시간이 걸릴 것입니다. 그러나 그분의 아버지는 시간을 충분히 주셨고 두고 보실 만큼 두고 보셨습니다. 용기와 힘과 자기 부인과 인내가 필요할 것입니다. 그러나 그분의 아버지는 마음만 먹으면 그분에게 모든 것을 주실 수 있을 겁니다. 물론 그 모든 것을 얻으려면, 몸과 마음의 고통, 처절한 사투와 고초라는 대가를 치러야 할 것입니다. 그러나 그분은 그것들을 스스로 짊어질 각오가 되어 있었습니다. 그분은 수많은 슬픈 눈빛, 그리고 그분 외에는 희망이 없다는 눈빛이 품고 있던 소망을 대가로 치러야 했을 것입니다. 그분은 틀림없이 닦을 새도 없이 흘러내리는 눈물을 보셔야 하고, 웃음으로 바뀌지 않는 한숨소리를 들으셔야 했으며, 죽은 자들이 널브러진 채 버려진 모습을 보셔야 했을 겁니다. 그분은 틀림없이 라헬이 그 자식들 때문에 울며 위로받기를 거절하는 모습을 보셔야 했을 겁니다. 그분은 필시 당신 형제들과 자매들이 장난감이 부서졌다며 어린이처럼 울고 있는 모습을 보면서도 그 장난감을 고쳐 주지 않으셔야 했을 겁니다. 그분은 무덤으로 계속 나아가셔야 했고, 그들은 그분이 그들을 위해 모든 것을 바로잡아 주고 계시다는 것을* 몰랐을 겁니다. 그분은 분명 하나님의 창조 및 하나님의 역사에서 하나님과 더불어 일하셨고, 하나님과 더불어 그 창조와 역사를 완성하실 것입니다. 그분도 실망과 슬픔과 두려움을 겪으실 수 있고, 겪으실 것이었습니다. 그래도 하나님 뜻은 분명히 이루어져야 합니다. 사람도 자유를 얻어야 합니다—비단 스스로 자신을 사람이라 생각하는 사람뿐 아니라 하나님이 사람이라 생각하는 사람은 분명 자유를 얻어야 합니다. 이제는 하나님이 품고 계시던 생각도 하나님의 가슴 속에서 풀려날 것입니다. 이 땅의 사람은 하나님의 사자(使者)를 얼굴과 얼굴을 마주한 채 보게 될 것입니다. 이 땅의 사람은 하나님이 생각하시는 모양으로 자라갈 것입니다. 그 사람은 그 자신의 공상 속이 아니라, 마치 하나님의 생각 속에 있는 것처럼, 하나님의 절대적인 존재 사실 속에서 자유를 구가하게 될 것입니다. 위대하고 아름답고 완전한 하나님의 뜻은 **틀림없이** 이루어지고 말 것입니다.

---

*————그리스도의 죽음이 잘못되고 뒤틀려 버린 모든 것을 바로잡는 사건이었음을 일러 주는 말이다. 그리스도의 죽음이 이런 의미를 갖고 있었다는 것을 그리스도 외에는 아무도 몰랐다.

"사탄아 물러가라. 기록되었으되 주 너의 하나님께 경배하고 다만 그를 섬기라 하였느니라."

그분이 예루살렘에서 이런 죽음을 맞으시겠다는 뜻을 굳건히 나타내셨을 때 베드로가 당신에게 반발하자, 그분은 지금 사탄에게 하신 바로 이 대답으로 베드로에게 대답하시며 베드로도 사탄이라고 부르셨습니다.

"이에 마귀는 예수를 떠나고 천사들이 나아와서 수종드니라."

마태는 그렇게 말합니다. 천사들은 음식을 고대하며 말씀의 힘으로 행하셨던 예수에게 음식을 갖다 드렸습니다. 이때도 음식이 오지 않았다면, 예수는 죽으셨을 겁니다.

"마귀가 모든 시험을 다 한 후에 얼마 동안 떠나니라"(눅 4:13).

그 뒤 사탄은 한 번 더 모험을 감행했습니다. 그때가 언제였을까요?

그때는 마지막 순간, 주님이 마지막으로 희미한 숨을 몰아쉬며 고통 중에 "어찌하여 나를 버리셨나이까?"라고 절규하시던 때였습니다. 그때는 그 위대한 일을 마치시고, 이제 주님을 감쌀 준비가 된 세마포처럼 깨끗하고 순수하게 한쪽에 그 일을 놓아 두시자, 그 산**에서 주님을 덮었던 구름과

★★────── 변화산에서 주님을 가렸던 구름을 말한다. 마태복음 17장 5절을 보라.

다른 구름이 주님의 영혼을 덮어 가린 때였습니다. 그리고 모든 일이 이루어지고 나서, 하나님은 주님이 하신 일이나 주님에게 마음을 쓰지 않으신다는 소리 없는 설득이 주님의 영혼을 덮은 그 구름에서 나온 때였습니다.

그 말씀*이 울려 퍼지는 순간에도 원수는 격퇴당했습니다—그것도 영원히. 주님은 당신이 버림받은 것처럼 보이던 그 순간에도 여전히 **"나의 하나님! 나의 하나님!"**이라고 부르짖으셨기 때문입니다.

★────── 주님이 십자가에서 외치셨던 "어찌하여 나를 버리셨나이까?"를 가리킨다.

8

엘로이*

나의 하나님 나의 하나님 어찌하여 나를 버리셨나이까

—마태복음 27:46

어쩌다 제가 이 말씀을 감히 다뤄 보겠다고 마음먹게 되었는지 저도 모르겠습니다. 이 말씀은 일찍이 인간의 숨이 스며들어 빚어 낸 모든 말 가운데 가장 무시무시한 의미를 담고 있고, 저는 느끼지 못했지만 마지막 헌신의 씨와 꽃을 함께 담고 있어서 인간의 마음이 배워야 할 지극히 깊은 실제적 교

★——— '엘로이(Elōi)'는 아람어로 '나의 하나님'이라는 뜻이다. 헬라어 비평본문을 수록해 놓은 *Nestle-Aland* 27판을 보면, 마가복음 15장 34절에서 '나의 하나님'이라는 말이 '엘로이'로 되어 있다. 우리 개역개정판은 이 구절에서 다른 헬라어 사본을 따라 '엘리(Ēli)'로 적어 놓았는데, 이는 히브리어로 '나의 하나님'이라는 뜻이다.

훈을 담고 있습니다. 주님은 계시자(The Revealer)이시기에, 계시될 수 있는 것은 하나도 감추시지 않습니다. 주님은 당신과 악(Evil)이 무시무시한 전투를 치렀던 전쟁터조차도 가식 없이 겸손하게 밟고 돌아다니는 발걸음에게는 그곳에 가까이하지 말라고 경고하시지 않는 분입니다. 그 무시무시한 전투가 벌어졌을 때, 피범벅이 된 옷을 입고 타오르는 불길 속에서(사 9:5) 벌인 전투의 연기가 주님과 주님의 아버지 사이에서 피어올랐습니다. 그 연기는 주님이 생명의 끈을 끊고 전투에 지친 승리자로서 아버지 품으로 걸어가 안기시기 전까지 그 처절했던 한순간 동안 그 아들이 아버지를 볼 수 없게 아버지를 감춰 버렸습니다. 그 아들은 자신이 더 이상 견딜 수가 없어서 아버지께 달아나 아버지가 자신을 사랑하시는지, 아버지가 정녕 자신을 기뻐하시는지 알고자 했을 때 결국 그를 죽인 한 생각을 우리에게 마저 전달해 주려 하십니다. 이는 사탄이 기어이 다시 돌아와서 그 아들이 치러야 할 마지막 시험으로 그 아들을 몰아붙여 댔기 때문입니다. 사탄은 그 아들이 할 일을 다 하셨는데도 아버지가 그 아들이 한 일을 잊어버리셨다고, 그리고 그 아들이 아버지 입에서 나오는 말씀으로 사셨는데도 그 아버지 입에는 더 이상 아들에게 하실 말씀이 남아 있지 않다고 말했습니다. 그 아들이 아버지를 시험하길 거부하셨는데도 하나님 아버지는 그 아들이 감당할 수 있는 것보다 더 많은 시험을 당하도록 내버려 두셨다고, 그 아들이 다른 어느 누구도 경배하지 않고 오직 아버지만 경배했는데도 정작 하나님 아버지는 아들이 올린 경배를 거들떠보시지도 않았다고 말했습니다. 주님은 당신이 겪으시는 거룩한 고난들을 숨기시지 않습니다. 진리는 빛이기 때문이요, 사람들의 마음에서도 빛이기 때문입니다. 그 거룩한 아들, 아버지 하나님의 그 아들(the Son of the Father)은 아무것도 감추시지 않고, 오로지 신성(Godhead)만을 계시하십니다. 그러면 이제 신발을 벗고, 가까이 다가가서, 머리를 숙이고, 그 두 발에 입을 맞춥시다. 그 두 발에는 우리가 거둔 승리를 일러 주는 상처들이 영원히 남아 있습니다. 이 두 발에서 우리는 괴로움을 겪고 죄를 저지르는 우리 형제에게 안전을 제공하는 피난처를 움켜쥡니다.

우리는 지극히 거룩한 두려움을 품고 우리 주님이 겪으신 고난이라는 무시무시한 사실에 다가가야 합니다. 단 한 사람이라도 우리 주님에겐 그런 고난도 작은 것에 불과했다는 생각을 하게 해서는 안 됩니다. 고난의 본질이 섬세하면 섬세할수록, 사랑스럽고 진실하며 정당하고 의로운 이에게는 언제나 고난이 더 생생한 법이요, 고통에 따른 적대감도 더 큰 법이며, 생명을 엄습하는 죽음도 더 강하게 느끼는 법입니다. 그뿐 아니라, 만물의 조화가 깨지는 것도 더 두렵게 다가오는 법입니다. 그 조화가 깨지는 소리가 고문(torture)입니다. 우리 주님은 여느 사람보다 민감하셨습니다. 주님은 더 커다란 지각을 갖고 계셨기 때문입니다. 그래서 주님은 심지어 지치는 것도 다른 사람보다 빨리 지치셨습니다. 이런 고난들이 의지와 관련된 영역으로 침투해 들어오기 시작할 때, 정신을 똑바로 차리고 끝까지 하나님을 신뢰하려는 몸부림이 점점 어둠 속으로 가라앉기 시작할 때, 그 사람(The Man)*의 의지가 점점 멀어져 가는 아버지 모습을 어떻게든 붙잡아 보고자 **"나의 하나님, 나의 하나님, 어찌하여 나를 버리셨나이까?"**라고 절규하며 마지막 안간힘을 토해 낼 때에는 이런 고난들이 정녕 끔찍하기 이를 데 없었습니다. 그 이전에는 그분에게 이런 일이 한 번도 일어나지 않았습니다. 그 이전에는 그분이 당신 옆에 계신 하나님을 보실 수 없었던 적이 한 번도 없었습니다. 하지만 지금만큼 하나님이 가까이 계신 적은 없었습니다. 예수가 지금만큼 하나님다운(divine) 적이 없었기 때문입니다. 그러나 지금은 예수가 가까이 계신 하나님을 보시지도 못하고 느끼지도 못하셨습니다. 그런데도 예수는 **"나의** 하나님"이라고 부르짖으십니다.

그리하여 예수의 의지는 예수의 믿음이 금세라도 굴복할 것처럼 보이는 바로 그 찰나에 기어코 승리를 거두고 맙니다. 그 의지는 이제 그 믿음을 지탱할 느낌을 조금도 갖고 있지 않으며, 그 믿음을 빨아들일 수 있는 행복한 환상을 조금

---

*————— 예수 그리스도를 가리킨다.

도 갖고 있지 않습니다. 그 의지는, 마치 예수가 빌라도 앞에서 발가벗겨진 채 채찍질 당하시던 때처럼, 발가벗겨지고 고문을 당한 채 예수의 영혼 안에 자리하고 있습니다. 순수하고 순박하며 불에 싸인 그 의지는 하나님을 향해 부르짖습니다. 그 희생제사는 **나의 하나님**이라는 절규에 실려 위로 올라갑니다. 그 절규는 행복으로부터, 평강으로부터, 소망으로부터 나오는 게 아닙니다. 그 절규는 심지어 괴로움으로부터 나오는 것도 아닙니다. 그 절규는 버림받은 처지**에서** 터져 나온 것이었지만, 믿음으로부터 나온 절규였습니다. 인간의 영혼은 그 순간 하나님******이 겪으신 공포를(the divine horror) 측량할 수 없습니다. 그것은 흑암 중에서도 가장 캄캄한 암흑이었습니다. 그래도 예수는 믿으려 하셨습니다. 그래도 예수는 지조를 지키려 하셨습니다. 하나님은 여전히 그분의 하나님이셨습니다. **나의 하나님**─이 절규 속에서 승리가 터져 나왔고, 곧 모든 게 막을 내렸습니다. 오직 예수 자신만이 그 절규 뒤에 찾아온 평강, 완전한 영혼이 누리는 평강, 우주만큼 크고 빛만큼 순수하고 생명만큼 불타오르며 하나님과 당신 아우들에게 승리를 안겨다 준 평강의 넓이와 길이, 깊이와 높이를 아실 수 있습니다.

이 마지막 시험이 없었으면, 우리 주님이라는 인간의 잔

**───여기서 하나님은 성자 하나님이신 예수 그리스도를 말한다.

에는 이 잔이 담을 수 있는 것보다 더 적은 양의 시험이 들어
찼을 것입니다. 그 시험 중에는 우리가 거쳐 가야 하고 그렇
게 거쳐 가면서 우리 맏형을 소리 높여 부를지라도 목소리 하
나 없고 듣는 이도 하나 없을 영역이 한 곳 있었을 것입니다.
주님은 그 치명적인 장소를 빠져 나오셨습니다(avoided the fatal
spot)! 광야의 시험이 젊고 단단한 그분, 그 앞에는 가야 할 길
이 놓여 있고 그 주위에는 그의 하나님이 계셨던 그분에게 다
가왔습니다. 아니, 그 시험은 넘칠 정도로 가득한 그분의 믿
음을 보고 자신의 위력을 다져 모았습니다. 그리고 마귀는 이
렇게 말했습니다. "배포 있게 한번 해봐. 하나님이 당신과 함
께 계시잖아." "나도 안다. 그래서 기다릴 것이다." 그 형제들
의 왕인 자가 돌아온 것입니다. 그리고 지금, 하나님이 활동
을 시작하신 지 3년이 지났습니다. 그분은 달려갈 길을 다 마
치셨고, 오랜 시간을 이어 온 일을 마치실 때가 되었습니다.
온몸을 주장하는 뇌는 어지러움 속에서 빙빙 돌다가 차디찬
심연으로 떨어져 정신을 잃어버리고, 넋마저 놓아 버릴 때가
가까이 왔습니다. 그때까지 몸뚱이는 온통 고문을 당했습니
다. 벗들조차 그분을 버리고 줄행랑을 놓았습니다. 그때 원수
의 음성이 다시 그분 귀에 들려옵니다. "절망하고 죽어야지.
하나님이 당신과 함께 계시지 않잖아. 아무리 용을 써 봤자
아무 소용없어. 당신이 피할 곳은 생명이 아니라 죽음이라고.
자, 저승길을 서두르지. 거기 가면, 당신 고통도 끝날 거야. 당

신은 속아 넘어간 거야. 하나님은 애초부터 당신과 함께 계시지 않았어. 그 양반은 아브라함의 하나님이시잖아. 아브라함은 이미 죽었어. 당신은 대체 당신을 누구라 하는 거야?"(요 8:52-53 참조) "나의 하나님, 나의 하나님, 어찌하여 나를 버리셨나이까?" 주님은 부르짖으십니다. 하나님은 비록 그분을 버리셨지만, 그래도 하나님은 여전히 그분의 하나님이시기 때문입니다—그렇지만 정녕 하나님이 자신의 믿음이 휘황하게 빛을 뿜어내리라는 **주님의 소망을** 버리셨을까요? 하나님이 주님 바로 그분을 버리셨을까요? 아닙니다. 하나님은 이전보다 더 가까이 주님에게 다가와 계셨습니다. 주님이 당신 벗들의 가장 깊숙한 내면에 거하시고자 스스로 그 벗들의 육안(肉眼)에서 멀찌감치 물러나실 때조차도—그러나 주님이 이렇게 하신 데는 훨씬 더 깊고 더 두려운 뜻이 담겨 있었습니다—, 하나님은 이전보다 더 가까이 다가와 계셨습니다.

저는 주님이 동산에서 그 잔을 당신에게서 지나가게 해달라고 기도하시고 다시 아버지의 뜻이 이루어지길 기도하셨던 그때가(마 26:39) 우리 주님에게 가장 혹독한 시련이었다고 생각하지 않습니다. 왜냐하면 그때는 그 뜻이 당신과 함께 계셨기 때문입니다. 주님은 그 뜻 안에서 살고 계셨고 그 뜻 안에서 행하셨습니다. 그러나 이제는 예견했던 공포가 다가왔습니다. 주님이 무시무시한 잔을 마시고 계실 때, 그 뜻은 그분의 눈에서 사라졌습니다. 주님이 고난을 당하실 때도 그 뜻을 보실 수 있다면, 주님의 의지는 피난처가 되어 주시는 그 장엄한 뜻 아래에서 눈물을 흘리면서도 기쁘게 머리를 숙이실 수 있을 겁니다. 그러나 이제 주님의 의지는 홀로 남겨진 채, 그 뜻이 원하시는 잔을 고통 중에 마셔야 합니다. 이 번민으로 아파하는 가운데, 이윽고 예수의 의지는 더할 나위 없이 완전한 모습으로 나타납니다. 그리고 이제 예수의 의지는 아무 도움도 받지 아니한 채 그 스스로—우주의 황량한 암흑 속에 떠 있는 비참한 처지를 절절히 의식하면서도—고통과 죽음과 냉담과 자아와 부인(否認) 그리고 그 의지 안과 주위에 있는 암흑을 무시해 버리고 하나님을 따른다고 선언합니다. 그렇게 예수의 의지는 모습을 감추신 하나님을 소리 높여 찾습니다.

　이것이 하나님 아들의 믿음입니다. 하나님은, 말하자면, 그 아들의 완전한 의지가 그 모습을 드러내고 계속하여 아버지 뜻을 발견해 갈 수 있게 하려고 뒤로 물러나셨습니다.

심지어 그때에도 그분은 하나님이 자신들의 아버지이심을 믿을 수 없었던 잃어버린 양들을 생각하실 수 있었을까요? 심지어 그때에도 그분은 철저히 실패와 눈멂과 사랑이 없는 상태 속에서 살아가는 그 양들을 위해 부르짖으시면서, 그 양들이 할 법한 말로 말하고, **하나님**이 **아버지**를 의미할 뿐 아니라 **아버지**를 넘어 더 많은 것을 의미하는 분임을 그 양들 대신 깨달으며, 여태껏 그분도 몰랐던 것이지만, 이제는 그분도 하나님 없이 그리고 소망 없이 살아간다는 것이 얼마나 두려운 일인지 깨달아 아실 수 있었을까요? 저는 제가 제시한 질문에 대답할 용기가 나지 않습니다.

하지만 과연 믿음이라는 이 알프스 산 정상이 자칭 그리스도인이라는 피조물과 어떤 관련이나 무슨 관련이 있을까요? 그들 위쪽에 산들이 있음을 알지도 못하는 이 자칭 그리스도인들이 하는 일이라곤 기껏해야 골짜기 안이나 어슬렁거리며 걸어 다니다가 빙하가 만들어 낸 강물에 씻긴 돌들에 걸려 성질이나 부리는 정도 아닙니까? 저는 여러분에게 말하고 싶습니다. 우리는 지금도 여전히 그렇게 어슬렁거리는 그리스도인입니다. 우리가 주목하는 이는 그리스도가 아니라 우리 자신이기 때문입니다. 우리 시선은 그리스도의 영혼이 올라가신 하얀 눈처럼 순수한 경지를 올려다보는 게 아니라, 더러움에 찌든 우리 자신의 두 발이 남긴 자취 그리고 불결함에 절어 버린 우리 자신의 옷이 남긴 흔적을 응시합니다. 각 사람은 자기 발을 주님의 발자국 속에 집어넣어 그 발자국을 엉망으로 만들어 버립니다. 그런 다음, 이제는 주님 발자국이 아니라 자기 발자국이 되어 버린 그 발자국을 여전히 주님의 발자국이라 부르면서, 이 발자국과 자기 이웃의 발자국이 얼마나 일치하는지 따져 보기 시작합니다. 그런가 하면, 우리는 사소한 잘못을 저지르고 나서도, 그러니까 자그마한 피조물이나 저지를 법한 실수를 저지르고 나서도, 서둘러 우리 동료에게 솔직히 잘못을 털어 놓고 그 잘못을 바로잡기는커녕, 그 일로 우리 자신이 오욕(汚辱)을 당한 것만 슬퍼하고 우리 벗이나 아이들이나 사환들 앞에서 그 일로 말미암아 부끄러움을 당한 것만 슬퍼합니다. 그러고 나서는, 부끄러움을 당해도 싼 우리의 시시한 자아는 잊어버린 채, 우리 눈을 치켜뜨고 오로지 우리 안에서 참 사람만이 살아나게 하고 우리가 우리 **자아**라는 이름으로 아주 그릇되게 부르고 있는 시시한 피조물을 죽이려 하는 영광을 올려다봅니다. 진정한 자아는 예수를 정면으로 바라보며 이 예수를 향해 **나의 주님**이라고 말할 수 있는 자아입니다.

내면에 있는 태양이 빛날 때, 그리고 생각이라는 바람이 공상과 상상이라는 꽃들과 잎들 사이에서 임의로 불며 유쾌한 모양과 느낌을 만들어 낼 때는 하늘을 바라보며 **나의 하나님**이라고 말하기가 쉬운 법입니다. 밝히 드러난 실패가 서릿발이 되어 마음의 신경을 옥죔으로 건강한 인내를 갖게 하고 수고한 뒤에도 다시금 새로운 노력을 경주하도록 만들어 줄 때, 정녕 그런 때에는 하나님께 돌아가 하나님을 신뢰하기가 쉬운 법입니다. 정직한 노력은 늘 하나님을 신뢰할 권리와 더불어 그분을 신뢰할 능력도 줍니다. 고통에 딱히 분명한 경계가 있는 것은 아니지만 그래도 그 고통이 그 경계를 넘어가지 않는 한, 고통 중에서도 하나님이 구원해 주시리라는 소망을 품거나 하나님께 그 고통을 견뎌 낼 수 있는 힘을 달라고 기도하기는 쉬운 법입니다. 그러나 모든 느낌이 사라져 버린 때에는 무엇을 할 수 있겠습니까? 어떤 사람이 자신이 믿고 있는지 아닌지, 자신이 사랑하고 있는지 아닌지도 모를 때에는, 그 사람이 무엇을 할 수 있겠습니까? 예술과 시와 종교가 그 사람에게 무의미한 것이 되어 버리고 고통이나 우울한 마음이나 절망이 그를 꿀꺽 삼켜 버린 때에는, 아니면 뭐가 뭔지조차도 모르는 때에는, 그 사람이 무엇을 할 수 있겠습니까? 그런 때가 닥치면, 그는 하나님이 자신에겐 관심이 없으시며 분명 그 자신도 하나님께 관심이 없는 것처럼 여깁니다. 만일 그 사람이 여전히 겸손하다면, 그 경우에 그는 자신이 아주 나빠서 하나님이 그에게 관심을 가질 수 없으신 거라고 생각합니다. 그러다가 시간이 좀 지나고 나면, 그는 하나님이 우리 하나님이시기에 우리를 늘 사랑해 주시며 우리는 단지 그분의 사랑을 힘입어 살아간다고 믿기보다, 오히려 오로지 우리가 하나님을 사랑하기 때문에, 또 우리가 하나님을 사랑할 때에만, 우리가 하나님을 사랑하는 동안만 하나님이 우리를 사랑하신다고 믿게 됩니다. 아니, 그는 아예 하나님을 믿지 않게 됩니다.

우리가 하나님이 우리 가까이 계심을 느낄 때에는 마음에서 태양이 찬란히 빛납니다. 그러나 그때를 제외하면, 우리가 하나님께 말씀드릴 것이 아무것도 없고 하나님과 아무 상관이 없는 이상, 우리는 아무런 가망도 없고 의욕도 없는 가련한 피조물입니다. 갈대, 그것도 꽃이 피는 갈대여서 보기에는 좋아 보일 수도 있겠지만, 그래도 바람에 이리저리 흔들리는 갈대일 뿐이요, 나쁘지는 않아도 가련한 피조물일 뿐입니다.

그러면 그런 상태일 때 우리는 보통 어떻게 행동합니까? 우리는 우리 느낌을 잃어버렸다고 주저앉아 슬퍼하지 않습니까? 아니면, 그보다 더 심하게, 그런 느낌을 살려 보겠다고 미친 듯이 몸부림치지 않습니까? 아니면, 그보다 열 곱절은 더 심하게, 잠시마나 무신론을 신봉하는 상태에 빠져 자신을 다그치는 유혹에 굴복해 버리지 않습니까? 아니면, 무심한 사람, 무신경한 상태가 지속되어도 그대로 방치해 두는 사람이 되어, 악한 생각과 저열한 느낌만이 마음속에 가득함을 의식하면서도, 그런 상태에 아주 만족한 나머지, 그런 생각과 느낌에 맞서도록 우리를 일깨우는 일에는 오만 가지 게으름을 피우지 않습니까? 언젠가는 그런 생각과 느낌을 제거해야 한다는 것을 알면서도, 우리는 그때가 될 때까지 그런 것들에 신경을 쓰지 않습니다. 우리는 그런 생각과 느낌이 **나쁘다고** 느끼지 않으며, 다른 것이 좋다고 느끼지도 않습니다. 우리는 잠들어 있습니다. 우리는 우리가 잠들어 있음을 압니다. 그런데도 우리는 애를 써서 잠을 깨야 한다는 것도 잊어버린 채 무사태평입니다. 우리에게 다가온 어떤 자극도 우리를 깨우지 못합니다. 그래서 우리는 늘 그 상태를 그대로 유지합니다.

하나님은 즉시즉시 당신의 영을 선물로 주셔서 우리가 늘 올바름을 지각하고, 선한 것을 바라고, 순수함을 사랑하고, 당신과 당신 뜻을 열망하도록 만드시는 분이 아닙니다. 말하자면, 하나님은 그렇게 하실 뜻을 갖고 계시지 않든지, 아니면 그런 일을 하실 수가 없는 분입니다. 만약 하나님이 그럴 뜻이 없으시다면, 그것은 필시 그렇게 하시는 것이 좋지 않기 때문입니다. 만약 하나님이 그런 일을 하실 수 없다면, 그분이 그런 일을 하실 수는 있지만 그 일을 하려 하시지 않는 것입니다. 하나님이 그리하심은 하나님이 당신 생각에 더 좋다고 여기실 수 있는 상태가 달리 있기 때문입니다—당신이 지으신 피조물을 당신이 현재 구원하실 수 있는 상태보다 더 좋게 구원하실 수 있는 상태가 달리 있기 때문입니다. 진실은 이렇습니다. 하나님은 우리를 당신 자신의 형상으로, 다시 말해, **선을 택하고 악을 거부하도록** 만들고 싶어 하십니다. 그렇다면, 하나님은 어떻게 이런 일을 이루어 내실까요? 하나님이 하나님으로서 인간인 우리와 간격을 두시면서도 **늘** 우리 안에서 우리를 움직여 거룩함이라는 아름다움으로 나아가게 하신다면, 하나님은 무슨 방법으로 우리가 선을 택하고 악을 거부하도록 만드시는 걸까요? 하나님은 우리가 **있을** 공간을 우리에게 주십니다. 하나님은 당신 뜻을 강요하여 우리를 압박하시지 않습니다. 우리가 우리 스스로 행동할 수 있게, 우리 스스로 선을 행하고자 하는 순수한 의지를 실천할 수 있게, "우리에게서 떨어져 계십니다." 그렇다고 제 말을 우리가 하나님이 계시지 않아도 모든 것을 할 수 있다는 뜻으로 생각하지는 마십시오. 우리가 결국 옳은 것을 택한다 해도, 그 모든 것은 하나님이 하시는 일입니다. 우리가 행하는 옳은 일은 우리가 행한 일이 아니라 오히려 하나님이 행하신 것일 뿐입니다. 하나님이 우리가 선택이란 것을 할 필요조차 없게 모든 거룩한 자극으로 늘 우리를 가득 채워 주실 때보다도, 하나님은 그보다 훨씬 경이로운 방법으로 우리가 옳은 일을 행하게 하시기에, 옳은 일은 오로지 하나님이 행하신 것입니다. 바로 이 지점에 이르기까지, 바로 이 지점에 이를 수 있게, 하나님은 우리를 교육하시고, 인도하시고, 밀어붙이시고, 좨쳐 대시고, 다독여 주십니다. 그 덕분에 우리는 하나님과 하나님 뜻을 택할 수 있습니다. 우리는 자원함으로 드리는 제사 없이 지극히 거룩한 충동에서 비롯된 가장 황홀한 예배를 드릴 때보다도, 우리 자신이 처음으로 자유 의지를 행사하여 하나님께 사랑의 제사를 올릴 때에, 바로 하나님이 몸소 지으신 것 가운데 가장 훌륭한 존재인 하나님 자녀 노릇을 열 곱절이나 잘하게 됩니다. 하나님은 이 땅의 기초를 놓으실 때부터 바로 이런 일을 이루실 목적으로 당신의 장엄한 부권(fatherhood)을 행사하시며 일해 오고 계십니다. 이런 이유 때문에 하나님은 우리가 지닌 의존성도 만드셨지만 이보다 훨씬 경이로운 우리의 개성도 만드셨으며, 우리를 당신 자신과 **별개인 존재로** 만드셨습니다. 이를 통해 하나님은 당신 자신에게 우리를 거룩하고 더 친밀하게 묶어 놓는 방편으로 자유를 활용하심으로써 새롭고도 측량할 수 없는 사랑의 경이로움을 보여 주셨습니다. 이런 이유로 하나님은 여전히 우리 개성의 뿌리에 자리하고 계시고 우리 개성을 만들어가는 뿌리가 되어 주십니다. 사람이 자유로우면 자유로울수록, 그 사람과 그의 자유를 만들어 주신 하나님을 묶는 끈도 더욱더 단단해집니다. 하나님은 우리 의지를 만드셨고, 우리가 자유를 누릴 수 있게 지금도 애쓰고 계십니다. 이는 우리 개성이 완전하고 우리 의지가 누리는 자유가 완전할 경우에만 우리 모든 사람이 그분의 자녀라 불리기 때문입니다. 이것은 신비로 가득합니다. 그렇지만 우리는 대단히 큰 기쁨과 평강을 누릴 수 있을 만큼 그 신비를 들여다볼 수 있지 않습니까?

자극이나 약함을 무릅쓰고 진리를(the Truth) 따르겠다고, 하나님을 따르겠다고 선언하는 행동 속에서만, 의지는 절대 자유로, 참된 생명으로 튀어 오릅니다.

그러므로 칠흑 같은 어둠이 겹겹이 드리운 밤이 우리를 휘감을 때마다 늘 우리 손길이 닿는 곳에 무엇이 자리하고 있는지 보십시오. 인간 의지의 최고 상태가 우리 시야가 미치는 곳에, 우리가 다다를 수 있는 곳에 있습니다. 저는 인간 존재의 최고 상태를 말하는 게 아닙니다. 그것은 분명 지극히 복된 직관(the Beatific Vision)* 속에, 하나님을 보는 것 속에 존재합니다. 그러나 하나님과 구별되면서도 하나님에게서 분리되어 있지 않은 인간 의지의 최고 상태는 바로 하나님을 보지 못할 때, 자신이 보기에 하나님을 전혀 파악하지 못한 것 같을 때에도 하나님을 단단히 붙잡을 때입니다. 인간의 의지는 이런 상태로 지속될 수 없습니다. 하나님을 발견하지 못하고 하나님을 보지 못하면, 사람은 죽을 것이기 때문입니다. 그러나 인간의 의지가 그렇게 자신을 주장하게 되면, 사람은 죽음에서 생명으로 옮겨 가게 되고, 하나님을 정면으로 뵙게 될 그 복된 직관에 가까이 이르게 됩니다. 인간의 의지가 그렇게 자유를 얻고 그렇게 자신의 자유를 주장할 때에, 비로소 각 사람의 의지는 하나님의 뜻과 함께하는 의지가 됩니다. 그제야 어린 자녀가 아버지의 자녀 자리로 돌아옵니다. 그제야 자식과 아버지가 만나서 하나가 됩니다. 한 형제인 족속이 흙으로부터 일어납니다. 그리고 우리 주님의 기도는 응답을 받습니다. "내가 그들 안에 있고 아버지께서 내 안에 계시어 그들로 온전함을 이루어 하나가 되게 하려 함"이라(요 17:23 참조). 그러므로 우리는 어둠이 가까이 다가옴을 느끼거나 어둠이 다가와 우리 둘레를 에워쌌음을 인식할 때마다 늘 하나님

---

*———하나님을 얼굴과 얼굴을 마주하여 뵙게 됨을 가리킨다. 고린도전서 13장 12절을 보라.

이 주시는 힘으로 일어나서 "나는 빛에 속하였지 어둠에 속하지 아니하였다"(살전 5:5 참조)라고 말합시다.

곤고한 영혼이여, 여러분이 해야 할 일은 느끼는 것이 아니라 일어서는 것입니다. 여러분이 느끼든 느끼지 못하든, 하나님은 여러분을 사랑하십니다. 여러분이 여러분 의지로 사랑하고자 할 때에는 사랑을 할 수가 없습니다. 그러나 여러분은 여러분 안에 있는 증오에 맞서 끝까지 싸워야 합니다. 여러분이 선하지 않을 때는 선함을 느끼려 하지 말고, 선하신 그분께 부르짖으십시오. 하나님이 변함없으신 것은 여러분이 변하기 때문입니다. 아니, 하나님은 여러분을 향하여 특히 온유한 사랑을 품고 계십니다. 그 이유는 여러분이 어둠 속에 있어서 빛을 전혀 갖고 있지 않기 때문이요, 여러분이 일어서서 "나는 내 아버지께 가야겠다"(눅 15:18-19 참조)라고 말할 때에 그분의 마음이 기뻐하시기 때문입니다. 여러분은 온갖 암울함 때문에 하나님을 볼 수 없을지라도, 하나님은 그 암울함을 뚫고 여러분을 보시기 때문입니다. 여러분, 그분의 뜻을 따르십시오. 그분께 이렇게 말하십시오. "나의 하나님, 저는 아주 우둔하고 낮고 완고합니다. 그러나 당신은 지혜로우시고 높으시고 온유하십니다. 그리고 당신은 나의 하나님이십니다. 저는 당신 자녀입니다. 저를 버리지 마옵소서." 그리고 여러분의 믿음을 부둥켜안고 여러분이 자리한 어둠 속에서 빛이 나타날 때까지 조용히 기다리십시오. 제가 부둥켜안으라는 것은 여러분의 믿음이지, 여러분의 행위가 아닙니다. 여러분이 해야 할 일을 심사숙고해 보십시오. 그런 뒤에, 그 일이 방을 청소하는 일이거나, 식사를 준비하는 일이거나, 친구를 방문하는 일이면, 가서 그 일을 하십시오. 여러분의 느낌을 주시하지 말고, 여러분이 할 일을 하십시오.

하나님이 당신 자신의 뜻을 따라 사시고 우리가 그분 안에 사는 것처럼, 그분은 우리에게 우리 스스로 의지를 품을 수 있는 힘을 주셨습니다. 우리가 고개를 숙인 채 선(善)에서 떨어져 있음을 발견하고도, 우리가 우리 생명의 근원을 탐색해 보려는 마음을 털끝만큼도 갖고 있지 않음을 발견하고도, 위에 계신 하나님을 향한 **의지를 품고서** 우리 안에 있는 삶의 본질을, 하나님이 당신 자신의 마음에서 우리에게 주셨던 그 본질을 일깨우며 다시금 그분을 찾아간다면, 우리는 훨씬 나은 삶을 살아갈 수 있지 않겠습니까? 그분은 우리의 생명이시며, 텅텅 비어 버린 마음을 채워 주실 수 있고, 완전히 죽어 나자빠져 버린 양심을 일으켜 세워 주실 수 있으며, 둔해도 너무 둔한 느낌을 소생시켜 주실 수 있고, 약해질 대로 약해진 의지를 강하게 만들어 주실 수 있습니다.

그렇게만 된다면, 언젠가 그때가 왔을 때, 어쩌면 우리 각 사람에게 그런 때가 기필코 닥칠지 모르므로, 설령 행복하게 잘 살고 있다는 인식이 모두 사라져 버리는 때가 오더라도, 지구가 단지 메마른 돌기로 변해 버리고 하늘은 우중충하고

해로운 수증기 덩어리로 변해 버리는 때가 오더라도, 남녀 가릴 것 없이 어떤 사람도 더 이상 우리에게 즐거움을 주지 못하는 때가 오더라도, 아니 하나님 자신이 그저 한 이름이 되어 버리고 예수는 지나간 옛 이야기가 되어 버리는 때가 오더라도, 정녕 그때에도, 저 "섬뜩한 뼈다귀 유령(that phantom of grisly bone)"*보다 훨씬 더 흉측한 죽음이란 것이 우리 마음에 덤벼들어 사랑과 소망과 믿음을 죽여 버리고 우리에게 단지 처절한 고통 가운데 있는 실존만을 강요하는 때가 오더라도, 정녕 그때에도 우리는 주님과 함께 "나의 하나님, 나의 하나님, 어찌하여 나를 버리셨나이까?"라고 부르짖을 수 있을 것입니다. 그리고 우리는 주님이 하셨던 마지막 말씀까지 함께 취하여 "아버지 내 영혼을 아버지 손에 부탁하나이다"라고 말함이 없이는 결코 죽지 않을 것입니다.

★———— 영국의 풍자가요 시인이었던 토머스 후드(Thomas Hood, 1799-1845)가 쓴 시 *The Song of the Shirt* 가운데 나오는 한 대목이다.

9

아버지 손

아버지 내 영혼을 아버지 손에 부탁하나이다

—누가복음 23:46

마태와 마가는 우리 주님이 **엘로이** 이후에 하신 말씀을
우리에게 더 이상 들려주지 않습니다. 누가와 함께 이 두 사
람은 주님이 큰 소리로 부르짖으셨다는 말과 그 영혼이 떠나
셨다는 말을 우리에게 들려줍니다. 그러나 누가는 부르짖으
심과 영혼이 떠나심 사이에 "아버지 내 영혼을 아버지 손에
부탁하나이다"라는 말씀을 기록해 놓았습니다. 누가는 엘로
이가 들어간 별세 기도는 한마디도 언급하지 않습니다. 요한
은 엘로이는 물론이요, "아버지 내 영혼을 아버지 손에 부탁
하나이다"라는 말씀과 큰 소리로 부르짖으셨다는 것도 전혀

기록하지 않고 있습니다. 요한은 다만 예수가 신 포도주를 받으신 뒤에 "다 이루었다"라는 말씀을 하시고 머리를 숙이니 영혼이 떠나가셨다는 말만 우리에게 들려주고 있습니다(요 19:30).

주님은 언젠가 당신이 왜 그렇게 부르짖으셨는지 말해 주실까요? 그것은 죽음과 접촉하는 순간에 안도감에서 터져 나온 절규였을까요? 승리의 절규였을까요? 당신이 끝까지 견뎌 냈다는 기쁨에서 터져 나온 절규였을까요? 아니면, 나의 아버지라 외쳐 대는 절규에 아버지가 대답으로 아들을 바라다보시자 그 복됨(blessedness)에 차마 웃을 수는 없어서 큰 소리로 부르짖으셨던 걸까요? 이제 주님의 상태에서는, 온 우주를 통틀어 가장 큰 그 기쁨을 그저 큰 소리로 부르짖음으로써 표현할 수밖에 없었던 걸까요? 아니면 그것은 마지막 숨이 시작되기 전에 있었던 마지막 모진 고통이었을까요? 아마도 그 절규에는 이 모든 것이 한데 어우러져 있었을 것입니다. 그러나 분명 모든 책으로도, 사상가들이 남긴 모든 말로도, 하나님의 아들이 부르짖은 그 절규가 아무 설명 없이 표현하고 있는 것만큼 많은 것을 표현하지 못합니다. 그 아들은 당신 아버지를 이제 더 이상 홀로 만들고 사랑하는 능력을 통해서 주로 삼지 않고, 사랑에서 나온 헌신과 행위라는 권리를 행사하여 주로 삼았습니다. 이제는 사람들의 마음속에서 내면까지 그분의 아들임이 틀림없는 아들이 태어나야 했고 기쁘게 희생하는 영혼이 태어나야 했습니다. 하나님의 순종이 고난을 통해 완전해졌기 때문입니다. 주님이 당신 아우들 가운데서 살아가신 모습은 당신 아우들이 그렇게 살아가게 하려 하셨던 바로 그것이었습니다. 주님이 당신 아우들을 위하여 행하셨던 것은 아우들이 하나님과 서로를 위하여 행하게 하려 하셨던 바로 그것이었습니다. 그때부터 하나님은 그들 주위와 그들 위에 계실 뿐 아니라 그들 안에 그리고 그들 아래에 계시면서, 그들과 함께 고난을 겪으시고 그들을 위하여 고난을 겪으셨으며, 당신이 가진 모든 것을, 당신의 생명 자체를, 당신 실존의 본질을, 당신이 가장 사랑하셨고 당신의 모습 가운데 가장 뛰어난 것을 그들에게 주셨습니다. 그때부터 그분은 하나님을 통해 한 형제가 된 그들 가운데 계셔 오셨습니다. 그리고 그 위대한 이야기는 절규로 끝을 맺습니다.

따라서 그 절규는 **"다 이루었다"**라는 의미였습니다. 그 절규는 **"아버지 내 영혼을 아버지 손에 부탁하나이다"**라는 의미였습니다. 인간의 행위 가운데 가장 고상한 행위는 모두 하나님이 애초에 우리에게 주셨던 그것을 하나님께 돌려드리는 바로 그것입니다. "하나님, 당신이 내게 주셨습니다. 여기 당신이 주신 선물을 다시 돌려드립니다. 저는 제 영혼을 본향으로 보냅니다." 모든 예배 행위는 하나님이 우리에게 만들어 주셨던 것을 하나님께 높이 올려 드리는 것입니다. "주님, 여기 제가 받았던 것을 보시옵소서. 당신이 제게 만들어 주셨던 것

속에서, 당신이 몸소 관대히 베풀어 주신 자비함 속에서 제 존재를 저와 함께 느껴 보시옵소서. 저는 당신 자녀입니다. 저는 당신께 어떻게 감사를 드려야 할지 모릅니다. 제가 아는 것은 다만 당신의 생명이 넘쳐나는 거제(擧祭)제물*을 들어 올리며, 큰 소리로 '그것은 당신 것입니다. 그것은 제 것입니다. 저는 당신 것입니다. 그러므로 저는 제 것입니다'라는 외침으로써 감사를 드리는 것뿐입니다." 육신의 세계와 마찬가지로 영혼의 세계에서도 이루어지는 거대한 작용은 단지 다시 그 근원으로 돌아가는 것일 뿐입니다.

우리 주님이 당신 삶을 마치시며 당신 영혼을 맡기셨던 그 마지막 행동은 그분이 평생 행해 오셨던 일을 집약한 것이었을 뿐입니다. 주님은 당신 자신을 희생제물로 바치는 이런 희생제사를 평생 올리셨습니다. 주님은 이런 희생제사를 올리며 하나님의 삶(the divine life)을 살아오셨습니다. 매일 아침 동이 트기 전에 나가셔서, 매일 저녁 당신 벗들이 떠나가고 어두운 밤이 휘감은 산에 당신 몸을 누이셨습니다. 그러면서 그분은 사랑이 넘치는 말과 고매한 생각과 무언(無言)의 느낌을 당신 아버지와 함께 나누시며 그 아버지께 당신 자신을 제물로 드리셨습니다. 그리고 이렇게 아버지께 제사를 올리는 사

★──── 제사를 지내는 동안에 제사장이 제물을 제단에서 높이 들어 올리는 행위를 함으로써 하나님께 드린 것을 다시 하나님으로부터 받음을 표현한 구약 제사의 한 종류다. 레위기 7장 32-34절을 보라.

이사이, 당신과 함께 살아가는 사람들에게 아버지께 행한 일과 똑같은 일을 행위로, 다시 말해, 사랑이 담긴 말씀과 도움을 주는 생각과 그들의 병을 고쳐 주심으로 행하셨습니다. 주님이 그리하신 이유는 그렇게 일하시는 것이 낮 동안에 하나님을 예배하는 길이기 때문입니다. 하나님을 섬기는 길, 유일하게 '하나님을 섬기는 길'은 우리 이웃들을 돕는 것입니다.

저는 여기서 우리 영혼을 아버지께 맡기는 것을 의무로 지적하고 싶지 않습니다. 그것은 우리가 가진 가장 고상한 특권을 우리가 짊어져야 할 고통스러운 짐으로 바꾸는 일입니다. 그러나 저는 그것이야말로 인간 세상에서 가장 단순하게 가장 큰 복을 누리는 일임을 알려 드리고 싶습니다.

그 사람(the Human Being)**은 혼자서 이런 말을 하고 있는 것일 수도 있습니다. "저는 이제 잠들어—의식을 잃은 채, 당분간 아무것도 할 수 없고, 생각도 없는—죽은 상태로 있게 될까요? 아니, 더 끔찍한 생각일지 모르지만, 제게 찾아올 꿈 안에서 의지가 약해지고 의식이 오락가락하게 되는 것은 아닐까요?—아버지, 아버지 손에 제 영혼을 부탁하나이다. 저 자신을 아버지께 돌려드립니다. 저를 받아 주시고, 저를 위로해 주시고,

---

**——— 예수 그리스도를 가리킨다.

제게 새 힘을 불어넣어 주시고, '저를 다시 만들어 주옵소서.' 저는 그날 겪었던 그 일,* 그 소동으로 빠져들게 될까요? 그런 일이 벌어진다면, 그 이상인(理想人, the Ideal Man)이 저를 시켜 행하게 하려고 했던 것보다 덜 영예롭게, 덜 신실하게, 덜 자비롭게, 덜 근면하게 행하도록 만들려고 아주 많은 시험들이 다가올지도 모릅니다—아버지, 아버지 손에. 저는 선한 행실을 하게 될까요? 그러면 이제 그 원수가 저를 차지하지 못하도록—늘 아버지 손에 부탁하나이다. 저는 하기 싫지만 해야 하는 일, 모면하게 되면 기뻐할 일—친구의 부탁을 거절하는 일, 이웃에게 양심 좀 가지라고 다그치는 일—을 하게 될까요?—아버지, 아버지 손에 제 영혼을 부탁하나이다. 저는 고통 중에 있습니까? 병이 저를 엄습하여 건강한 뇌가 떠올리는 즐거운 장면을 차단해 버리고 있습니까, 그리고 그 병이 저를 괴롭고 참되지 못한 그런 상태로 데려가고 있습니까?—주여, 제 영혼을 받아 주소서. 그리고 아버지가 늘 그러시듯이, 그런 일은 참아서도 안 되고 참을 수도 없다는 것을 살펴 주옵소서. 저는 죽게 될까요? 아들의 절규를 통해서만, 아버지는 그 죽음이란 것이 얼마나 무시무시한지 아십니다. 그리고 제게 그 죽음이 그에게 찾아온 죽음만큼이나 무시무시한 모습으로 다

---

* ———주님이 광야에서 사탄에게 시험을 받으셨던 일을 가리킨다. 곧이어 등장하는 이상인은 사탄의 유혹을 물리치고 아버지의 입에서 나오는 양식으로 살아가는 사람을 말한다.

가오지 않는다면, 그 사람 옆에 있음을 견뎌야 하는 제가 얼마나 불쌍한지 생각해 주옵소서. 저는 그 투쟁이 무엇을 뜻하는지 모릅니다. 날마다 그 투쟁을 통과하는 수천 사람 가운데 단 한 사람도 뒤에 남겨진 자기 이웃을 분명히 깨우쳐 주지 않기 때문입니다. 그러나 저는 아버지의 숨결을 한번 들이마시길 고통스럽게 열망하지 않겠습니까? 그리고 그 숨을 받지 않겠습니까? 저는 죽어 가면서 갈기갈기 찢김을 당하지 않겠습니까?—더 이상 여쭤보지 않겠습니다. 아버지, 아버지 손에 제 영혼을 부탁하나이다. 그 일은 아버지가 하실 일이지, 제 일이 아니기 때문입니다. 아버지는 제가 당한 고난의 감춰진 부분도 모두 아실 것입니다. 아버지는 아버지의 완벽한 부권으로 저를 보살펴 주실 것입니다. 그 완벽한 부권이 저를 아들로 만드시고, 제가 가진 아들이란 지위를 감싸며 안아 주기 때문입니다. 저는 어린아이이지만, 아버지가 몸을 굽혀 저를 내려다보시거나 당신 팔로 저를 안아 주시면, 아주 큰 고통도 견뎌 낼 수 있을 것입니다. 아버지 손이 제 영혼에 그보다 더 가까이 다가올 수는 없습니다!—정녕 그렇습니다. 내 아버지시여, 제가 여태껏 한번도 생각해 본 적이 없는 위로로 저를 위로해 주소서. 제 생각이 아버지의 기민하신 마음을 따라잡을 리가 만무하기 때문입니다. 제 영혼이 강건하고 아버지 손에 제 영혼을 부탁하는 한, 저는 그런 고통에 신경 쓰지 않습니다. 생명보다 더 좋은 아버지의 사랑이 제 영혼을 받아 주신다면, 아버지의 부드러움이 제 영혼을 틀림없이 위대하게 만들어 주실 것입니다."

그 사람은 혼자서 그렇게 말하고 있는 것일지 모릅니다.

형제들이여, 생각해 보십시오. 자매들이여, 생각해 보십시오. 우리는 영원하신 아버지의 숨 속을 걸어 다닙니다. 우리 마음을 들어 올리는 모든 행위는 그 아버지를 올려다보는 것입니다. 은혜로움과 진리가 우리 둘레에, 우리 위에, 우리 아래에, 정녕, 우리 **안에** 있습니다. 그러니 우리가 지극히 보잘것없고, 시험에 아주 잘 걸려 넘어지고, 아주 완고하고, 자비심이라고는 눈곱만큼도 없을 때, 정녕 그때에는 우리 영혼을 그분 손에 맡깁시다. 그분의 손이 아니면, 우리가 배짱 좋게 그런 영혼을 달리 어디로 보낼 수 있겠습니까? 화나고 찡그린 얼굴로 아버지 방에 슬금슬금 들어와 아버지 발아래 앉아서 뭘 원하느냐는 아버지 물음에 "아빠, 저는 너무 나쁜 아이 같아요. 저는 착해지고 싶어요"라고 대답하는 자식을 이 땅의 아버지가 얼마나 사랑하겠습니까! 그 아버지가 그런 자기 자식에게 "뭐? 네가 감히! 당장 나가! 좋은 사람이 되고 나서 나한테 오라고, 알겠어?"라고 하겠습니까? 우리가 그런 모습으로 하나님께 온다면, 하나님이 우리를 쫓아내실까요? 우리는 감히 그런 생각을 할 수 없습니다. 오히려 하나님은 우리가 설령 요

나처럼 화를 내며 들어오더라도 우리가 온 것 자체를 기뻐하시지 않을까요? 우리는 우리 본성이 갖고 있는 모든 부드러움을 그런 자식에게 흘려보내려 하지 않겠습니까? 그리고 우리는, 우리가 설령 악해도 우리 자식에게 좋은 것으로 줄 줄 알거든 하물며 하나님은 당신께 와서 구하는 우리에게 당신 자신의 영을 주시지 않겠느냐고(눅 11:11-13) 담대히 생각하지 않겠습니까? 하늘의 이슬이 뜨거운 분노 위에 시원하게 내려앉지 않겠습니까? 말라붙은 이기심에 온화한 빗방울이 내리지 않겠습니까? 구름만 잔뜩 낀 절망에 태양빛이 비치지 않겠습니까? 적어도 돌이 아니라 떡이 주어질 것입니다. 장담하건대, 쓸개즙이 섞인 포도주가 아니라 물이 주어질 것입니다.

우리 자신을 위하여 간구할 수는 있으나 다른 사람을 위하여 간구할 수 없는 것은 아무것도 없습니다. 우리는 어떤 형제, 어떤 자매도 우리와 그들의 아버지이신 그분께 부탁드릴 수 있습니다. 주님이신 그 영으로 가득 차서 오로지 모든 사람을, 우리의 모든 형제를, 우리의 모든 자매를 그들과 우리의 한 아버지이신 그분께 부탁드릴 경우에만 그들을 사랑하는 우리 마음이 편하게 쉼을 누리는 순간이 있을 것입니다. 그리고 형제들을 사랑하는 사랑을 통해 아버지가 어떤 분인지 완전히 계시될 때에야, 비로소 우리는 아버지의 손 안에서 누리는 그 쉼을, 주님이 누우셨던 그 무덤 속에 존재했던 쉼을, 그러니까 죽음의 고통이 지나가고 당신의 영 뒤편에서 세상의 폭풍이 소멸된 뒤, 오직 생명만 존재하며 따라서 음악 이외에는 오직 고요만이 존재하는(모든 소음은 생명과 죽음의 다툼에서 비롯되는 것이기에) 그 영역으로 주님이 들어가셨을 때 아셨던 그 쉼을 알게 될 것입니다—여러분에게 말합니다만, 그때가 되어 비로소 우리는 아버지의 품속에서 쉼을 누릴 수 있을 것입니다. 그분이 우리 형제들의 아버지가 아니시라면 우리 아버지이실 수도 없기 때문이요, 우리가 만일 그분을 우리 형제들의 아버지로 알고 느끼지 않을 경우에는 그분을 우리 아버지로 알 수 없기 때문입니다. 우리가 그분이 **유일하신** 아버지(the Father)이심을 우리 동포를 위하여 즐거워하고 크게 기뻐할 때라야, 비로소 우리는 그분을 올바로 알 것입니다. 눈에 보이는 자기 형제를 사랑하지 않는 사람이 눈에 보이지 않는 하나님을 어떻게 사랑할 수 있겠습니까? 다시 말하지만, 결국 주님이 당신 영혼을 부탁하신 바로 그 손 안에서 쉼을 누리려면, 우리는 우리 이웃을 우리 자신같이 사랑해야 합니다. 우리는 틀림없이 이것을 이미 배웠습니다.

10
네 이웃을 사랑하라

네 이웃을 네 자신같이 사랑하라

—마태복음 22:39

우리 주님이 여기서 인용하신 말씀은 본디 하나님이 모세에게 하신 말씀에서 발견할 수 있습니다. "원수를 갚지 말며 동포를 원망하지 말며 네 이웃 사랑하기를 네 자신과 같이 사랑하라. 나는 여호와이니라"(레 19:18). 우리 주님은 본디 하나님이 하신 말씀과 다른 말씀을 새로 하시려 하시지 않았습니다. 만일 그 말씀이 주님이 말씀하시고 싶어 하는 진리를 말하고 있다면, 말씀이 오래될수록 더 좋을 것입니다. 주님 안에서 그 말씀은 사실이 됩니다. 말씀이 육신이 되었기 때문입니다. 따라서 극과 극이 경이롭게 만나는 순간, 그분이 하신 말씀은 이제 더 이상 말이 아니라, 영과 생명이었습니다.

똑같은 말씀을 바울은 두 번, 야고보는 한 번, 늘 비슷한 방식으로 인용합니다. 그들은 사랑을 율법의 완성으로 제시합니다.

그렇다면 그 역(逆)도 참일까요? 율법의 완성은 사랑일까요? 사도 바울은 이렇게 말합니다. "사랑은 이웃에게 악을 행하지 아니하나니 그러므로 사랑은 율법의 완성이니라"(롬 13:10). 이 말에 따르면 **아무 악도 행하지 않는 것**이 사랑일까요? 사랑은 율법을 완성합니다. 율법도 사랑을 완성할까요? 아닙니다. 결코 그렇지 않습니다. 어떤 사람이 율법을 지킨다면, 저는 그가 자기 이웃을 사랑하는 사람임을 압니다. 그러나 그가 사랑하는 사람인 것은 율법을 지키기 때문이 아닙니다. 그가 율법을 지키는 사람인 것은 그가 사랑하는 사람이기 때문입니다. 사랑을 할 목적으로 율법에 만족하는 마음은 하나도 없습니다. 율법은 사랑을 완성할 수 없습니다.

"그러나 비록 율법이 사랑에 이르지는 못하지만, 적어도 율법 자신을 완성할 수는 있습니다."

저는 그 말을 믿지 않습니다. 어떤 사람이 자기 이웃을 사랑함이 없이 자기 이웃에게 율법을 지키는 일은 불가능하다고 저는 확신합니다. 율법 자체는 무한하여 행위의 갖가지 미묘한 부분까지 규율하기 때문에, 그것을 지켜 보려고 가장 많이 시도하는 사람이 가장 많이 패배를 맛보게 되어 있습니다.

우리는 사랑을 하라고 만들어졌지 율법을 지키라고 만들어지지 않았습니다. 사랑은 율법입니다. 사랑은 율법보다 무한히 크기 때문입니다. 사랑은 철두철미하게 율법보다 높은 영역에 속해 있습니다―사실은 사랑이 율법을 지은 창조주입니다. 율법이 사랑을 위하여 존재한 게 아니었다면, 율법이 **하지 말라 하는 것들**은 단 하나도 공포되지 않았을 겁니다. 진실로 율법은, 일단 공포되면 정의라는 형식으로 자신을 드러냅니다. 아니, 심지어 신중함과 자기보존이라는 열등하고 속된 형식으로도 나타납니다. 그러나 그 형식들을 처음으로 말한 것은 사랑이었습니다. 우리 안에 사랑이 없다면, 우리가 무슨 정의감을 가질 수 있겠습니까? 사람들은 각기 온통 자기 자신에게 없는 것만을 생각하다가 자기 처지를 바라보며 늘 눈물이나 흘리지 않겠습니까? 그렇다고 의식적인 사랑이어야 정의를 낳고 기른다는 말은 아닙니다. 그러나 우리 본성 안에 사랑이 없으면, 정의는 결코 태어나지 않을 것입니다. 제가 말하려는 것은 바로 그것입니다. 제가 말하는 정의는 오로지 **우리 자신의** 권리만 생각하는 마음속에 존재하는 정의가 아니기 때문입니다. 사실 지금은 정의보다 측량할 수 없을 만큼 저열한 사랑의 형식들, 빈약하고 메말라 붙은 사랑의 형식들이 있습니다. 그러나 지금도 그런 사랑의 형식들은 형언할 수 없는 가치를 갖고 있습니다. 그 형식들은 정의를 대신할 것으로 자라 가기 때문입니다. 이는 정의를 대신할 그것이 정의를 필요로 하기 때문입니다.

그럼 율법은 무슨 쓸모가 있을까요? 율법은 우리를 진리이신 그리스도께 인도하는 데—우리의 가장 깊은 본질, 곧 우리안에 하나님이 계심이 우리에게 무엇을 요구하는지 깨닫는 지각을 우리 마음속에서 일깨워 주는 데—, 그리고 일부 실패하긴 했지만,우리가 할 수 있는 것을 하고자 하는 의지의 가장 순수한 노력도 우리가 우리 이웃에게 잘못을 범하는 것을 피하는 경지까지 우리를 올려 주지는 못한다는 것을 함께 알아 가는 데쓸모가 있습니다. 예를 들어, 자기 이웃을 사랑하지 않으면서도 정작 율법은 지키고 싶어 하는 사람이 말이나 표정이나 억양이나 몸짓이나 침묵으로 그 이웃을 해치는 거짓 증언을 결코 하지 않을 것이라고 어찌 감히 확신할 수 있겠습니까? 자기 이웃을 사랑하기 때문에 그 이웃을 판단하길 거부하는 사람이 아니면, 어떤 사람이 그 이웃을 올바로 판단할 수 있겠습니까? 이런 이유 때문에, 우리는 판단하지 말고 사랑하라는 말씀을 듣습니다. 그것이야말로 우리가 행할 수 있는 유일한 정의이며, 그렇게 완전해진 의지가 모든 정의를 이룹니다. 게다가 우리 이웃의 사랑을 거부하는 것은 그 이웃에게 가장 큰잘못을 저지르는 것입니다. 이것은 뒤에 가서 다루겠습니다.거듭 말하지만, 우리가 가장 평범한 율법을 이루려면 모두 함께 일어서서 더 높은 영역으로, 율법 위에 있는 영역으로 들어가야 합니다. 그 영역이 영이자 생명이며, 율법을 만들기 때문입니다. 우리가 우리 이웃을 향하여 율법을 지키려면, 우리 이웃을 사랑해야 합니다. 우리는 은혜를 베풀라고—또는 대단히 잘못 사용되고 있는 또 다른 말로 표현하면, 믿음을 보이라고—만들어졌지 율법을 지키라고 만들어지지 않았습니다. 우리는 모두 아주 큰 규모로 만들어졌기 때문에 그저 순수하게 정의와만 관계를 맺는 것으로 그칠 수는 없습니다. 정녕 순전한 정의란 것이 존재한다고 말할 수나 있다면 말입니다. 그것은 그저 일개 추상적 개념이지만, 사실은 추상도 할 수 없는 개념일 뿐입니다. 율법은 우리가 우리에게 필요한 은혜를—하나님과 같은 상태, 사랑이 전부인 상태를(하나님은 사랑이시기 때문입니다)—갈망하게 하려고 온 것입니다.

　　율법의 완성은 사랑이 실제 삶에서 나타나는 형태이며, 율법을 무시하는 것은 사랑이 없음을 확신케 하는 것입니다. 율법의 완성은 사람의 **의지**가 당장 자기 이웃을 향한 사랑으로 존재하기 시작해야 할 때 가져야 할 양식(樣式)이면서도, 우리 이웃을 사랑하라는 우리 주님의 말씀이 의미하는 것이었습니다. 그렇긴 하지만, 주님이 말씀하신 선한 사마리아인 이야기가 분명하게 일러 주는 것은 우리 이웃에게 율법을 완성하는 것이 아니라, 율법 그리고 율법보다 더한 것을 결국 완성하게 만드는 존재 상태(condition of being)입니다. "내 이웃이 누구니이까?" 그 율법교사가 말했습니다. 그러자 주님은 그가 이웃이 되어 줄 수 있고 어떤 일이라도 해줄 수 있는 모든 사람이 그의 이웃이라고 가르쳐 주셨습니다. 따라서 우리 본질의 촉수가 하나라도 닿는 범위 안에 있는 모든 동포 하나하나가 다 우리 이웃입니다. 이 선한 사마리아인 예화는 율법의 금지 규정 중 어떤 것을 설명해 줍니까? 이 예화는 어느 한 금지 규정을 설명하는 게 아닙니다. 율법보다 더한 것이요 율법을 어길 수 없게 만드는 사랑은 끝없는 이야기 속에 살아 있어서, 행동으로 표현되는 자비로움을 통해 밖으로 나타납니다. 다시 말해, 동포임을, **동류**(同類)임을, 친한 사람임을, **이웃**임을 인정함으로, 그뿐만 아니라, 온화함과 사랑이 담긴 자비로움을 통해―그 유대인의 마음에 가까이 다가온 그 사마리아인의 마음을 통해, 그 유대인의 상처에 가까이 다가온 그 사마리아인의 손길을 통해―밖으로 나타납니다.★

네 이웃을 네 자신과 같이 사랑하라.

★―――― 예수께서 이 땅에서 일하실 당시에 유대인들은 사마리아 사람들을 이방인과 같이 여기고 천대하였다(요 4:9 참조). 이는 주전 721년에 사마리아를 도읍으로 삼았던 북방 이스라엘 왕국이 앗수르에게 멸망당한 뒤, 앗수르 혈통이 이스라엘의 혈통과 뒤섞이면서 북방 이스라엘 사람들이 아브라함의 후손으로서 순결함을 잃어버렸다는 인식에서 비롯되었다. 그러나 사실은 북방 이스라엘과 남방 유다가 분리된 이후, 이미 하나님을 섬기는 제사에서 분리가 이루어지기 시작하면서(왕상 12:25-33 참조), 한 민족이었던 양자의 동일성은 무너지기 시작했다. 이런 점 때문에, 예수께서 율법교사에게 말씀하신 이 예화에서 참된 이웃으로 사마리아인을 들어 말씀하신 것은 유대인들에겐 아마 충격이었을 것이다.

우리 주님이 말씀하신 이 비유는 아주 직설적이고 완전하여 이 비유를 놓고 더 이야기하는 것이 거의 부끄러울 지경입니다. 그 율법교사와 함께 있던 무리 가운데 한 사람이 또 우리가 계속 살펴보고 있는 바로 그 질문**을 우리 주님께 제시하며 이렇게 말했다고 가정해 봅시다. "그러나 저는 율법을 지키면서도 제 이웃은 사랑하지 않는지도 모르겠습니다." 그러면 주님은 이렇게 대답하시지 않았을까요? "너는 율법을 문자가 아니라 영으로, 그러니까 행함의 진리로 지키라. 오, 유대인이여, 그러면 너는 곧 네가 네 사마리아 사람을 사랑한다는 것을 발견하리라." 하지만 우리 마음속에서 생각과 의문이 일어날 때, 주님은 우리가 그런 생각과 의문을 따라가 보길 원하십니다. 그분은 하늘의 지혜가 담긴 말씀으로 우리를 비웃으시며 그런 일은 하지 말라고 제지하시지 않을 것입니다. 그분은 아무리 당신 말씀이라도, 답을 알고 싶어 하는 영혼이 품고 있는 모든 질문에 답을 주는 것은 아님을 아십니다. 그리고 우리가 그분의 영이 답을 주시리라는 것을 알고 있음을 아십니다. 우리가 더 알고자 할 때에는, 우리에게 더 많은 답이 주어질 것입니다. 예를 들면, 모든 이가 그 이웃이 도움이 필요한 처지에 있음을 발견하지는 않습니다만, 그런 이웃을 발견한 이는 참된 생각을 통해 그 이웃을 도와줄 기회

**───── "내 이웃이 누구니이까?"라는 질문이다.

가 느릿느릿 가져올 결과를 기꺼이 앞당기려고 할 것입니다. 그러므로 우리는 주님이신 그 영에게 더 깊은 가르침을 받으려 합니다.

"그러나 어떻게—" 모든 사람이 이웃임을 인정하려 하면서도 노골적인 요구를 들이대는 그 율법을 정작 자신이 가장 사랑하는 여인에게도 완전히 지킬 수 없는 자신을 발견한 사람은 이렇게 입을 떼며 묻습니다. "그렇다면 어떻게 제가 더 높은 그 영역으로, 사랑이 가득한 그 가장 높은 하늘(empyrean)로 올라갈 수 있겠습니까?" 그리고 곧장 자기 이웃을 사랑하려는 노력을 시작한 그 사람은 율법이 본질상 도달할 수 없는 것이며, 자신이 말한 그 가장 높은 하늘 역시 본질상 도달할 수 없는 곳이라는 것을 발견합니다. 먼저 자기 이웃을 사랑하는 경지에 이르지 않는 이상, 그는 율법을 지킬 수 없습니다. 마찬가지로, 훨씬 더 높은 경지로 올라가지 않는 이상, 그는 자기 이웃을 사랑할 수 없습니다. 우주의 모든 체계는 이 법—위를 향하여 던진 사물은 중심으로 돌아오게 되어 있다는 법—을 따라 움직입니다. 자기 이웃을 사랑하고자 하는 의지를 가진 사람은 그 의지가 즉시 실행되지 않더라도 이웃을 사랑할 수 있습니다. 그가 나온 근원이요 그가 존재하게 하시는 하나님이 완성시켜 주신 사람, 오직 그 사람만이, 역시 하나님에게서 나오고 하나님으로 말미암아 존재하는 그 이웃을 자신과 같이 사랑할 수 있습니다. 인간의 개별성 및

이 개별성 때문에 발생하는 관계라는 수수께끼는 인류의 시초만큼이나 심오합니다. 거기서 생겨나는 문제는 적어도 자신의 기원*에서 유래한 요구사항들을 실제로 해결해 본 사람만이 풀 수 있습니다. 사람은 오로지 하나님 안에서만 사람을 만날 수 있습니다. 오직 그분 안에서만 실존의 선들은 수렴하여 만나고 그냥 교차하지 않습니다. 그리스도의 마음이, 머리이신 그분의 생명이 천천히 되살아나고 있는 그 몸의 원자인 그 사람을 지나 흘러갈 때, 그 사람도 역시 살아나 생생히 활동할 때, 그 형제들을 사랑하는 사랑은 의식이 있는 생명으로서 존재합니다. 그 사람을 그 몸의 일부로 만들어 주는 생명은 그리스도에게서 이웃을 거쳐 흘러옵니다.

우리 이웃을 우리 자신과 같이 사랑하는 일은 가능**합니다**(is possible). 우리 주님은 **결코** 과장하여 말씀하시지 **않았습니다**. 비록 많은 이들이 주님이 하신 말씀을 해석할 때 그것이 과장이라고 무의식중에 전제해야 그 말씀을 믿도록 자신을 설득시킬 수 있지만, 그래도 주님의 말씀은 과장이 아니었습니다. 우리는 그 말씀**에 이르기 전에도 그것이 가능함을 알 수 있습니다. 진리에 관한 우리의 인식은 늘 우리 상태에 관한 인식보다 앞서기 때문입니다. 진실로 사람은 완전히 진

★──── 인간 존재의 근원인 하나님을 가리킨다.
★★──── 우리 이웃을 우리 자신과 같이 사랑하라는 말씀을 말한다.

네 이웃을 사랑하라　237

리가 될 때까지는 어느 누구도 진리를 알 수 없습니다. 그러나 우리가 진리가 될 수 있으려면, 진리를 알아야 합니다. 자기가 자기 이웃을 자기처럼 사랑하지 않는다는 것을 아는 사람은 그런 조건을 믿을지도 모릅니다. 이웃을 자신과 같이 사랑하는 것만이 인간의 완전함이 나타날 목표지점이라는 것을, 그것만이 온 우주가 속도를 내어 달려가고 아버지의 뜻이 몰아붙이는 목표지점이라는 것을 정녕 알지도 모릅니다. 그 사람이 계속하여 노력하게 합시다. 하나님의 한 날은 천년이요, 하나님의 천년은 한 날과 같음을 생각하다가 낙심하고 기운을 잃어버리지 말게 합시다—정녕, 오늘 이날도, 사랑(The Love)이시며 지금도 저 멀리 마지막 지점에서 일하고 계신 그분이 우리 안에 계시기 때문입니다.

그러나 사람이 하나님을 그 마음을 다해 사랑할 때에만, 그 사람은 진정 이웃을 자신과 같이 사랑할 것입니다. 하지만 이웃을 자신과 같이 사랑하는 이 최종 결과에 이르는 길에는 복잡한 과정이 있습니다. 그 점을 더 깊이 살펴봄으로써 진리가 펼치는 그런 활동을 도와 보도록 합시다. 우리 주님이 말씀하시고자 했던 의미를 믿고 그분이 그 문제에 관한 진리를 알고 계셨다고 믿는 사람이 자기 이웃을 자신과 같이 사랑하라는 이 말씀에 순종하려는 노력을 펼쳐 간다고 가정해 봅시다.

그는 자기 이웃을 관대히 생각하기 시작하고, 이 이웃에게 사랑을 느껴 보려고 노력합니다. 그는 그 즉시 그들이 분류되기 시작한다는 것을 발견합니다. 그는 일부 사람에겐 전혀 껄끄러움을 느끼지 않습니다. 이는 그가 그들을 이미 사랑하기 때문입니다. 그러나 사실, 그는 이 사람들이 **바로 이 사람들이기** 때문에(because they are) 사랑하는 것이 아닙니다. 그가 스스로 뭔가 이 사람들을 움직이는 행동을 하지 않았는데도 이 사람들이 정이 가는 성품을 보여 주고 그들 자신이 사랑을 받을 만한 사람이라는 것을 보여 줌으로써, 마치 바람이 바닷물을 움직이듯이, 그의 감정을 이미 움직여 놓았기 때문에 사랑하는 것입니다. 그런데도 그는 이것이 딱히 들어맞는 말이 아니라고 느낍니다. 그에게 그나마 그런 사랑이라도 할 사람이 없다면, 그가 소망하는 목표지점에서 더 멀어질 것이며, 그가 그렇게 아무도 사랑하지 않는다면, 그 목표지점에서 훨씬 더 멀어질 게 당연한데도, 그는 그렇게 느낍니다.* 그는 "너희가 너희를 사랑하는 자를 사랑하면 무슨 상이 있으리요?"라는 우리 주님의 말씀을 다시 떠올려 봅니다. 그리고 자기 마음을, 말하자면 두 번째 부류 중 어느 한 사람에게 고정시키고 그 사람을 사랑하려고 애씁니다. 그 사람은 원수는 아닙니

★──── 맥도널드는 어떤 사람이 이웃을 그 모습 그대로 사랑하지 않는 것 자체가 이미 자기 이웃을 자신과 같이 사랑하라는 명령의 참뜻에서 멀어진 모습이라는 것을 전제하고 이런 말을 하는 것이다.

다―우리는 아직 그 이웃 부류에 도달하지 않았습니다. 그러나 그 사람은 둔하고 재미없는 사람입니다―좋지 않게 표현하자면, 그는 그 사람을 사랑할 수 없는 사람이라고 생각합니다. 그가 그 사람과 무슨 상관이 있습니까? 아무리 모든 노력을 쏟아부어도, 그가 발견하는 것은 이전보다 더 멀어진 목표 지점뿐입니다.

당연히 그는 실패하게 되고 이런 질문을 하게 됩니다. "사랑할 수 없는 그 사람을 사랑하는 게 제 의무란 말입니까?"

물론 사랑할 수 없는 사람이라면, 그를 사랑하는 게 의무는 아닙니다. 그러나 이는 뻔한 말이요 또 다른 질문을 불러올 뿐입니다.

결국 그는 만물의 시원(始原)에 의지하여 이렇게 묻습니다.

"그렇다면, 제가 무슨 이유로 그 사람을 사랑해야 하는 겁니까? 왜 제가 제 이웃을 저 자신과 같이 사랑해야 합니까?"

우리는 "주님이 그렇게 말씀하시기 때문입니다"라고 대답해서는 안 됩니다. 주님이 그렇게 말씀하신 까닭에 그 사람이 주님 말씀에 순종해 보려고 뭔가 도움을 구하고 있기 때문입니다. 단지 주님이 그렇게 말씀하신다는 이유로 자기 이웃을 사랑할 수 있는 사람은 아무도 없습니다. 주님이 그렇게 말씀하시는 이유는 그렇게 자기 이웃을 자신과 같이 사랑하는 것이 올바르고 필요하며 당연하기 때문입니다. 위 질문을 던졌던 그 사람도 그렇게 자기 이웃을 자신과 같이 사랑하는 것이 올바르고 필요하며 당연하다고 느끼고 싶어 합니다. 어떤 사람이 주님이 말씀하신 일이라는 이유로 그 일을 행한다면, 주님은 그 사람이 그리한 것을 기뻐하실 것입니다. 그러나 주님은 그 사람에게 당신의 기쁨이 무엇인지 알려 주시려고 그가 당신이 그리 말씀하신 이유를 알 때에 더욱더 큰 만족을 느끼도록 만드셨습니다. 주님은 그 사람이 주님이 주신 계명에는 반드시 타당한 이유가 있다는 것을 알아야만 지극히 심오한 의미에서─주님이 사랑하시는 방법으로─주님이 주신 모든 계명에 순종할 수 있다는 것을 그에게 알려 주려 하십니다. 제 말뜻은 그 사람이 그 계명을 지켜야 하는 이유를 알기 전에는 그 계명에 순종하기를 미뤄야 한다는 게 아닙니다. 이 점 주의해 주십시오. 그것은 전혀 별개 문제일뿐더러, 지금 제가 여기서 염두에 두고 있는 전제도 아닙니다. 어떤 계명의 올바른 근원에 순종하는 것은 아름다운 일입니다. 우리 빛의 빛나는 근원에게 경배하는 것은 더욱 아름다운 일입니다. 우리 주님이 우리에게 계명을 주신 이유는 우리가 그 계명에 순종하게 될 날을 내다보셨기 때문입니다. 그때가 되면, 우리 마음은 주님의 마음을 만나고, 우리는 하나님을 볼 것입니다.

"왜 제가 제 이웃을 사랑해야 하는 겁니까?"라는 질문의 반대편에서 그 사람 마음속을 지나갔을 법한 것을 대화 형식으로 제시해 보겠습니다.

"그는 나와 같은 사람이야. 그러니까 나는 그를 사랑해야
돼."

"내가 왜? 나는 나잖아. 그는 그고."

"그와 나는 생각이나 느낌이나 소망하는 것이나 슬퍼하
는 것이나 즐거워하는 것이 똑같거든."

"좋아. 그렇지만, 그렇다고해서 내가 왜 그를 사랑해야 하
지? 그는 필시 자기 것만 신경 쓸 테고, 나도 내 것만 내 마음
대로 할 수 있잖아."

"그나 나나 의식하는 것은 똑같아. 내가 보는 사물이나
그가 보는 사물이나 매한가지야."

"그 말은 맞아. 그렇지만 나는 그의 의식 속에 들어갈 수
가 없잖아. 그도 내 의식 속에 들어올 수가 없고. 내가 느끼는
것은 나 자신이지, 그를 느끼는 게 아니거든. 내 생명은 내 핏
줄을 타고 흐르지, 그의 핏줄을 타고 흐르는 게 아니란 말이
야. 세계는 내 의식 속으로 들어와 빛을 내지. 그러니까 내가
지각하는 것은 그의 의식이 아니야. 나도 그를 사랑할 수 있었
으면 좋겠어. 그런데 내가 왜 그를 사랑해야 하는지 그 이유를
모르겠어. 나는 이런 사람이고, 그는 그런 사람이잖아. 아무리
그 사람이 나를 닮을 수 있다 해도, 물어보나마나 그보다 내
자아가 내게 더 가까울 거라고. 두 몸이 나를 그의 자아와 떼
어 놓고 있어. 나는 내 자아를 가진 별개 존재란 말이야."

242

이제 여기서 마침내 잘못이 드러납니다. 이런 생각을 하는 그 사람은 존재하지 않는 어떤 이중성이 자신 안에 있다고 가정하면서, 각 사람의 개별성을 분리(分離)를 가리킨다고 잘못 판단하고 있습니다. 그러나 반대로, 그 개별성이란 것은 사랑이 가진 유일한 가능성이자 참된 유대(紐帶)입니다. **나 아닌 다른 존재**(Otherness)는 사랑에 반드시 있어야 할 기초입니다. 그러나 영적인 일을 보면, 사람의 영이 그런 영적인 일을 묵상하는 바로 그때에 그런 단일성을 전제합니다. 따라서 어떤 것이든 거기에 있어야 할 것이 존재하지 않는 곳에서는, 설령 그 공간이 여백에 불과할지라도, 그것이 차지해야 하는 공간은 갈라진 틈새라는 모양을 띱니다. 어떤 사람이 사랑하지 않는 경우, 필시 그럴 만한 이유가 있는 것처럼 보입니다. 사랑하는 이유를 알아서 사랑하는 사람은 아무도 없습니다. 사랑하기 때문에 사랑하는 것입니다. 그런 사람은 하나님이 창조하신 실존이 갖고 있는 가장 고상한 필연성*을 제시할 때 인간이 갖다 붙일 만한 이유를 제시하지 못합니다. 이유들이란 늘 위로부터 아래로 주어지기 때문입니다. 인간은 정녕 이런 필연성을 느껴야 합니다. 이 필연성을 느끼면, 왜 자기 이웃을 자신과 같이 사랑해야 하는지 묻는 일도 끝납니다.

★——— 하나님이 창조하신 실존은 사랑하기 때문에 사랑할 수밖에 없다. 맥도널드는 이것을 가장 고상한 필연성이라고 표현한 것이다.

그 필연성이 그 정당성을 스스로 증명합니다. 그러나 그런 필연성을 느껴 본 적 없는 사람은 논의할 대상인 필연성을 갖고 있지 않은 사람입니다. 그는 단지 그 필연성의 허상만을 갖고 있을 뿐입니다. 이 허상은 그가 자기 이웃을 자신과 같이 사랑해야 하는 이유를 이해하려고 헛되이 발버둥 치다가 스스로 만들어 낸 것입니다. 그는 이 허상을 사랑해야 하는 이유라고 생각합니다. 그러나 사랑이 없을 때는 사랑을 논의할 수 없습니다. 사랑에는 이성이나 상상이라는 대수학(代數學)을 써서 정확히 다루는 것을 허용할 수 있을 정도로 사실에 근접해 있는 그림자, 상징은 전혀 존재하지 않기 때문입니다. 실제로, 사랑이 없는데도 사랑을 주제로 이야기한다는 것 자체가 마음과 그 마음이 그려 내는 사랑의 모습 사이에 흐릿한 안개를 만들어 냅니다. 그러나 일단 어떤 사람이 사랑을 하게 되면, 사랑에 반대하는 것처럼 보이는 모든 난관이 철두철미하게 사랑을 할 수밖에 없음을 증명해 주는 수많은 이유가 될 것입니다.

일단 어떤 사람이 도적을 만나 쓰러져 있던 사람을 발견한다 합시다. 그가 도적을 만난 그 사람에게 이웃이 되어, 그 사람의 다친 부위에 기름과 포도주를 붓고, 그 상처들을 싸매준 뒤, 그를 자기 동물에 태워, 여관에 데려다가 쉬게 하고 그 사람이 치를 비용을 대신 치렀다 합시다. 그가 이 모든 일을 단지 의무라 여겨 행했다고 가정해 봅시다. 심지어 이 사람이 그가 늘 긍지를 느껴 온 자부심에 겨워, 또 자신이 받은 참된 소명은 알지 못한 채, 유대인으로서 자신이 가진 우월감은 조금도 누그러뜨리지 않고서 그런 일을 한다고 가정해 봅시다. 그가 짐짓 자기를 낮춰 자신의 가장 낮은 본질의 밑바닥까지 내려가 그런 일을 했다고 가정해 봅시다. 그러나 그의 그런 모습은 심지어 그의 하찮은 잣대에 비춰 봐도 영원한 진리에 순종하는 미덕이요, 심지어 자신이 이론상 알지 못하는 것까지 행동으로 옮기는 미덕이며, 심지어 진리를 믿지 않으면서도 진리를 행하는 미덕일 것입니다. 그렇기 때문에, 그 행위가 있은 뒤에 그 진리가 진리라고 하기에는 지극히 희미한 빛조차도 그 사람 속에서 발산하지 않는다 할지라도, 오히려 그는 이전보다 더 진리에 가까이 다가서 있는 어른이 되어 있을 것입니다. 유대인으로서 그가 가진 긍지가 정당하다고 인정하는 한도보다 조금은 더 많이 그 사마리아인 이웃을 그 나름대로 계속하여 사랑할 것이기 때문입니다. 물론 그는 어떤 논리로 자기의 그런 행동을 변호할지 아예 신경조차 쓰지 않을 수도 있지만, 그래도 그는 그렇게 행하는 것이 타당한 이유를 굳이 묻지 않을 것입니다. 그가 할 수 있는 대로 자기 이웃을 사랑하려고 하는 사람이 된 경우에는 더욱더 그러할 것이며, 그가 구하지 않았던 더 고상한 상태를 자기 이웃을 사랑하는 그 행위에서 발견하게 될 것입니다! 그 이유는 사람이 통일체(a whole)이기 때문이요, 사람이 순종하는 행위를 통해 **그 자**

신과 연합하여 하나를 이루는 한, 그 사람 안에 있는 진리가 그 진리 자체를 그 사람에게 알려 주고 새롭게 된 그 통일체가 빛을 발산하게 해주기 때문입니다. 그의 행위는 그를 지으신 분의 설계에 그가 화답하는 것이요, 그 자신을 지으신 창조 속에서 그 개인이 해야 할 몫이요, 만유 안의 만유이신 분에게 그가 굴복하는 것이요, 조화롭고 우주를 형성하시는 그분의 생명이라는 조류(潮流)에 굴복하는 것이기 때문입니다. 그렇게 굴복한 순간부터 그 사람의 모든 존재는 만유 안의 만유이신 그분의 생명에게 서로 상대방 속에 침투하여 동화(同和)를 이룰 길을 열어 놓습니다. 일단 의지가 열망을 품기 시작하면, 그 의지는 곧 행동이 느낌보다 앞서야 한다는 것을, 사람이 느낌의 근원 자체를 알 수도 있다는 것을 발견할 것입니다.

우선 행하고 보는 행위(tentative action)의 근거로서 어떤 권위도 인정하지 않는 사람들의 경우에는, 당연히 진리에 품고 있는 의문과 의심이 그 행위를 검증하는 데 충분한 근거가 될 것입니다.

～

사람과 사람의 관계와 관련하여 하나님이 베풀어 주시는 교육의 모든 체계는 사람이 이웃을 자신과 같이 사랑해야 한다는 것을 그 목표로 삼고 있습니다. 그것은 사람이 저절로 배울 수 있는 교훈이 아니며, 당연한 의무이지만 그 당연함을 논증할 수 있는 것도 아닙니다. 마찬가지로, 옳음과 그름 사이의 차이 역시 옳음과 그름이라는 용어가 아닌 다른 용어로 규정할 수가 없습니다. 이런 말도 비판을 받을 수 있습니다.

"그러나 옳음과 그름의 차이는 모든 이의 마음에 저절로 분명히 나타납니다. 그 차이는 자명합니다. 반면, 이웃 사랑이 으뜸가는 진리라는 것은 보이지 **않습니다**. 그렇다 보니, 진리를 가르쳐 주신 분을 통하여 영원히 복된 상태를 누리기를 소망하는 이들 중에서도 실제로 이웃 사랑을 진리라 믿지 않고, 도리어 허다한 위험을 무릅쓰며 이웃을 잊어버리는 한이 있더라도 자기 자신을 돌보는 것이 가장 높은 의무라고 믿는 이가 엄청나게 많습니다."

그러나 인류는 대체로 옳음과 그름을 인식하는 단계에 이르렀습니다. 따라서 대다수 사람은 태어날 때부터 옳음과 그름을 구별할 수가 있습니다. 그러나 이웃 사랑이 진리임을 인식하는 인류의 마지막 자손이 태어나려면, 아직도 인류는 긴 세월을 살아가야 합니다. 오랜 세월에 걸쳐 생명이 있는 가르침을 받아들이고 복종한 뒤에야, 비로소 이 시대를 살아가는 각 사람은 이웃 사랑이 진리임을 알 수 있을 것입니다.

인간 사회의 모든 구조는 분명한 목표를 이루고자 존재합니다. 그 목표는 사람을 살게 해주는 두 가지 진리, 곧 하나님 사랑과 사람 사랑을 가르치는 것입니다. 저는 그 부자(父子)

관계가 갖고 있는 신비에 관하여 더 이상 아무것도 말하지 않겠습니다. 그 신비는 앞서 말한 진리의 가르침에 속하기 때문입니다. 다만, 지금 모습 이대로 이 세상 속에 들어온 우리가 우리 위에 임하신 사랑을 우러러보고, 그 사랑 속에서 하찮고 약하게나마 하나님의 사랑에 관하여 갖거나 받을 수 있는 가장 훌륭한 상징을 보고 있다는 점을 말해 두고 싶습니다.★

만일 사람들이 하나님의 형상을 발견해야 할 아버지와 어머니에게서 자기만을 추구하고 충동에 좌지우지당하며 목적이 없고 믿음도 없는 존재들의 초라한 형상만을 보지 않았더라면, 또한 이런 부모가 자녀들에게 품는 사랑이 지각 없는 짐승의 어미가 그 배에서 난 새끼들에게 품는 것보다 더 못한 사랑이 아니었더라면, 훨씬 많은 사람이 하나님 사랑하기를 쉽게 여겼을 것입니다. 제가 지금 두 번째 큰 계명★★과 관련하여 말씀드리고 싶은 것은 형제 관계, 자매 관계입니다. 내 형제는 왜 나와 같은 아버지와 어머니에게서 나왔습니까? 나는

★───── 하나님이 인간사(人間事)를 당신 자신의 생각을 따라 만드셨기에, 하나님이 품고 계신 생각들은 하나님을 향한 사랑과 우리 이웃을 향한 사랑을 가르쳐 주는 가장 뛰어난 교사 같은 것이라고 말하는 것이 오히려 더 심오하고 참되게 표현한 말일 것 같습니다. 이렇게 말하는 것이야말로 하나님이 품고 계신 생각들을 하나님의 지성이 고안해 낸 설계나 계획으로 여기는 것보다 훨씬 더 고귀하고 더 진실하게 여기는 것입니다. ─지은이 주
★★───── "네 이웃을 네 자신같이 사랑하라"는 계명이다. 첫 번째 큰 계명은 "네 마음을 다하고 목숨을 다하고 뜻을 다하여 주 너의 하나님을 사랑하라"는 것이다. 마태복음 22장 37-40절을 보라.

왜 젖먹이인 내 아우의 무력함과 비밀을 지켜봅니까? 그 젖먹이는 왜 그 어린아이의 무릎에 누워 있습니까? 우리는 왜 같은 음식을 먹고 같은 환경에서 자라 갑니까? 우리는 왜 해가 지는 경이로움과 달이 차 가는 신비로움을 함께 지켜봅니까? 우리는 왜 한 침대를 쓰고, 함께 게임을 하며, 같은 공적을 세우려고 애씁니까? 우리는 왜 서로 싸우며 복수와 침묵과 끝없는 적대감을 불태우면서도, 결국 우리 안에 있는 형제의 정(情)을 이기지 못한 채 한 시간만 지나면 부둥켜안고 모든 일을 다 잊어버립니까? 이는 그와 나 사이에서 사랑이 모든 것의 으뜸이기 때문이 아닐까요? 이는 내가 그에게 결코 말이나 말이라는 형태로 표현할 수 없는 것—즉 하나님을 닮은 거룩한 자아가(the divine self) 쏟아져 나와 자신은 철저히 잊어버리고 오로지 형제를 생각하며 살아가게 해주는 사랑, 죽음보다 강하여 즐겁고 자긍심을 갖게 하고 만족을 안겨 주는 사랑—을 느끼기 때문이 아닐까요? 그러나 사랑이 거기서 멈춘다면, 그 결과는 어찌 될까요? 사랑은 무너져 버리고, 형제도 잃어버리게 됩니다. 한 부모에게서 난 혈육이라는 이유를 넘어 더 심오한 이유로 자기 형제를 사랑하지 않는 사람은 결국 그 형제를 사랑하지 않게 될 것입니다. 그 경계를 넓혀 가지 않는 사랑, 계속하여 확장해 가고 품어 가고 깊어 가지 않는 사랑은 줄어들고, 오그라들고, 썩어서, 죽고 말 것입니다. 내게는 어머니가 낳은 아들로서 보편적 형제애를 배우게 해줄 이들이 있었습니다. 그들을 통해 보편적 형제애를 배울 수 있는 이유는, 저와 살인을 저질러 놓고도 자백조차 하지 않으려 하다가 죽임을 당한 가장 비참한 거짓말쟁이 사이에도 둘을 묶어 주는 끈이 있기 때문입니다. 이 끈은 단지 한 아버지와 어머니에게서 태어났다는 차원을 뛰어넘어 우리 둘을 무한히 가깝게 묶어 줍니다. 우리가 하나님이 당신 마음으로 낳으신 아들이요 딸이라는 것, 그분의 사랑으로 말미암아 태어난 자식이라는 것이 우리를 하나 되게 묶어 주는 다른 모든 끈보다 더 가깝게 우리를 묶어 줍니다. 자기가 낳은 자식이라도 이 자식이 자기에게서 태어났다는 것을 완전히 잊어버리고 오로지 이 자식이 인간이라는 이유로, 이 자식이 신성(神性)을 갖고 있다는 이유로* 사랑하는 사람만이 그 자식을 올바로 사랑하는 사람입니다. 내 어머니의 아들이 내 형제임은 사실 더 위대하고 더 친밀한 이런 유대 때문입니다. 그러나 어쨌든 내가 그와 나를 이어 주는 그 끈을 인정한다면, 나는 그 끈을 내 혈통으로 인정하는 것입니다. 정말로, 하나님께 감사합시다! 그리되면 더 큰 자가 더 작은 자를 배척하지 않습니다. 그리되면 더 약한 모든 유대가 더 강해지고 더 진실해지며, 모든 이가 형제인 곳에서 일부 사람만을 우리 가슴에 품는다 할지라도 누가 뭐라 하지 않을 것입니다. 그렇지만 육신을 따라 태어난 내 형제가

---

*───자식이 신이라는 뜻이라기보다 자식이 하나님에게서 태어났다는 뜻이다.

여전히 내 첫 번째 이웃입니다. 따라서 우리는, 우리가 원하든지 원하지 않든지 우리 마음이 부드러울 동안에 서로 아주 가까워짐으로써 **형제애**를 배울 수 있습니다. 우리가 서로 나누는 사랑은 정녕 위대한 형제애를 들려주는 심장의 고동소리입니다. 이런 사랑은 오로지 영원하신 아버지에게서나 나올 수 있는 것이지, 우리 부모에게서 나올 수 있는 게 아닙니다. 뒤이어 우리 두 번째 이웃이 등장합니다. 그러면 그 두 번째 이웃은 누구입니까? 내가 만나는 누구라도 두 번째 이웃이 될 수 있습니다. 어떤 거래든, 어떤 사귐이든, 나와 거래하고 인간으로서 사귐을 갖는 사람은 누구든 두 번째 이웃입니다. 나와 저녁 식사를 같이하는 사람, 내가 생각을 털어놓는 친구, 내가 동정심으로 어떤 구렁텅이에서 끌어올려 주려고 하는 사람만이 내 두 번째 이웃이 아닙니다. 내 옷을 만드는 사람, 내 책을 인쇄하는 사람, 나를 자기 마차로 실어다 주는 사람, 거리에서 내게 구걸하는 사람, 그러니까 진정한 형제애를 생각한다면 내가 오히려 적선을 베풀지 말아야 할 그 사람 역시 내 두 번째 이웃입니다. 그런가 하면, 심지어 내게 생색을 내는 사람도 정녕 내 두 번째 이웃입니다. 다른 방법이 아니라 단지 진실한 말만으로도, 의로운 행동만으로도, 자비가 담긴 배려만으로도, 모든 사람에게 이웃 역할을 해줄 기회가 있습니다. 이런 행동만으로도 의로움에서 태어난 그 사랑을 도와줄 것입니다. 모든 진실한 행위는 의로운 느낌이라는 샘물을 깨끗하게 만들어 주고, 그 샘에 있는 물이 솟구쳐 나와 흘러가게 해줍니다. 사람은 자기 이웃을 골라서는 안 됩니다. 하나님이 보내시는 사람을 이웃으로 받아들여야 합니다. 그 사람이 누구이든, 그 사람이 감춰져 있든 드러나 있든, 바로 그 사람 속에 아름다운 형제가 있습니다. 이웃은 지금 이 순간에 여러분 옆에 있는 바로 그 사람입니다. 어떤 일로 말미암든, 여러분과 인연이 닿게 된 그 사람이 바로 이웃입니다.

이렇게 사랑은 모든 인류가 그 사람에게 거룩하고 사랑스러운 사람이 될 때까지 더 넓고 더 강한 주파수를 그리며 퍼져 가고 퍼져 나갈 것입니다. 술로 엉망이 되거나, 악에 굴복하거나, 자만심으로 우쭐해 있거나, 부유함을 과시하거나, 허영에 절어 있는 사람일지라도, 그들은 형제가 될 것이고 자매가 될 것이며 하나님에게서 태어난 이웃이 될 것입니다. 우락부락하고 교양 없는 모습을 가진 인간이라도 언젠가는 기어코 사람의 마음을 움직여 존경과 애정을 받는 데 모자람이 없는 사람이 될 것입니다. 어떤 사람은 다른 사람보다 이렇게 배우기가 더 힘이 듭니다. 그런 사람은 늘 받아들이기보다 퇴짜 놓고 싶은 충동부터 우선 느낍니다. 그러나 그런 사람은 자신이 할 수 있는 것을 배워야 하고, 자신이 해야 할 것을 배워야 합니다. 이런 사람조차도, 어떤 이의 알 수 없는 표정이 그들 속에서 애정을 갈망하는 마음을 일으킬 때까지, 표현할 길이 없어 결국 고통이 되어 버리는 그런 애정을 갈망하는 마음을 일으킬 때까지, 그리하여 그들은 단지 그 사람을 하나님께 내어 드리고 침묵만 지킬 수 있을 때까지, 이런 은혜 속에서 자라 갈 수 있습니다.

그리고 이제는 그 사람이 이전에 태양처럼 빛나는 사랑의 고지에 올라가려고 헛되이 수고할 때 내걸었던 모든 논거가 나타날 것입니다. 그는 이렇게 말할 것입니다. "아, 형제여! 당신도 저와 같은 영혼을 가졌군요. 당신이 당신 눈으로 봅니다만, 광경과 소리와 냄새가 제 영혼처럼 당신 영혼에도 놀랍게, 부드러운 위로를 안겨 주며 찾아옵니다. 당신도 당신 이웃의 얼굴을 사랑합니다. 당신은 그들의 슬픔에 괴로워하며 답답해하고, 그들의 기쁨에 날아갈 듯 좋아합니다. 어쩌면 당신은 기쁨의 영역이 당신의 모든 비통함을, 빛의 영역이 당신의 모든 어둠을, 평강의 영역이 당신의 모든 혼란을 에워싸고 있다는 것을 저만큼 잘 아시지는 않은 것 같습니다. 오, 내 형제여! 저는 당신을 사랑하겠습니다. 그러나 저는 당신께 아주 가까이 다가갈 수가 없습니다. 그래도 저는 당신을 더 사랑하겠습니다. 당신은 당신 이웃을 사랑하시지 않을지도 모르겠습니다. 당신은 오로지 당신 이웃에게서 무엇을 얻을 방법만, 그 이웃에게서 이득을 얻을 방법만 생각하고 계신지도 모르겠습니다. 그렇다면 당신은 필경 아주 외로운 사람입니다! 당신은 가난만 가득하고, 벽에는 당신 이기심만 덩그러니 걸려 있으며, 당신이 가진 불만이라는 딱딱한 침상만 놓여 있는 방 안에 갇혀 있습니다! 저는 당신을 더 사랑하겠습니다. 당신이 당신 자신만 홀로 붙들고 있게 하지 않겠습니다. 당신은 제가 아닙니다. 당신은 또 다른 생명—두 번째 자아—입니다. 그러므로 저는 당신을 사랑할 수 있고, 사랑하는 게 당연하고, 사랑하겠습니다."

일단 어떤 사람이 사람 얼굴을 하나님 얼굴로 여기게 되고 그 이웃의 손을 형제의 손으로 여기게 되면, 그 사람은 "나의 형제 곧 골육의 친척을 위하여 내 자신이 저주를 받아 그리스도에게서 끊어질지라도 원하는 바로라"(롬 9:3)라는 바울의 말뜻을 이해할 것입니다. 그러나 그는 이제, 이웃 사랑을 자기 존재에 필요한 본질로 느끼지 못하고 다가올 세상에 이 율법*에서 풀려나 자유를 얻기만 바라는 사람들을 더 이상 이해하려 하지 않을 것입니다. 거기서 그 사람들은 적어도 하나님의 영광 때문이라며 이 율법이 갖고 있는 광대한 경향을 자신들이 생각하는 하늘이라는 좁은 범주로 한정시켜 버릴 가능성이 있습니다. 그들은 그 천성(天城)의 안전한 성가퀴에 기댄 채, 지옥은 저 멀리 있다고 여기면서 서로 이렇게 말할 것

★─────"네 이웃을 네 자신같이 사랑하라"는 법이다.

입니다. "잘 들어 봐! 저들의 신음소리를 들어 보라고. 하지만, 울지 마. 저들은 더 이상 우리 이웃이 아니니까." 만일 바울이 하나님의 자비라는 울타리 바깥쪽에 어떤 사람이 있음을 생각한다면, 그것도 그 사람뿐 아니라 하나님의 영광을 생각하면서 하나님의 보좌 앞에서 비참한 심경을 감추지 못할 것입니다. 그러면 우리는 그리스도 예수라는 사람을 두고 무슨 말을 해야 할까요? 자기 형제를 사랑하고 그리스도의 사랑에 의지하는 사람, 희미하나마 먼 장래에는 자기 형제에게 뭔가 도움이 될 일이 있으리라는 소망을 가진 사람은 복된 자의 무리 중에서 일어나, 절망뿐인 컴컴한 영역 속으로 내려가서, 자기 동포 가운데 끝까지 유일하게 구속받지 못한 그 유다(the Judas)와 함께 앉아, 하늘의 영광을 내려놓고 지옥의 고통을 함께하는 것을 더 복되다고 여기지 않겠습니까? 황금 수금과 천사들의 흰 날개 속에 있는 사람이 자기 동족 중 하나요 옛날 옛적에 이 세상에서 사람들이 자기 이웃을 자신과 같이 사랑하라는 가르침을 받을 때 자신의 가련한 형제였던 한 사람이 피조물이 갇힌 저 멀리 아래쪽 옥에 갇혀 아무에게도 주목받지 못한 채 울부짖고 있음을 알게 된다면, 그 사람은 자기 자리에서 일어나야 한다는 의무감을 느끼지 않겠습니까? 비록 무시무시하긴 하지만, 그래도 마음을 단단히 먹고, 연기와 암흑과 불뿐인 그곳으로 내려가, 심장이 떨리고 두려운 길을 걷고 또 걸어 그 먼 나라 안으로 들어가서, 자기 형제를 찾아내는 것만이 자기가 할 일이라고 느끼지 않겠습니까? 제 말뜻은, 그런 사람이라면, 그런 그리스도의 마음을, 그런 아버지의 마음을 갖지 않겠느냐는 말입니다.

그러나 이것은 무모한 질문입니다. 하나님은 만유 안의 만유이시며, 만유 안의 만유가 되실 것입니다. 우리 형제, 우리 자매의 아버지시여! 당신은 그리스도에 관하여 배우고 당신을 생각할 수 있게 된 우리보다 영광이 덜하시지 않을 것입니다. 당신은 광야로 들어가서서 찾으셔야 할 것을 찾으실 때, 그것을 찾기까지 집으로 돌아오시지 않을 것입니다. 우리가 당신이 우리에게 주신 형제자매들에게 이토록 매정하고 이토록 무심한 것은 이 형제자매들이 당신 안에 있는 것을 우리가 바라지 않기 때문이요, 당신을 알고 싶지 않기 때문이며, 당신의 사랑을 알고 싶지 않기 때문입니다.

한 가지 더 말씀드릴 게 있습니다. 그건 바로, 우리 이웃을 이렇게 사랑하는 것이야말로 우리가 자아라는 지하 감옥에서 빠져나올 수 있는 유일한 탈출구라는 것입니다. 이 감옥에 갇힌 우리는, 하나님의 아름다운 햇빛을 발산하고 우주의 달콤한 바람을 내보내는 대신, 울적한 표정으로 얼굴을 찡그린 채, 감옥 벽을 긁어 불꽃을 일으키고 그 벽을 문질러 인광(燐光)을 만들어 내면서, 우리 콧구멍으로 콧김만 내뿜습니다. 그 감옥에 갇힌 사람은 자기의 의식이 곧 자기 자신이라고 생각하지만, 오히려 그의 생명은 하나님이 불어넣으시는 숨 속에 있고 우주같이 광대한 진리를 아는 의식 속에 있습니다. 그는 자기 자신을 소유하는 것, 자기 자신을 아는 것, 자기 자신을 즐겁게 해주는 것을 생명이라고 부릅니다. 하지만 만일 그가 자신을 잊어버리면, 그의 생명은 열 곱절이나 더 하나님 안에 있고 그의 이웃 속에 있을 것입니다. 사람의 생명이라는 영역은 영의 영역입니다. 하나님, 그의 친구, 그의 이웃, 그의 형제 모두 광활한 세계입니다. 이 세계 안에서는 오직 그의 영혼만이 있을 공간을 발견할 수 있습니다. 그의 자아는 그의 지하 감옥입니다. 설령 지금은 그가 그 사실을 느끼지 못할지라도, 언젠가는 그것을 느낄 것입니다―살아 있는 영혼이 시신이라는 감옥에 갇히고, 일곱 겹 수의(壽衣)에 싸여, 돌기둥이 세워진 무덤에 묻힌 채, 땅 위에 있는 교회에서 찬송하는 사람들이 내는 마지막 찬송소리에 둘러싸여 있을 때나 느낄 법한 느낌을 느낄 것입니다. 그의 생명은 그가 살아 있음을 아는 데 있지 않고, 그가 모든 형태의 생명을 사랑하는 데 있습니다. 그는 만유를 위하여 지음 받았습니다. 만유이신 하나님이 그의 생명이시기 때문입니다. 또 그의 생명에 본질이 되는 기쁨은 널리 만유의 자유 속에 있습니다. 그가 기뻐하는 대상은, 그 이상적인 지혜(the Ideal Wisdom)가 기뻐하셨던 것처럼, 사람의 아들들입니다(잠 8:31). 그의 건강은 인자(人子)가 머리로 계신 몸 안에 있습니다. 생명이 존재하는 전 영역이 그에게 열려 있습니다―그가 할 일은 그 생명의 영역 속에서 살아가든지, 아니면 멸망하는 것뿐입니다.

이렇게 생명의 영역 속에서 살아가는 사람은 잘 사는 것이 무엇인지 아는 의식을 잃어버리지 않을 것입니다. 훨씬 더 심오하고 더 완전하게, 하나님과 그의 이웃이 그에게―생명만큼이나 순수한―그 의식을 되비쳐 줄 것입니다. 그 사람은 자신의 타락상에 비추어 그 의식을 만들어 내려고 "고통스럽게 시도하다가"* 번민에 빠지는 일을 더 이상 하지 않을 것입니다. 그는 하나님과 자기 형제가 비춰 준 빛으로 자기 존재의 영광을 알 것이기 때문입니다.

그러나 그는 우리 주님이 하신 또 다른 말씀, 사실은 첫 율법**과 다른 법이 아닌데도 첫 율법보다 훨씬 엄해 보이고 그것과 다른 법처럼 보이는 말씀에 놀라고 무서워하며 뒷걸음질 칠지도 모르지만, 그래도 그는 머지않아 자기도 자기 이웃을 자기처럼 사랑하게 되리라 소망하며 이미 자기 이웃을 사랑하기 시작했을지도 모릅니다. 다른 법처럼 보이는 주님의 그 말씀에 순종하지 않는 한, 자기 이웃을 자신과 같이 사랑하라는 법을 이룰 수 없기 때문입니다. **"내가 너희에게 이르**

★―――― 원문은 "with sick assay". 새뮤얼 콜리지(Samuel Taylor Coleridge, 1772-1834)의 설화시《크리스타벨(Christabel)》에 나오는 구절이다.
★★――― "네 이웃을 네 자신같이 사랑하라"는 법을 가리킨다.

노니 너희 원수를 사랑하라"라는 말씀에 낙심하는 사람은 아직 자기 이웃을 자신과 같이 사랑함을 체득하지 못한 것입니다.

11

네 원수를 사랑하라

또 네 이웃을 사랑하고 네 원수를 미워하라 하였다는 것을 너희가 들었으나 나는 너희에게 이르노니 너희 원수를 사랑하며 너희를 박해하는 자를 위하여 기도하라 이같이 한즉 하늘에 계신 너희 아버지의 아들이 되리니 이는 하나님이 그 해를 악인과 선인에게 비추시며 비를 의로운 자와 불의한 자에게 내려주심이라 너희가 너희를 사랑하는 자를 사랑하면 무슨 상이 있으리요 세리도 이같이 아니하느냐 또 너희가 너희 형제에게만 문안하면 남보다 더하는 것이 무엇이냐 이방인들도 이같이 아니하느냐 그러므로 하늘에 계신 너희 아버지의 온전하심과 같이 너희도 온전하라

—마태복음 5:43-48

이것은 결국 너무 많은 것을 바라는 게 아닙니까? 사람이 정녕 자기 원수를 사랑하겠습니까? 자기를 미워하는 사람들을 선히 대하게 되는 일은 있을 수도 있습니다. 그러나 자기를 심술궂게 부려먹고 핍박하는 사람들을 위해 기도하는 것은 언제일까요? 언제 그렇게 될까요? 그때는 그가 하늘에 계신 자기 아버지의 자녀일 때입니다. 그때가 되면, 그는 자기 이웃을 자기와 같이 사랑할 것입니다. 설령 그 이웃이 자기 원수일지라도 사랑할 것입니다. 우리는 앞서 우리 주님과 주님의 사도들이 인용했다고 언급했던 레위기 본문에서 이웃과 원수가 하나임을 발견합니다. "원수를 갚지 말며 동포를 원망하지 말며 네 이웃 사랑하기를 네 자신과 같이 사랑하라. 나는 여호와이니라"(레 19:18).

예수가 당신 앞에 다가온 이 성경 본문을 영광스럽게 해석하고 계심을 보십시오. "**나는 여호와이니라.**"—"그러므로 하늘에 계신 너희 아버지의 온전하심과 같이 너희도 온전하라."

그렇다면 우리 원수를 사랑하는 것이 타당합니까? 하나님께는 그러합니다. 그러므로 우리가 우리 원수를 사랑하는 것은 분명 지극히 합당한 이유가 있습니다. 그러면 사람이 자기 원수를 사랑할 수 있게 되리라고 기대하는 것이 타당합니까? 예, 타당합니다. 한 가지 근거를 들어 보겠습니다. 사람 안에서는 하나님의 에너지가 작동하고 있는데, 이는 사람이 결국에는 그 본성대로 하나님이 원하시는 거룩한 일을 행하게 하려는 목적 때문입니다. 이것만 보더라도, 그런 기대를 하는 것이 타당합니다. 이런 일이 이루어질 수 있게 우리 주님은 이렇게 기도하셨습니다. "아버지여, 아버지께서 내 안에, 내가 아버지 안에 있는 것같이 그들도 다 하나가 되어 우리 안에 있게 하옵소서"(요 17:21 참조). 사람이 판단하기에는 이 일보다 더 실현가능성이 낮은 일은 아무것도 없습니다. 그러나 우리 주님은 언젠가 그런 일이 이루어질 날이 오리라는 것을 아십니다.

⁓

왜 우리 원수를 사랑해야 합니까? 이렇게 해야 하는 가장 심오한 이유는 말로 표현할 수가 없습니다. 이는 그 가장 심오한 이유가 이 원수라는 존재가 갖고 있는 절대적 실체 속에 있기 때문입니다. 이 절대적 실체 속에서 우리 원수와 우리는 한 본질을, 심지어 하나님을 닮은 본질(divine nature)까지도 똑같이 갖고 있습니다. 컴컴한 심연을 들여다볼 수 있을 때나 되어야, 비로소 우리는 이 가장 심오한 이유도 들여다볼 수 있습니다. 그러나 우리 마음에 있는 생각이 그 어렴풋이 보이는 심연의 표면에서 움직인다면, 이 지극히 깊은 이유의 형태를 얼추 짐작이나마 할 수 있을 것입니다.

먼저 저는 이런 질문을 해보겠습니다. "우리 원수는 우리 자신과 같은 사람입니까?" "그렇습니다." "무슨 근거로 그렇게 말하는 것입니까? 그들이 가진 적대감 때문입니까? 그들이 우리에게 저지르는 잘못 때문입니까?" "아닙니다." "그들이 잔인하고, 무심하고, 불의하고, 무례하고, 거짓말하기 때문입니까?" "그것 때문이 결코 아닙니다. '**인간은 잘못을 저지르기 마련**(*Humanum est errare*)'이라는 말은 삼척동자도 아는 자명한 이치입니다. 그러나 이 말에는, 자명한 이치인 대다수 말처럼, 귀중한 진리의 씨앗이 숨어 있습니다. '**잘못을 저지르다**(*errare*)'라는 말이야말로 정녕 인간이 걸어야 할 길이 있다는 것을 일러 주는 표지입니다. 인간은 그 길을 벗어나면 **방황할** 수밖에 없습니다. 방황하는 것이 인간이라 할지라도, 방황하는 것이 인간다움은 아닙니다. '**인간답다**(humane)'는 말과 '**인간다움**(humanity)'이라는 말이야말로, 인간이 하나님의 모양을 따라 완성될 때, 심지어 우리 원수조차도 품게 될 사랑함— 자비로움(loving-kindness)의 그림자를 얼추 보여 주는 것입니다. 우리는 인간을 희생으로 바치는 제사, 포로 고문, 식인 풍습을 인간다움이라고 부르지 않습니다. 사람들이 인간인 것은 그런 행위를 하기 때문이 아닙니다. 사람들이 갖는 인간다움은 그런 행위보다 심오한 것이어야만 합니다. 우리가 우리원수를 남자와 여자라 부르는 것(창 1:27 참조)은 그들 안에 있는 하나님의 본질 덕분이요, 순수하고 본질적인 인간다움 덕분입니다. 우리가 사랑해야 하는 것이 바로 이 인간다움입니다—이 인간다움은 모두 증오의 영역보다 심오하고 이 증오의 영역에서 독립되어 있습니다. 바로 이 인간다움에서 이웃을 사랑해야 한다는 요구가 흘러나옵니다. 이웃이라는 자리는 단지 그 요구를 실천할 계기만을 결정해 줄 뿐입니다." "우리의 모든 원수 속에는 이런 인간다움이 있습니까?" "이런 인간다움이 아니면, 우리 원수 속에는 달리 사랑할 게 없습니다." "그런 인간다움은 참된 행위 속에 있습니까?─그렇다면, 우리는 우리와 그 인간다움 사이에 설령 무엇이 끼어 있든지 그 인간다움을 사랑**해야 합니다**."

하지만 우리에게 잔인하고 불의하게 대하는 남자나 여자를 우리가 어떻게 사랑할 수 있겠습니까? 포용하자고 제안하곤 하는 모든 덩굴손(tendril)을 모욕하며 불태워 버리거나 학대하며 잘라 버리는 사람을 우리가 어떻게 사랑할 수 있겠습니까? 비열하고, 정나미가 떨어지고, 잔소리하며 볶아 대고, 이랬다저랬다 종잡을 수 없고, 자기만 의로운 줄 알고, 자기 이익만 추구하고, 자화자찬하는 사람을 우리가 어떻게 사랑할 수 있겠습니까? 거기다 남을 경멸하는 사람, 인간이 저지르는 잘못 중에서도 가장 인간답지 못한 잘못, 즉 그 본질을 놓고 보면 진짜 살인보다도 훨씬 더 악질인 잘못을 저지르는 사람을 우리가 어떻게 사랑할 수 있겠습니까?

이런 일을 사랑할 수는 없습니다. 가장 좋은 사람은 그런 일을 가장 미워합니다. 가장 나쁜 사람도 그런 일을 사랑할 수 없습니다. 그러나 이런 모습이 그 사람일까요? 어떤 여자가 그런 형상을 갖고 있는 것이 이런 모습 때문일까요? 그 남자와 그 여자 안에는 하나님을 닮은 요소인 형제다움, 자매다움이라는 요소, 뭔가 사랑스럽고 사랑할 수 있는 것이 있지 않습니까? 비록 그 요소가 천천히 희미해져 가긴 하지만, 또 야비한 열정이 내뿜는 맹렬한 열기 또는 음산한 이기심이 발산하는 훨씬 더 두려운 냉기 때문에 점점 죽어 가긴 하지만, 그래도 남자와 여자 안에는 그런 요소가 있지 않습니까? 그렇게 하나님을 닮은 어떤 것, 사람 속에서 일단 깨어나게 되면 그 자신이 거룩한 자아가 되어 방금 말한 사랑스럽지 않은 것을 우리가 지금 혐오하는 것보다 열 곱은 더 혐오하게 될 것이 우리에게 전혀 인정을 못 받아야 하겠습니까? 우리가 미워할 수 있는 것은 바로 이 인간다움이 희미해져 가기 때문입니다. 우리에게 해를 입힌 것이 어떤 남자나 여자가 아니라 그냥 동물일 뿐이라면, 우리는 미워할 필요가 없습니다. 그 동물을 죽이면 그만입니다. 우리는 그저 사람을 사랑하는 데 지장이 있다는 이유만으로 그 사람을 미워합니다. 우리가 그저 그 피조물을 포용할 수 없다는 이유만으로 피조 세계 너머로 밀어내 버립니다—**우리는 그 피조물을 저주합니다**. 그 이유는 포용이란 것이 우리의 가장 깊은 존재에게 반드시 있어야 하는 것이기 때문입니다. 포용이 이루어지지 않으면, 우리는 미워합니다. 사슬에 매인 우리 형제가 있다고, 넋이 나가 있고 모습이 망가져 거의 알아보기 어려운 자매가 마귀에게 사로잡혀 있다고, 촌각을 다투며 그들을 묶어 놓은 사슬을 부리나케 끊어 버리고 그들을 사랑해야 한다고 우리 자신에게 권면하는 대신에, 그 형제자매들을 거기 사슬 속에 계속 묶어 놓을 미움으로 뒷걸음질 치고, 진실로 사랑스러운 그 형제자매의 실체를 사탄의 주문(呪文)이 만든 표면적인 거짓에 희생물로 바침으로써 결국 이들이 파멸에 이르도록 내버려 둡니다. 아니, 우리는 이 형제자매를 죽여 이들을 제거해 버리고, 이들을 **미워합니다.** 그러나 우리가 가장 미워하기 쉬운 것 중에는, 있는 그대로 드러날 수밖에 없고 언젠가는 그렇게 드러날 무언가가 있어 우리 마음에서 사랑의 헌신을 이끌어 낼 것입니다. 주님이 우리더러 사랑하라고 말씀하신 이들은 정이 안가는 이들, 사랑스럽지 않은 이들이 아니라 불친절하고 사랑스럽지 않은 형제요 자매입니다. 우리가 우리 형제를 그 처량한 운명에 그대로 버려두어야겠습니까? 오히려, 우리는 이렇게 말해야 하지 않겠습니까? "저는 적어도 당신을 제 사랑으로 에워싸겠습니다. 당신에게는 당신을 에워쌀 당신 자신의 사랑이 없기 때문입니다. 사랑은 가능한 한 당신에게 가까이 다가가야 합니다. 당신의 사랑이 저와 제 사랑을 만나면, 우리는 우리 안에 거하시는 하나님 안에서 하나가 될 것입니다."

제가 지금껏 해오고 있는 말이 단지 비유일 뿐이라고 말하지 마십시오. 제가 비유처럼 말해 오고 있다는 것은 저도 압니다. 그러나 우리가 아주 생생하고 아주 확실하게 보고 있는 것 중에는 논리적 표현을 써서 그 윤곽을 분명하게 제시하려고 하기보다 적합한 비유를 써서 표현할 때에 더 진실한 표현이 가능한 것이 많습니다. 제가 쓰는 비유는 진리를 의미합니다.

만일 어떤 사람이 이렇게 말한다 합시다. "그렇게 모호한 구별은 하지 마세요. 여기 그 사람이 있습니다. 그 사람이 사랑스럽지 않다는 것을 당신이 부인할 수 있습니까? 부인할 수 없다면, 어떻게 당신이 그를 사랑할 수 있습니까?" 저는 이렇게 대답합니다. "악한 것을 비워 버리는 그 사람이 오히려 훨씬 더 그 **사람**답습니다. 악한 것을 비워 버리는 그 사람이 그의 진짜 자아이기 때문입니다. 당신이 그를 싫어하도록 만든 그것은 그로부터 분리될 수 있는 것이기에, 그가 아닙니다. 그것은 그 자신을 훨씬 더 그 자신답지 못하게 만듭니다. 그것은 그 안에서 역사하는 죽음이기 때문입니다. 이제 그 사람은 사람으로서 더 이상 존재하지 못할 위험에 빠져 있습니다. 그가 옳은 마음을 입고 옳은 마음을 갖고 있으면, 그는 정녕 사람일 것입니다. 그가 정녕 사람(a person)이라면, 당신도 계속하여 그를 미워하지 **못할** 것입니다. 이제 그를 사랑해 보십시오. 그리고 그가 사랑스러움을 가진 사람으로 변해 가도록 그를 도와주십시오. 당신이 설령 그를 미워할 수 있을지라도, 그를 미워하지 마십시오. 악으로 어두워지고, 때가 묻고, 더럽

혀진 인격이라도, 그 인격은 악보다 더 깊은 곳에 있습니다. 악이 그 인격에 도달한 만큼 실제로 그 인격은 악에게 손상당합니다. 사실은 어쩌면 아예 파괴당할 수도 있습니다."

그런데 사랑의 요구를 받아들이지 않으려는 사람도 정의의 요구는 받아들일 수 있습니다. 두려움 때문에 다른 사람을 정의롭지 않게 대하려는 생각을 피하려는 사람이, 같은 두려움 때문에 다른 사람을 사랑하려는 생각을 피하려 하는 경우가 있습니다. 그러나 제가 믿는 것처럼, 사랑이 없는 정의가 불가능하다면, 정의와 증오가 공존하는 일은 더더욱 불가능합니다. 다른 사람의 요구를 진실하게 볼 수 있는 순수한 눈은 오직 사랑하는 마음과 함께할 수 있을 뿐입니다. 미워하는 사람은 자기 이웃의 사랑, 자기 이웃이 특히 사랑하는 것과 그 이웃의 특이한 점을 정당히 평가하는 데 세심할 수가 없고, 그런 것을 이야기할 수도 없습니다. 우리 벗에게도 정당히 대하기가 그토록 어려운데, 하물며 우리 원수가 우리를 어떻게 잘 대할 수 있겠습니까? 정의는 우리에게 우리 이웃의 재물을 훔치지 말고 우리 이웃을 해치려 거짓 증언하지 말라고 단호히 요구하는 것만큼, 역시 우리 이웃을 공정하게 생각하라고 단호히 요구합니다. 사람이 지음 받은 것은 그 친구에게 정당한 대우를 받게 하려 함이 아니라 사랑을 받게 하려 함이었습니다. 사랑은 정의보다 위대하며, 포용을 통해 정의를 대신합니다. **단순한**(mere) 정의는 불가능한 것이요, 분석이 만들어 낸 허구입니다. 그런 정의는 사람과 사람 사이에서는 존재하지 않으며, 오직 인간의 **법**과 비교할 경우에만 존재할 뿐입니다. 정의가 정의이려면(Justice to be justice) 정의보다 훨씬 더 클 수밖에 없습니다. 사랑은 우리 상태를 규율하는 법입니다. 이 사랑이라는 법이 없으면, 우리는 정의를 행할 수도 없고 어둠 속에서 곧은길을 따라 걸어갈 수도 없습니다. 눈은 하나가 아니며, 몸은 빛으로 가득 차 있지 않습니다. 심지어 자기 형제에게도 무관심한 사람은 자기의 인간다움이 자신에게 제시하는 요구들을 인식할 수가 없습니다. 아니, 바로 그런 무관심 자체가 불의입니다.

저는 그런 생각으로 당연히 잘못은 원수에게 있다고 여겨 왔습니다. 저는 제 기초를 으뜸가는 반석 위에 두곤 했기 때문입니다.* 그러나 각 사람은 스스로 자신에게 이런 질문을 던져 봐야 합니다. "내 이웃이 정녕 내 원수인가, 혹은 내가 내 이웃의 원수인가? 아니면 내가 내 이웃의 원수이기에, 그를 내 원수로 여기는 것인가?—생각만 해도 두렵다! 아니, 만일 그가 내 원수라면, 나는 그의 원수가 아닌가? 나는 그의 품에 있는 하나님 나라의 자녀를 인정하길 거부함으로써, 결국 내 품에 있는 그 나라의 자녀를 죽이고 있지 않은가?"** 우리

*———자신은 주님 말씀대로 홍수가 나도 아무 탈이 없을 반석 위에 기초를 두었기 때문에 아무 잘못이 없지만 자기 원수는 자기와 달리 그러지 않았으므로, 매사 잘못은 자기 원수에게 있다고 말하는 태도를 표현한 것이다.

가 그에게 베푸는 관대함만큼만 우리 자신을 위해 주장하도록 합시다. 그런 정직함이 집 안에서는 엄혹하게 굴고 집 밖에서는 관대하게 구는 모습을 끝내 줄 것입니다. 우리는 우리 자신 안에 있는 악함을 책임져야 하고, 그 악함을 죽여야 하기 때문입니다. 우리는 우리 이웃 안에 있는 선함을 책임져야 하고, 그 선함을 소중히 지켜 주어야 하기 때문입니다. 우리 이웃 안에 있는 악함을 하나님의 이름과 능력으로 죽일 수 있는 자는 오로지 우리 이웃뿐입니다. 우리는 우리의 사랑과 우리 이웃의 선함을 가로막는 모든 사악한 안개를 뚫고 그 선함을 선하게 대함으로써 그 안에 있는 선함을 소중히 지켜 줄 수 있습니다.

잊어버리지 말아야 할 것은 이 안개가 종종 오해와 실수에서 비롯되며, 온갖 종류의 분노와 원한과 유감을 일으킨다는 점입니다. 우리와 관련된 어떤 것이 우리 눈에 보이는 겉모습과 똑같은 경우는 거의 없습니다. 그러나 그것의 핵심에는 충분히 모든 거짓을 몰아내고 생명이 말할 수 없을 정도로 신성하다는 것을 계시해 줄 만한 진리가 자리하고 있습니다. 오, 형제여, 자매여, 우리의 진리를 찾는 횃불들은 꺼질 듯 말 듯 희미한 빛만 비추고 있지만, 그래도 저는 그 횃불을 들고

★★─── 그가 내 것이고 내가 그의 것이라면, 결국 그와 나는 하나다. 하나님 나라에 들어간 사람이 그 나라에 있는 누군가의 품에 있는 모습은 아브라함의 품에 있는 나사로의 모습을 묘사한 누가복음 16장 22-23절에서 볼 수 있다.

이 진저리 나는 안개를 가로질러, 여러분 안에 있는, 그리고 제 것이기도 한, 하나님을 닮은 본질을 부릅니다. 이렇게 부르는 것은 여러분을 꾸짖으려는 것이 아니요, 여러분을 화나게 하려고 것도 아니요, "당신은 왜 저를 미워하십니까?"라고 말하려는 것도 아니라, "저는 당신을 사랑합니다. 하나님의 이름으로 저는 당신을 사랑합니다"라고 말하려 함입니다. 저는 진정한 자아가 여러분의 눈에서 나타날 때까지, 그리고 그 진정한 자아가 제 안에 있는 진정한 자아를 알 때까지 기다리겠습니다.

그런데 하나님의 사랑이 그 인류에 역사함으로, 내 원수는 내 원수이기를 그치고 내 친구가 될 수밖에 없습니다. 한 진리가 저를 향해 섬광처럼 한번 번쩍이자마자 곧바로 제 안에 있는 적대감을 파괴해 버릴 것입니다. 진심으로 잘못을 고백하자, 우리가 품었던 적대감이 소멸되어 버립니다. 늘 그 원수 안에 있었던 형제가 각 사람 안에서 뛰쳐나옵니다. 이 일을 이루려고 유일하고 참되신 그 진리(The Truth)가 일하고 계십니다. 이를 믿고, 이제 원수를 사랑하면서, 원수를 형제로 뒤집어 버리시는 하나님의 역사를 그대로 받아들입시다. 그를 우리 형제가 아니라 미운 구석뿐이고 미운 마음만 드는 두려운 존재로 믿게 하려고 우리 눈과 마음을 홀리려 하는 사악한 마법의 변화무쌍한 간계는 무시해 버립시다. 그리고 아직 눈에 보이지 않는 하나님의 승리를 이미 보고 있는 것처럼 믿으면서, 우리 형제를 붙잡고 꽉 끌어안읍시다.

그러나 저는 다시 묻지 않을 수 없습니다. 우리가 악 가운데 있고 악을 행한다면, 우리가 상처를 입었으면서도 상처 입은 사람을 미워한다면, 무엇을 해야 할까요? 그때는 무엇을 해야 할까요? 그때는, 마치 지옥의 목구멍에서 토해 내는 것 같은 목소리로 하나님께 부르짖어 봅시다. 영혼을 짓누르는 가위의 무게에 눌린 것처럼, 몸부림쳐 봅시다. 우리에게 순식간에 들러붙는 지독한 병마(病魔)를 안 경우처럼, 부르짖어 봅시다. 악령에 사로잡혔을 때처럼, 부르짖어 봅시다. 산 채로 우리의 악한 의식이라는 무덤에 매장당한 사람처럼, 부르짖어 봅시다. 그러면, 하나님은 죄인의 괴수요 사람들 중에서도 가장 가증스럽고 야비한 우리에게 긍휼을 베풀어 주사, 도움을 주셔서 더러운 진흙투성이인 무시무시한 구덩이로부터 우리를 끌어올려 주실 것입니다. 아무것도 우리를 돕지 못하고 오직 아버지와 아들로부터 나오는 영(the Spirit)만이, 아버지와 아들이 내보내어 계시하시는 그 영만이 우리를 도와줄 것입니다. 눈물을 흘리고 입에서 거품이 일어난다면, 처절하게 부르짖다가 죽은 자처럼 엎드러진다면, 그런 마귀가 나가 버릴 것입니다. 그렇게 되면, 정결케 된 영혼의 밑바닥에서 어떤 환상이 나타날 것입니다.

"그러므로 하늘에 계신 너희 아버지의 온전하심과 같이 너희도 온전하라"(마 5:48). "너희는 원수를 사랑하라 그리하면 지극히 높으신 이의 아들이 되리니"(눅 6:35 참조). 용서하는 것은 하나님의 영광입니다.

그러나 늘 변함이 없으신 그분(the Unchangeable)이 용서하기를 그치실 때가 올 것입니다. 그분이 당신 원수를 사랑하시는 것이 그분의 완전함에 더 이상 포함되지 않을 때가 올 것입니다. 우리의 튼실한 형제들과 아리따운 자매들이 당하는 영원한 고통에서 피어오르는 연기를 그분이 잠잠히 지켜보실 때가, 그리고 당신 자녀들도 그 연기를 잠잠히 지켜보게 하실 때가 올 것입니다. 아! 그러나 형제들은 튼실하지도 않고 자매들은 아리땁지도 않습니다. 지금 형제들은 연약합니다. 지금 자매들은 추합니다!

오, 형제여, 그리 믿지 마십시오. 구속받은 사람이라면 이렇게 부르짖을 것입니다. "오, 그리스도시여! 강하신 우리 예수시여, 당신은 어디 계십니까? 장엄하신 우리 형님이시여, 오소서. 아래로 내려오셔서 고통을 겪는 형제들을 살펴보소서! 고통에 몸부림치는 자매들을 보소서! 생명의 주여, 오소서! 고난의 주재자시여! 그들을 구속하소서. 우리 같으면, 저 타오르는 불구덩이 속으로 내려가 큰 소리를 토해 내는 불꽃을 헤치고 최소한 물 한 방울이라도 가져가서 그들의 혀를 식혀 줄 수는 없을지 살펴보겠습니다."

내 형제여, 그리 믿지 마십시오. 그리해야 여러분 안에 있는 죄 사함이 소멸되지 않을 것이요, 여러분이 사함을 받지 못하여 저 여러분 형제들과 함께 고통 속으로 내려가는 일이 벌어지지 않을 것입니다. 거기에서는, 하나님이 **여러분이** 하나님이라 부르는 유령보다 더 나을 게 없는 분이라면 여러분은 **결단코** 빠져나오지 **못합니다**. 그러나 여러분이 단 한 푼도 남김없이 죗값을 모두 치르면, 거기서 빠져나올 것입니다(눅 12:59 참조). 여러분이 부드러운 빛이 감도는 땅 위에서는 배우기를 한사코 거부했던 하나님에 대해 지옥에서 배우고 나면, 거기서 빠져나올 것입니다. 햇빛과 비가 여러분을 가르칠 수 없었고, 사시사철의 달콤한 회한도, 아침과 저녁의 당당한 문안도, 하나님을 닮은 인간의 얼굴도, 여러분의 마음과 입에서 여러분에게 가까이 있던 말씀—완전한 사랑의 소유자이시기에 구원을 베풀 능력을 갖고 계신 그분에 관한 이야기—도 가르칠 수 없었던 하나님을 알게 되면 말입니다.

오, 아버지시여, 당신은 만유 안의 만유이시고, 당신 자녀들이 바랄 수도 없는 완전함의 소유자이십니다. 저희는 모두 당신 것입니다. 당신은 저희를 순결하고 다정하며 자유로운 자로 만들어 주실 것입니다. 당신의 사랑이 완전하기에, 저희는 당신이 계신 곳에서도 담대하게 서 있을 것입니다. 그때가 되면 저희는 당신의 자녀가 되어 저희끼리 서로 무한히 사랑하고, 영원한 당신의 사랑을 누리며, 기쁨이 넘칠 것입니다.

주 예수시여, 자녀의 마음을 우리에게 주옵소서. 그리하여 저희가 저희의 죽은 자아라는 무덤에서 일어나 더 이상 죽지 않게 해주시고, **살아 있는 자의 하나님**을 얼굴과 얼굴을 마주하여 보게 해주소서.

12

살아 있는 자의 하나님

하나님은 죽은 자의 하나님이 아니요 살아 있는 자의 하나님
이시라 하나님에게는 모든 사람이 살았느니라

—누가복음 20:38

우리가 우리 주님의 가르침을 볼 때마다 당황하기를 반
복하는 이유가 있습니다. 그 이유는 우리가 보기에 우리 주님
이 너무 단순하시기 때문입니다. 또 우리 자신은 솔로몬 성전
의 금을 입힌 어떤 문에 솔로몬의 귀고리가 디자인되어 있는
연유를 궁금해 하는데, 정작 우리 주님은 시온산의 초석(礎石)
을, 그러니까 그 성전이 서 있는 땅 자체에 있는 초석을 두고
말씀하시는 것도 우리가 당황하기를 반복하는 이유입니다.
누가복음 독자가 우리 주님이 여기서 사두개인과 논쟁하시

며 말로 어떤 주장을, 다시 말해 "나는 아브라함과 이삭과 야곱의 하나님**이니라**. 그런고로 그들은 **지금도 있느니라**"라는 주장을 하고 계신다고 가정한다면, 그 독자는 그 논쟁 자리에서 우리 주님에게 다음과 같이 대답할 정도로 용기 있는 사두개인이 한 사람도 없었다는 점에 깜짝 놀랄 것입니다. "하나님이 말씀하시고자 한 것은 다만 모세의 조상들이 살아 있는 동안에 그들을 도와주시고 보호해 주셨던 바로 그 하나님이 당신 자신이심을 모세에게 일러 주시는 것뿐이었습니다. 그 말씀은, 다시 말해 '내가 네 조상들의 하나님이었던 바로 그이다. 네 조상들은 내가 신실함을 발견했다. 그러니 너도 나를 청종(聽從)하라. 너도 내가 죽기까지 신실하다는 것을 발견하리라' 하는 말씀이었습니다."

그러나 당시 사두개인에게조차도 그런 대답이 전혀 떠오르지 않았습니다. 그들 동방 사람의 본성은 논리를 넘어선 주장을 볼 수 있었기 때문입니다. 하나님이 당신 자신을 부를 때 죽은 자의 하나님으로, 즉 이전에는 한때 살아 있었으나 이제는 당신이 살릴 수도 그렇게 하실 뜻도 없는 이들의 하나님으로 부르셔야 할까요? 그런 분이 하나님이시고, 그런 것이 하나님과 하나님을 경배하는 이들의 관계입니까? 인생은 급류(急流)처럼 늘 태어나 늘 죽어 없어지는데, 하나님은 변함이 없으십니다. 인생의 급류를 이루는 각 원자(原子)는 불타는 마음으로 "**내 하나님이시여!**"라고 부르짖다가 하나님이 계시지 않는 냉랭함으로 곧장 바뀌고 맙니다! "나를 믿어라. 비록 지금은 세상을 떠난 이들이지만, 이전에 네 조상들도 내가 보살펴 주었기 때문이다. 나를 경배하고 내게 순종해라. 내가 네게 앞으로 70년 남짓 선을 베풀려 하기 때문이요, 그 세월이 지나 네가 이 세상에 없을 때도 세상은 변함없이 그대로 흘러가겠지만, 그때도 나는 내 자신을 여전히 네 하나님이라 부를 것이기 때문이다." 하나님은 변함이 없으십니다.

한 번 하나님은 늘 하나님이십니다. 만일 하나님이 이전에 어떤 사람에게 "나는 네 하나님이요, 그 사람은 사두개인이 믿는다고 고백하는 그런 죽음*을 맞이했노라"라고 말씀하셨다면, 우리에게는 하나님이 죽은 자의 하나님이시라고 말할 권리가 있습니다.

"죽은 자들에게 이 땅에서 할당되었던 시간 동안 하나님은 산 자들의 신실하신 하나님이셨습니다. 그렇다면 왜 하나님은 여태까지도** 죽은 자의 하나님이 아니셔야 하는 걸까요?" 하나님은 영원히 사시고 생명을 주시며 변함이 없으신 분이지만, 그분의 피조물은 당신의 생명을 나눠 갖지 못했고

★────사두개인들은 부활, 천사, 영혼의 존재, 영혼불멸을 모두 믿지 않았던 유대교 내부의 한 종교분파이다. 그들에게는 죽음이 곧 마지막이었다. 마태복음 22장 23절과 사도행전 23장 8절을 보라.

★★────'살아 있던 자들이 세상을 떠나 이미 죽은 자들이 된 지금까지도'라는 뜻이다.

그 존재의 핵심에 죽음을 갖고 있어서 창조주가 계속하여 살려 줄 가치가 없다면, 과연 하나님은 하나님을 닮은(Godlike) 관계를 견지하실 수 있을까요? 당신이 지으신 것이 죽게 내버려 두시는 것은 당신이 하나님이심을 바꿔 버리고 포기하시는 것이요, 당신이 되셨던 그것으로* 존재하시기를 그만두시는 것입니다. 만일 그 피조물이 계속 살아 있을 가치가 없다고 한다면, 하나님의 창조는 형편없는 것이요, 하나님 역시 당신의 죽어 가는 피조물이 그 하찮은 생각으로 상상하는 것만큼 위대하시지도 않고 하나님답지도(divine) 않은 분인 셈입니다. 그러나 "하나님에게는 모든 사람이 살았느니라"라고 우리 주님은 말씀하십니다. 하나님과 함께 있으면, 죽음은 존재하지 않습니다. 오, 주님, 당신의 생명이 우리 생명을 지켜 보시나이다. 당신에게는 **모든 사람**(all)이라고 말할 수 있는 사람 전부가 지금 살아 있습니다. 당신은 우리를 생각하실 때에 우리가 당신을 생각하는 것보다 더 많은 것을 영원히 생각하십니다. 이 죽을 몸 안에서 불타는 조그만 생명도 진실을 꿰뚫어 보시는 당신이 보시기에는 결코 꺼질 수 없는 불로서 타오르고 있습니다. 정녕 당신이 우리를 잠시라도 잊으신다면, 진정 죽음이 있을 것입니다. 그러나 당신에게는 우리가 살아

★———원문은 "that which he had made himself". 하나님은 스스로 존재하시며 스스로 하나님이 되셨다.

있습니다. 사랑하는 이들은 우리 눈앞에서 떠나가지만, 당신 눈앞에서는 사라지지 않습니다. 우리가 죽음이라 부르는 이것은 단지 사람들 눈에만 보이는 형태일 뿐입니다. 죽음은 뭔가 마지막인 것, 두려운 중단, 철저한 변화처럼 보입니다. 그러나 하나님이 우리를 우리가 있기 전부터 보실 수 있었고 우리를 당신이 뜻하시는 이상을 따라 만드실 수 있었다면, 우리가 설령 우리 벗들의 눈앞에서 사라진다 할지라도, 하나님이 우리를 더 이상 지켜보시지 않는다는 주장은 할 수가 없습니다. "그분에게는 모든 사람이 살아 있습니다." 변화가 아주 크고, 아주 위압적이며, 보이지 않는 삶이 우리가 인식하기에는 아주 모호하다 합시다. 그렇다 해도, 이삭이 아브라함을 볼 수 없게 된 뒤에도 하나님은 아브라함을 보실 수 있었다고, 야곱이 이삭을 볼 수 없게 된 뒤에도 하나님은 이삭을 보실 수 있었다고, 일부 사두개인이 과거에 야곱이라는 인물이 있었는지 의심하기 시작한 뒤에도 하나님은 야곱을 보실 수 있었다고 믿는 것이 사리에 어긋난 일은 아닙니다. 하나님은 그들을 기억하십니다. 즉 하나님은 지금도 그들을 당신 마음속에 담아 두고 계십니다. 하나님이 지금도 생각하시는 사람은 지금도 살아 있습니다. 하나님은 **그들의 하나님**이라는 이름을 당신 자신에게 갖다 붙이십니다. 살아 계신 그분(The Living One)은 당신 자신의 이름을 죽은 자들을 따라 붙이실 수가 없습니다. 하나님의 하나님 되심은 바로 생명을 주심 속에 존재합니다. 따라서 그들은 지금도 살아 있을 수밖에 없습니다. 하나님이 그들에 관하여 말씀하신다면, 또 그들을 사랑으로 돌보며 생각하시는 당신의 심정을 기억하신다면, 당연히 하나님은 당신이 하실 수 있는 한 그들을 계속 살게 하시지 않겠습니까? 만일 하나님이 그리하실 수 없다면, 어떻게 그분이 그들을 창조하실 수 있었겠습니까? 새로 태어나게 만드는 쪽이 계속하여 살게 하는 것보다 더 쉽겠습니까?

"그러나 그들이 하나님에게 살아 있는 사람이라면, 그들은 하나님을 아는 사람입니다. 그들이 하나님을 안다면, 그들은 자기 존재를 인식하는 사람입니다. 그렇다면 왜 부활이 필요합니까?"

그 이유는 하나님의 자녀가 다른 이들과 관계를 맺고 서로 상대에게 자신을 계시하려 하기 때문이요, 하나님이 모든 이에게 당신을 새롭게 계시하려 하시기 때문입니다. 그러나 몸의 부활이 무슨 의미인지 물어봅시다. "하나님의 자녀들은 무슨 몸으로 나타날까요?"

분명 우리는 이 몸과 똑같은 몸으로 다시 일으키심을 받으리라고 믿을 필요가 없습니다. 이 몸과 똑같은 몸으로 부활한다는 것은 과학과 상식과 성경에 어긋나는 것입니다. 바울은 그 문제를 아주 색다르게 제시합니다. 어떤 사람은 어린이에게나 어울리는 그런 논점을 다루기를 부끄러워합니다. 태어난 뒤로 정녕 죽고 또 죽기를 거듭한 자신의 육체가, 이전과 똑같은 물질로 구성되면 단 한 시간도 존속하지 못할 자신의 육체가, 끊임없는 변화에 따라 그 활동이 좌우되는 육체가 어떤 경우에도 변함없이 자신의 소유로 고정되길 원하는 사람이 대체 누가 있겠습니까? 그런 육체가 사람에게 고착(固着)되는 일은 죽음의 순간에 장차 다가올 시대를 누릴 만한 가치 있는 정체성을 전혀 갖지 못한 사람에게나 일어날 법한 일이 아닙니까? 죽음을 맞이할 때 사람의 의식은 자기 육체를, 다음날 아침에 더 좋은 새 옷을 입으려고 밤에 잠자리에 들며 벗어던진 옛 옷과 다름이 없는 것으로 인식할 것입니다. 제게는 옛 몸을 유지하려는 소망이 저 이교도 사이에서나 통할 법한 어떤 감각적 유물론(sensual materialism)을 주장하는 것으로 보입니다. 이런 이교도는 그들이 말하는 낙원에서 가냘프고, 덧없고, 꿈에서나 보는 것 같고, 하나같이 무덤에 있을 법한 실존이나 겨우 가지게 되리라는 소망만을 품을 수 있을 겁니다. 그러니, 이런 이교도가 저 땅 위 세상에서 풍파가 몰아치는 삶을 살면서도 온갖 쾌락을 경험할 때 입었던 더 두꺼운 육신, 형체가 또렷하여 더 실감나게 만져 볼 수 있는 육신을 그대로 유지하길 갈망하는 것은 당연할지 모르겠습니다. 어떤 그리스도인이 자신의 과거 생애 내내 자신에게서 잘려 나간 머리카락이 부활한 영광스러운 몸의 머리에서도 그대로 회복되기를 바란다면, 이것 역시 저 이교도의 갈망과 마찬가지일 것입니다.

그러나 부활 교리가 안겨 주는 기쁨은 부활 장면에서 등장하는 은나팔 소리만큼이나 기쁨을 안겨 주고, 우리의 갈급한 영혼에 생명을 불어넣어 주는 바로 그 숨만큼이나 필요한 것입니다. 이제 그 부활 교리가 무엇을 의미하는지 알아봅시다. 그러면 우리는 그 교리가 그토록 귀중하다는 것을 알게 될 것입니다.

먼저 우리가 지닌 이 몸의 쓰임새가 무엇인지 물어봅시다. 이 몸은 우리에게 계시를 주시는 수단이요, 하나님의 영원한 공연이 펼쳐지는 **사진기**(camera)*입니다. 우리는 몸으로 자연과 만나고, 우리 동료와 만나며, 하나님이 우리에게 주시는 모든 계시와 만납니다. 우리는 몸을 통해 열정과 고난과 사랑과 아름다움과 과학에 관한 모든 교훈을 받아들입니다. 우리는 몸을 통해 우리 자신에게서 밖을 향하도록 훈련받고, 우리의 가장 깊은 자아 안으로 들어가 하나님을 발견하도록 이끌립니다. 이 생생한 사라짐(evanescence) 속에, 느릿느릿 빙하처럼 움직이며 물체를 감추고 계시하는 이 흐름 속에, 늘

---

*─────조지 맥도널드는 1824년에 태어나 1905년에 세상을 떠났는데, 그가 살았던 당시에는 이미 사진기가 있었다. 1840년대에 이미 신문에 사진기로 찍은 보도사진이 실렸고, 1861년에는 처음으로 컬러사진이 나오기도 했다. 당시 사진작가로 더 유명했던 루이스 캐럴이 촬영한 맥도널드의 가족사진들은 지금까지 남아 있다.

위로 솟아 있는 무지개처럼 우리 지각으로 실감할 수 있는 이 인간다움 속에 영광과 힘이 있습니다.

우리는 우리가 몸을 통해 배워야 할 모든 것을 아직 다 배우지 못했습니다. 이 세상에 있는 가르침만 봐도, 아무리 부지런하고 아무리 은총을 입은 사람인들 그가 부르심을 받아 이 세상을 떠나기까지 온 힘을 다해 습득할 수 있는 가르침이 그 가운데 얼마나 되겠습니까! 남아 있는 것은 결국 사라질까요? 이 땅을 사랑했던 사람은 바울이 말하는 신령한 몸이 그런 계시를 전달해 주는 더 고매한 통로가 되리라는 것을 과연 믿을 수 있겠습니까? 온유한 자들, 그러니까 그들의 주님이 진리를 말씀하셨음을 발견하고, 정말로 땅을 기업으로 받고 (마 5:5), 모든 물체가 영적 의미를 발산하고 있음을 알고, 단순한 동물의 쾌락을 잃어버린 뒤에도 한숨을 토해 내지 않을 자들은, 생각건대, 몸이 없이 존재하기를 원하지 않을 것이요, 옷을 벗어 버렸으면 옷을 다시 입으려고 할 것입니다.** 하늘에서 영광스러운 시간을 보낸 자는 겨울을 보내고 봄을 맞이하는 사이에 병자(病者) 같은 머리를 갖게 된 그 자식을, 그 온유한 아네모네를 한 번 더 기쁘게 바라보려 하지 않겠습니까? 예전에 해가 질 때 펼쳐졌던 장관(壯觀)은, 과거 이 땅에 살던

** ──── 바울은 고린도후서 5장 1-4절에서 옛 몸을 벗고 새 몸을 입는 것에 대해 묘사한다.

사람들이 부드럽게 편 손바닥으로 떨리는 하프를 달래며 연주했던 그 노래를 황금빛 찬양대 속에서 누군가에게 깨우쳐 주지 않겠습니까?

하지만 이 모든 계시에는 단지 **어떤** 몸이(a body) 필요할 뿐이지, 이 몸이(this body) 필요하지는 않을 것입니다. **부활**에 관하여 말할 것이 이것뿐이라면, 이 **부활**이라는 말의 풍성함을 충분히 맛보지 못할 것입니다. 우리에게 필요한 것은 우리에게 계시를 전달해 주는 몸뿐 아니라, 우리를 다른 사람에게 드러내 주는 몸입니다. 우리 안에서 일어나는 생각과 느낌과 상상은 우리 안에 있는 보이지 않는 세계를 우리 주위의 형제자매에게 또렷이 알리는 통로로서 그들을 계시해 줄 옷을 틀림없이 갖고 있습니다. 그렇지 않으면 그것들은 각기 인간의 고독 속에 남겨집니다. 만일 이것이 이전에 이 땅에서 내 몸이 봉사하던 쓰임새들 가운데 하나라면, 새 몸도 필시 옛 몸과 흡사한 몸일 것입니다. 아니, 새 몸도 틀림없이 옛 몸과 똑같은 몸일 것입니다. 새 몸은 우리가 지금 영광을 받듯이 영광을 받을 것이요, 그의 동료들 하나하나가 가진 독특한 특징이었던 모든 것을 이전보다 더 선명하게 보여 줄 것입니다. 우연한 것, 본질이 아닌 것, 드러나지 않은 것, 불완전한 것은 사라질 것입니다. 우리 몸을 우리를 사랑했던 사람들이 보았던 모습으로 만들어 주었던 것이 지금보다 열 곱절 더 존재할 것입니다. 이것이 몸의 부활 아니겠습니까? 비록 죽은 물체*

는 똑같지 않지만, 부활 때 갖게 될 몸은 똑같지 않겠습니까? 모든 눈이 사랑하는 이를 볼 것이며, 모든 마음이 이렇게 외칠 것입니다. "내 자신을 다시 보다니! 내가 이전에 보았던 것보다 더 내 자신다우니, 이야말로 더욱 내 몸이로구나!" 우리가 왜 그렇게 외치게 될까요? 그거야 우리가 이 땅에서도 "오늘 그는 그 자신답지 않군", 또는 "오늘은 그 여자의 진정한 자아가 보이네", 아니면 "내가 오랫동안 그 여자를 봐왔지만, 오늘은 어느 때보다 더 그 여자다워 보입니다"라고 말하기 때문이 아니겠습니까? 마음이 기뻐하고 얼굴에서 광채가 나는 때가 바로 이때 아닙니까? 왜 그렇겠습니까? 우리 친구들이 점잔을 빼고 속내를 감추지 않는 이상, 이때야말로 우리가 우리 친구들의 안색이 우리에게 분명히 일러 주는 것보다 더 우리 친구다운 모습을 우리 마음속에 담기 때문입니다.

누가 감히 부활을 이것보다 못한 것이라고 말할 수 있겠습니까? 오, 문자는 정녕 사람을 죽입니다(고후 3:6)! 흙으로 된 자기 몸이 저 정다운 무덤으로 내려갈 때와 똑같은 모습으로 일어나리라는 것은 믿을 수 있으면서도, 자신이 일어났을 때 자기가 자기 벗들을 알아볼지 여전히 의심하는 이들이 있습니

★―――죽은 몸(屍身)을 가리킨다.

다. 그런데 그 사람들은 **그것을 가리켜** 부활을 믿는다고 말합니다!

그게 무슨 부활입니까! 사람이 자기 이웃을 자신과 같이 사랑해야 한다면, 하늘에서 자기 이웃을 알아보지 못하는데도 만족해야 합니까? 그럴 바에야 의식을 잃어버리고 더 이상 우리 자신을 알아보지 못해도 그것으로 만족하는 것이 더 낫겠습니다. 그게 무슨 부활입니까! 하나님이 이 땅에 있는 가족들의 하나님이 되실까요? 그래서 하나님이 그렇게 아버지와 어머니, 형제와 자매, 아내와 자식을 향한 사랑으로 창조해 주셨던 그 사랑이 비탄과 갈망이 되어 영원까지 이르게 될까요? 아니면, 더 비참하게, 훨씬 더 비참하게, 이 사랑이 아예 우리 가슴에서 죽어 없어지게 될까요? 하나님은 하나님이시고, 이 사랑은 이렇게 끝이어야 할까요?*

아, 내 벗들이여! 가령 하나님이, 제가 여러분의 얼굴과 모습이 은혜롭게 저를 찾아와 주는 일을 누리지 못하게 막으신다 합시다. 그처럼 하나님이 저라는 인간의 마음에 그다지 관심이 없으시다는 것을 제가 발견한다면, 부활이나 생명이 제게 무슨 의미가 있겠습니까? 제가 여러분을 통해 하나님을 사랑하라고 배우긴 했지만, 그런 하나님을 어떻게 계속하

---

*———이 땅의 삶이 끝남으로써 이웃을 사랑하거나 이웃을 알아보는 일이 더 이상 이루어질 수 없는 일이 되어 버린다면, 부활로 새 몸을 입었다 하더라도 그것은 진정한 부활이 아니다.

여 사랑할 수 있겠습니까? 진실로, 저는 예수를 가끔씩만 볼 수 있을지도 모릅니다. 그러나 그렇게 가끔씩만 그분을 볼 수 있다면, 그분은 제가 생각했던 것만큼 좋은 분은 아닐 것입니다. 만일 제가 여러분을 볼 수 없다면, 어떻게 그분을 볼 수 있겠습니까? 하나님은 저에게서 여러분을 빼앗아 측량도 할 수 없는 당신 자신의 존재라는 심연 속에 숨기심으로 제가 여러분을 볼 수 없게 만드는 일은 하시지도 않을 것이며, 하시지도 않았습니다. 그 심연에서는 제가 여러분을 따라갈 수도 없고 발견할 수도 없으며, 제 자신도 바로 그 무시무시한 심연 속에서 길을 잃어버립니다. 하나님은 그런 분이 아닙니다. 우리 하나님은 베일을 벗기시는 하나님이시며, 감춰진 것을 계시하시는 하나님이십니다. 하나님은 여러분을 죽은 자 가운데서 들어 올리실 것입니다. 그리하심으로 제가 여러분을 볼 수 있게 하시고, 이 땅에서 사라졌던 것이 다시 나타나,** 영원한 사랑과 진리를 담고 있는 바로 그 눈들로 저를, 그러니까 지난 시절에 여러분을 알았고 여러분을 사랑했던 저라는 이 사람을 보게 하시고, 형제애가 담긴 바로 그 힘찬 손을 내밀어, 섬세하고 부드럽지만 자매의 사랑이 담긴 바로 그 강한 손을 내밀어 저를 붙잡게 하실 것입니다. 제가 천 년 전에 사랑했던 형체들을 이루는 그 물질이 돌아와 하나님의 지식,

---

** ── 부활로 말미암아 새 몸을 입게 되었음을 말한다.

즉 저 멀리 있는 세계가 우주를 가로지르며 자라가는 사랑과 지혜의 온상(溫床)을 회전시킬 수 있게 해주는 하나님의 지식이 행하시는 거룩한 행위들과 뒤섞인다 할지라도, 저는 신경 쓰지 않겠습니다. 이제는 여러분의 핏줄을 통해 영액(靈液, ichor)*을 내보내는 근육이 이전에 사색하는 뇌, 반짝이는 눈, 혹은 억센 오른팔로 혈액을 보냈던 바로 그 입자들로 이루어져 있다 할지라도, 저는 신경 쓰지 않겠습니다. 여러분께 말씀드리지만, 제 앞에 있고 제가 사랑하는 사람이 바로 여러분 자신인 한, 저는 신경 쓰지 않겠습니다. 제가 제 자신을, 오래 전부터 제가 사랑하는 영혼들을 바라보고 있다는 것을 바로 이 형체들**을 통해 알게 되는 한, 제 영혼이 사랑스러운 자신의 옛 패션을 따라 계시해 주는 옷, 그 자신을 제게 계시해 주는 옷을 취하는 한, 저는 신경 쓰지 않겠습니다. 그때가 되면, 새것도 옛것만큼 사랑스러울 것입니다. 똑같은 이유로 새것이 옛 사랑을 계시해 줍니다. 하나님 덕분에 죽을 수밖에 없는 것들이 불멸성을 입을 때 반드시 일어날 변화들이 임하면, 우리는 우리 벗들이 더 고귀하다고 느끼지 않겠습니까? 그들이 더 그들답다고 느끼지 않겠습니까? 각자가 품고 있는 생각이 완전한 아름다움으로 승화되는 경우가 많아질수록, 그 벗

---

* ——— 사람들이 신의 몸속을 흐른다고 믿었던 액체를 말한다.
** ——— 부활로 갖게 된 새 몸들을 가리킨다.

들이 우리가 지극히 고양된 마음으로 그들을 생각했을 때의 모습과, 우리가 그들과 지극히 심오한 사귐을 나눌 때도 그들 속에서 지극히 드물게 보았던 모습과, 우리가 그들을 가장 진실하게 사랑했을 때 비로소 그들이 지닌 모든 불완전함이라는 베일을 관통하여 들여다볼 수 있었던 바로 그 모습과 더욱더 흡사하다고 느끼지 않겠습니까?

주님, 언제나 우리에게 이런 부활을 주옵소서. 당신이 변화산에서 변화하신 몸으로 몸소 체험하셨던 그 부활***과 같은 부활을 주옵소서. 당신이 보고 듣고 아시는 것처럼, 저희도 보고 듣고 아시게 하옵시고, 보여지며 들려지며 알려지게 하옵소서. 당신이 하나님을 계시하실 뿐 아니라 저희 각 사람이 당신을 계시할 그때, 우리 안에 거할 영광스러운 생각들을 드러낼 영광스러운 몸을 우리에게 주옵소서.

하나님의 아들이요 순종하시는 하나님이신 주 예수여, 오셔서 이 일을 이뤄 주소서. 그리하여 우리가 아버지 안에서 당신과, 당신이 지으신 모든 남녀와 하나가 되게 하소서.

***———마태복음 17장 1-8절, 마가복음 9장 2-8절, 누가복음 9장 28-36절을 보라. 예수는 이 변화산 변형 사건이 있기 엿새 전에 처음으로 당신 제자들에게 당신이 당하실 죽음과 부활을 일러 주셨다(마 16:21-28).

전하지 않은 설교

Unspoken Sermons

지은이 조지 맥도널드
옮긴이 박규태
펴낸곳 주식회사 홍성사
펴낸이 정애주
국효숙 김경석 김의연 김준표 박혜란 송승호 오민택
오형탁 이현주 임영주 주예경 차길환 최선경 허은

2020. 1. 30. 초판 1쇄 인쇄   2020. 2. 10. 초판 1쇄 발행

등록번호 제1-499호 1977. 8. 1.
주소 (04084) 서울시 마포구 양화진4길 3 전화 02) 333-5161 팩스 02) 333-5165
홈페이지 hongsungsa.com 이메일 hsbooks@hongsungsa.com
페이스북 facebook.com/hongsungsa 양화진책방 02) 333-5163

ISBN 978-89-365-0366-6 (03230)